云南师范大学教育学重点学科水平提升建设资助项目

RENCAI HUANJING YU RENCAI XUQIU
DUI RENCAI JIJU DE YINGXIANG:
JIYU XIBU CHENGSHI DE SHIZHENG YANJIU

李雪峰　著

人才环境与人才需求对人才集聚的影响：基于西部城市的实证研究

中国财经出版传媒集团
经济科学出版社
Economic Science Press

图书在版编目（CIP）数据

人才环境与人才需求对人才集聚的影响：基于西部城市的实证研究／李雪峰著 . -- 北京：经济科学出版社，2022.5

ISBN 978 - 7 - 5218 - 3584 - 7

Ⅰ.①人…　Ⅱ.①李…　Ⅲ.①人才管理 - 研究 - 中国　Ⅳ.①C962

中国版本图书馆 CIP 数据核字（2022）第 055248 号

责任编辑：周胜婷
责任校对：刘　娅
责任印制：张佳裕

人才环境与人才需求对人才集聚的影响：基于西部城市的实证研究

李雪峰　著

经济科学出版社出版、发行　新华书店经销

社址：北京市海淀区阜成路甲 28 号　邮编：100142

总编部电话：010 - 88191217　发行部电话：010 - 88191522

网址：www. esp. com. cn

电子邮箱：esp@ esp. com. cn

天猫网店：经济科学出版社旗舰店

网址：http://jjkxcbs. tmall. com

固安华明印业有限公司印装

710×1000　16 开　17.5 印张　330000 字

2022 年 6 月第 1 版　2022 年 6 月第 1 次印刷

ISBN 978 - 7 - 5218 - 3584 - 7　定价：88.00 元

（图书出现印装问题，本社负责调换。电话：010 - 88191510）

（版权所有　侵权必究　打击盗版　举报热线：010 - 88191661

QQ：2242791300　营销中心电话：010 - 88191537

电子邮箱：dbts@ esp. com. cn）

前　言

随着新型城镇化建设的深入推进，西部城市人才资源数量不充分、配置不合理等问题凸显。根据国家统计局数据，2011~2020 年 10 年间，西部非省会（首府）或直辖市城市有 25 个出现人口收缩，平均常住人口与西部省会（首府）或直辖市的差距由 351 万人扩大至 407 万人，与东部非省会或直辖市城市的差距由 158 万人扩大至 187 万人。在区域协调发展战略背景下，西部城市人才集聚的研究极其重要。

然而，当前全国各大城市的"人才争夺"战仍在不断升级，在东部发达地区优越的人才发展环境和人才政策吸引下，西部地区面临较高的人才流失风险。对已有文献的系统梳理发现，相关研究分析了西部地区人才环境与人才集聚的关系，但较少将人才环境和人才需求同时纳入分析框架，在尚未探究清楚二者对人才集聚的共同影响机制之前，任何人才政策制定都可能具有盲目性，并因此导致人才环境建设与人才需求满足不匹配，最终难以形成预期的人才集聚。因此，针对人才环境与人才需求对宏观和微观两个层面人才集聚的影响机制研究，对西部地区经济社会的发展有十分重要的理论意义和现实价值。

基于上述考虑，本书研究的主要内容将致力于回答以下三个问题：（1）西部地区不同层次的人才队伍具有怎样的分布特征？人才的流动意愿和城市居留意愿如何？（2）西部城市人才环境的动态演变呈现什么规律？随着西部地区各城市加大人才环境建设的力度，人才环境竞争力是否得到了提升？当前西部城市人才环境建设还有哪些短板？（3）人才需求模型结构包括哪些维度？人才需求与人才环境如何共同影响人才集聚？本书在文献分析的基础上，基于推拉理论构建了人才环境和人才需求对人才集聚影响的分析框架，通过整理统计年鉴、问卷调查等方式获取相关数据，采用主成分分析、障碍度模型、灰色关联分析法、有序多元 Probit 模型、多层线性模型等多种方法对上述问题进行考察，得出人才环境与人才需求共同影响人才集聚，以及不同城市规模之间影响效应不同的主要研究结论。

目　　录

第1章 绪 论

1.1 研究背景

中国西部地区包括陕西、四川、云南、贵州、广西、甘肃、青海、宁夏、西藏、新疆、内蒙古和重庆，区域面积占国土总面积比例超过70%，而2020年的人口和GDP占全国比例分别仅约为27.1%和21.1%①。由此表明，人口密度稀疏程度和经济发展水平落后程度可见一斑。根据国家统计局数据，2008～2017年10年间，西部非省会（首府）或直辖市城市有25个出现人口收缩，平均常住人口与西部省会（首府）或直辖市的差距由351万人扩大至407万人，与东部非省会或直辖市城市的差距也由158万人扩大至187万人。人才资源短缺和两极分化配置格局的双重困境，严重制约西部地区经济社会健康有序发展。

人才本身作为一种生产要素，在某些区域内集中，最终形成人才集聚现象。对人才集聚问题的研究成为了一大热点。有的学者研究了人才集聚非均衡的原因，认为经济发展水平、教育水平、科研环境与投放、收入水平、生活便利水平等对人才构成了强大的吸引力（纪建悦等，2008）。也有学者对人才集聚非均衡进行了量化研究，认为当前中国区域经济发展水平存在较大差异，东部发达地区与中西部落后地区相比具有更强的人才竞争力，人才集聚出现严重的不均衡。作为一线发达城市的代表，北京的人才集聚程度最高，而相对落后的西部省份青海则人才集聚程度最低，二者的平均人才集聚度相差达23.05%（廖诺等，2019）。有学者对人才集聚的非均衡效应进行了探讨，认为人才集聚往往具有"马太效应"特征，人才集聚程度越高，区域人才吸引力越强，进而促进人才集聚程度进一步提高（牛冲槐，2013）。那么，大部分西部地区的人才集聚程度相对不高，是否会出现人才集聚"马太效应"，导致与东部发达地区的差距越来越大呢？研究西部地区人才集聚程度、影响机制及发展趋势，对实现

---

① 资料来源：《中国统计年鉴2021》。

国家"一带一路"和西部大开发战略，推动西部经济和社会发展具有重要作用。

为促进西部地区经济社会的发展，1999 年国务院发布了《关于进一步推进西部大开发的若干意见》。在过去的 20 多年，西部的经济社会发展取得了较大的成就，但与东部地区相比经济仍欠发达，需要继续加强。同时，西部地区内部分化明显。《中国统计年鉴 2021》显示，四川经济发展水平一枝独秀，2020年 GDP 达到 48598.76 亿元，排名紧随其后的陕西、重庆和广西却分别仅达到26181.86 亿元、25002.79 亿元和 22156.69 亿元，排名相对靠后的甘肃、宁夏和西藏的 GDP 分别为 9016.7 亿元、3920.55 亿元和 1902.74 亿元，由此可见，两极分化的态势较为明显。在人口方面，随着新型城镇化建设的深入推进，西部城市人才资源数量不充分、配置不合理等问题凸显，尤其是中小规模城市面临着人才持续流失的困境。在区域协调发展战略背景下，西部城市人才发展问题极其严重。

《国家新型城镇化规划（2014—2020 年）》提出培育发展中西部地区城市群，加快产业集群发展和人口集聚。西部地区发展水平较高的地区形成了成渝城市群、滇中城市群、黔中城市群、北部湾城市群等 7 个城市群，西部地区城市群包括 55 个市（州），占全部西部地区 93 个地级市的 59.14%。2019 年，西部地区城市群人口达 2.30 亿，占全部西部地区人口 3.77 亿的 61.03%，GDP 达12.01 万亿元，占全部西部地区 GDP 总量 17.10 万亿元的 70.27%（见表1.1）①。可以说这 7 个城市群是西部地区人口和经济的高度密集区，对于缩小东、中、西部人才集聚差异进而缩小经济社会发展水平差距，引领整个西部地区可持续发展意义重大。

表 1.1　　　　　　　　2019 年中国西部地区城市群常住人口与 GDP

城市群	城市	常住人口（万人）	GDP（亿元）	城市群	城市	常住人口（万人）	GDP（亿元）
成渝城市群	成都	1658.10	17012.65	关中平原城市群	西安	1020.35	9321.19
	泸州	432.90	2081.26		咸阳	435.62	2195.33
	绵阳	487.70	2856.20		渭南	527.81	1828.47
	内江	370.00	1433.30		天水	336.89	632.67
	南充	643.50	2322.22		庆阳	227.88	742.93
	宜宾	457.30	2601.89		宝鸡	376.10	2223.81

---

① 资料来源：2020 年各省区市的统计年鉴。

城市群	城市	常住人口（万人）	GDP（亿元）	城市群	城市	常住人口（万人）	GDP（亿元）
成渝城市群	雅安	154.10	723.79	关中平原城市群	铜川	78.01	354.72
	达州	574.10	2041.49		商洛	237.91	837.21
	自贡	292.20	1428.49		平凉	212.53	456.58
	德阳	356.10	2335.91	兰西城市群	兰州	379.09	2837.36
	遂宁	318.90	1345.73		海东	149.32	487.73
	乐山	327.10	1863.31		定西	282.58	416.38
	眉山	299.50	1380.20		海北	28.49	91.70
	广安	325.10	1250.44		黄南	28.02	100.95
	资阳	250.30	777.80		西宁	238.71	1363.59
	重庆	3124.32	23605.77		白银	174.08	486.33
北部湾城市群	南宁	734.48	4506.56		临夏	207.14	303.52
	钦州	332.41	1356.27		海南	47.80	174.66
	玉林	587.78	1679.77	滇中城市群	昆明	695.00	6475.88
	北海	170.07	1300.80		玉溪	238.90	1049.71
	防城港	96.36	701.23		红河	477.50	2211.99
	崇左	211.03	760.46		曲靖	617.80	2637.59
黔中城市群	贵阳	497.14	4039.60		楚雄	275.50	1251.90
	毕节	671.43	1901.36	呼包鄂榆城市群	呼和浩特	313.68	2791.46
	黔东南州	355.20	1123.04		鄂尔多斯	208.76	3605.03
	遵义	630.20	3483.32		包头	289.69	2714.47
	安顺	236.36	923.94		榆林	342.42	4136.28
	黔南州	330.12	1518.04				

资料来源：各城市 2020 年的统计年鉴。

为深入研究西部地区人才集聚的影响机制，本书选择西部城市为分析对象，研究人才环境对人才集聚的影响作用机制，并按照城市规模及其与人才集聚的耦合协调度的动态演变，探究人才需求与人才环境对人才集聚的共同作用机制，最后比较分析了一线发达城市人才集聚经验，从而对西部城市人才集聚提出政策建议。

1.2 研究意义

1.2.1 学术意义

人才集聚理论属于公共人力资源管理的重要组成部分，是公共治理的一个核心版块内容；同时，该理论又与集聚经济学和制度经济学有着密切联系。本书综合应用了公共管理学、区域经济学、空间经济学、心理学等多个学科理论构建分析框架，研究了西部城市人才集聚特点及影响机制，推动了人才集聚理论的多学科交叉研究。

在人才集聚影响因素分析中，本书探讨了除经济性因素之外，社会排斥、社会关系网络、心理认同等社会性因素的作用，尤其是社会性因素在人才需求对人才集聚影响所起的中介效应。同时，在人才环境对人才集聚影响的分析框架中，加入人才需求这一核心解释变量，有助于解释人才环境与人才需求对人才集聚的共同作用机制，从而加强了人才集聚研究的深度和广度，提供了更加全面的人才集聚研究框架，丰富和完善了人才集聚研究理论。

1.2.2 现实意义

在知识经济时代，人才的作用越来越突出，对区域经济社会的发展越来越重要。我国西部地区面积辽阔，区域内部发展水平差距巨大，研究人才环境与人才需求对人才集聚的影响机制，对相关人才政策、教育政策、产业政策等一系列政策措施的制定具有一定的现实意义，可以达到促进人才集聚、优化人才资源配置、实现区域协同发展的作用。

当前各大城市"人才争夺战"愈演愈烈，东部一线城市出台的人才政策吸引力十足，例如，2020年上海应届生落户政策规定，上海"双一流"院校应届本科、硕士毕业生符合基本申报条件即可直接落户。在处于相对劣势的人才环境下，西部地区与东部发达地区展开全面人才竞争并不现实，如何做才能最大可能避免人才流失，保持相对稳定的人才队伍，这是值得研究的关键问题。

基于以上分析，就必须考察以下几个核心问题：（1）西部地区人才队伍发展现状如何？人才流动与集聚有什么特点？（2）随着西部地区各城市加大人才环境建设的力度，人才环境竞争力是否得到了提升？西部城市人才环境建设的短板又有哪些方面？（3）人才需求模型结构包括哪些维度，人才需求与人才环境如何共同作用于人才集聚？是否会受到其他因素的共同影响？本书将对上述问题进行深入分析，并在此基础上提出具体的对策建议，以便西部地区城市精准发力满足人才核心需求，从而稳定现有人才队伍、吸引外部人才流入西部，这对于促进西部地区可持续发展具有重要的现实意义。

1.3　研究思路与研究方法

1.3.1　研究思路

本书总体研究思路遵循了理论、实证、对策的一般过程。首先，分析了西部城市人才集聚、人才环境和人才需求现状。具体包括三个方面：一是分析了西部城市人才集聚现状，既对西部城市主要行业的人才总量进行动态分析，又对不同城市规模间人才的城市居留意愿进行探讨；二是构建了科学的人才环境评价模型，对西部城市人才环境进行动态评价；三是分析了西部城市人才需求满足现状。其次，探讨了人才环境对人才集聚的作用机制，并检验了城市规模的异质性。再其次，检验了人才需求对人才集聚的影响，以及社会融合在二者关系中所起到的中介作用。最后，分析了人才环境与人才需求对人才集聚的交互影响，以及城市规模间的影响差异，并结合本书的研究发现提出了针对性对策建议。

1.3.2　研究方法

（1）文献分析法。通过对关于人才集聚的国内外最新相关研究文献进行系统梳理，并结合研究需要，本书考察了人才集聚与人才环境、人才集聚与区域发展以及人才效能等主题，厘清了上述研究领域的理论和经验研究的发展脉络，并进行归纳、借鉴，从而掌握了研究前沿。

（2）实证研究法。本书运用主成分分析法、熵值法构建了人才环境模型，人才环境和人才需求对人才集聚的影响均采用了有序多元 probit 模型，人才环境对人才需求与人才集聚关系的跨层次调节作用分析采用了 HLM 模型。本研究的软件支持包括 Excel、Stata 和 HLM 等。

（3）比较研究法。本书首先比较了西部不同规模城市人才环境各项指标情况，分析了大、中、小城市人才环境的比较优势和劣势；其次分析了人才环境、人才需求对人才集聚的影响，并进行城市规模的异质性分析，在此基础上形成了西部不同规模城市人才集聚的政策建议。

1.4　研究内容与框架

本书的研究框架如图 1.1 所示。

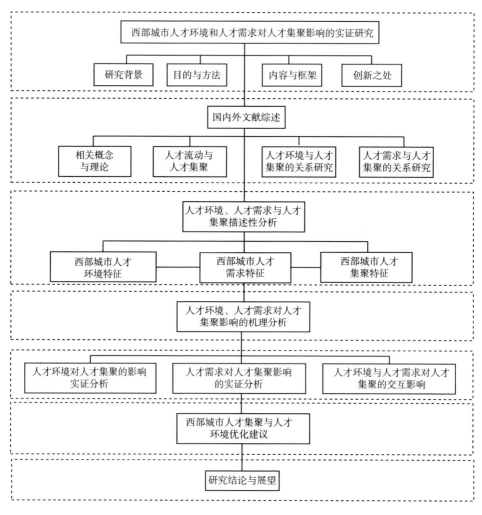

图 1.1　本书的技术路线

全书具体安排如下：

第 1 章为绪论。本章主要分为三个部分。第一部分是研究背景。本书基于当前全国城市人才争夺战的背景对人才环境和人才集聚的关系进行研究。第二部分对研究目的、理论意义、实践意义进行详细阐述。第三部分介绍本书研究内容，厘清研究方向，确定研究思路和内容，使文章逻辑清晰，条例分明，体现科学性、严谨性。

第2章主要是国内外文献综述及其理论分析。本章梳理和分析国内外学者关于人才环境、人才需求和人才集聚的相关研究文献，全面了解人才环境、人才需求和人才集聚的研究现状，并对其进行相应评述，发现存在的问题以及不足之处，从而在现有的基础上继续深入研究。

第3~5章为西部地区人才集聚、人才环境与人才需求现状分析。基于统计年鉴和问卷调查等数据，这3章首先从人才总量和居留意愿两方面描述西部城市人才集聚现状，其次构建人才环境模型，并分析西部城市人才环境的动态演变，最后分析不同规模的城市人才需求满足现状。

第6章是人才环境、人才需求对人才集聚的影响机理分析。本章基于推拉理论对人才集聚影响因素进行解释，分析人才环境和人才需求分别对人才集聚的作用机理；基于场动力理论，分析人才环境与人才需求对人才集聚的交互影响机理。

第7章为人才环境对人才集聚的实证分析。本章首先分析不同维度人才环境对人才集聚的影响差异，以及人才政策环境对其他维度人才环境与人才集聚的调节效应，然后进一步按照城市规模、城市地理位置进行异质性分析。

第8章为人才需求对人才集聚影响的实证分析。本章首先分析不同维度人才需求对人才集聚的影响差异，然后检验社会排斥、本地社会关系网络和心理认同在人才需求对人才集聚的影响所起的中介效应，并对城市规模的异质性进行分析。

第9章为人才环境和人才需求对人才集聚交互影响的实证分析。本章采用HLM模型检验人才环境对人才需求与人才集聚关系的跨层次调节效应，并分别对城市规模的异质性进行分析。

第10章为一线发达城市人才集聚政策分析与经验借鉴。分别分析了北京、上海、广州和深圳等一线发达城市的人才集聚经验，梳理了相同点和不同点，并结合西部城市的特点提出了可以借鉴之处。

第11章为研究结论与未来展望。基于前几章的研究内容，本章进行系统性的总结，得出主要研究结论，提出西部城市人才集聚的对策建议，并对未来研究进行展望。

1.5　创新之处

本书主要在研究内容、研究对象以及研究方法应用方面可能存在一些创新之处，具体可总结如下：

（1）研究内容的创新。本书首先实证检验了人才环境对人才集聚的影响，以及人才政策环境所起的调节作用机制；其次，分析了人才需求对人才集聚的影响，以及作为社会性因素的社会融合在其中所起的中介作用机制；最后，探讨了人才环境与人才需求对人才集聚的共同影响，分析了人才环境对人才需求与人才集聚关系的跨层次调节效应。本书既分别检验了人才环境和人才需求对人才集聚的影响作用机制，又将二者置于同一框架进行分析，对推拉理论在宏观和微观层面的共同影响进行了检验，这一做法相比以往相关研究而言有一定的创新性。

（2）研究对象的创新。本书检验了人才环境、人才需求对人才集聚的影响及机制，并按照城市规模异质性进行了比较分析，揭示了不同城市规模人才集聚的影响机制差异，这一做法相比以往研究有一定的创新。此外，不同于以往研究的对象主要集中在高层次人才队伍，及其"不为我有，但为我用"的柔性引才思路，本书关注的是具有大专学历以上的普通人才队伍，并且从人才保留的角度将人才集聚的操作性定义界定为城市居留意愿，这也是另一个研究对象的可能创新点。

（3）方法应用的创新。本书采用了因子分析和熵值法确定人才环境的维度及权重，客观确定了人才环境的结构，利用面板数据对西部城市人才环境从静态分析转向动态研究；采用宏观统计年鉴和微观问卷调查，多方法搜集人才环境、人才需求和人才集聚的数据，主客观结合实现数据搜集方法的多样性；采用 HLM 模型，考察城市层次人才环境与个体层次人才需求对人才集聚的共同影响机制，包含了经济性因素、家庭性因素和社会性因素等多个维度的影响，克服了传统研究主要关注经济性因素的局限。

第2章 概念界定、理论基础 与文献综述

2.1 核心概念界定

2.1.1 人才

"人才"一词内涵较为丰富，学者根据研究需要对人才的内涵有不同的界定。有的从人力资本的角度将人才定义为具有较高智力资本的高校毕业生，或者是具有创造价值的人力资源（王崇锋，2015）；有的从职业素质的角度提出人才应具有学识、见识、共识等"三识"，技能、才能、德能等"三能"，能力、潜力、实力等"三力"以及效果、效率、效益等"三效"的特征（牛冲槐，2013）；有的从专业特长的角度认为具有某种技能或者特长的人均视为人才（张敏，2014）；等等。《国家中长期人才发展规划纲要（2010—2020）》提出："人才是指具有一定的专业知识或专门技能，进行创造性劳动并对社会作出贡献的人，是人力资源中能力和素质较高的劳动者。"可见，具有一定的专业知识、专业能力以及能对社会作出贡献往往是人才界定的重要依据。结合研究需要，本书将人才的内涵界定为：人才是指具有大专及以上学历，具有专业知识或专门技能，对社会具有一定贡献的人。

2.1.2 人才环境

人才环境是指与人才成长和发展密切相关的各种外部要素的总和（司江伟，2015）。人才环境有多种类型，最常见的划分是自然环境和社会环境二元类型，社会环境又包括政治环境、经济环境、事业成长环境、人际关系环境等，社会环境对人才的成长和发展起主要作用。也有研究将人才环境划分为自然地理环境、社会环境和成长环境三类。随着研究的深入，人才环境的内涵越来越丰富，

包惠（2007）认为人才环境包括五个方面，分别是经济、创业、科技教育、生活及市场环境。彭剑锋（2002）提出了内涵更丰富的人才生态环境，分别包括人才主权、知识产权保护、全球视野人才标准、用人机制、人才配置、企业核心要素、教育资源、就业环境、人力资源政策及经济政策等。总之，人才环境的内涵随着时代变迁和研究场景的不同而不同。在借鉴已有研究成果的基础上，本书将人才环境界定为：人才环境是影响人才职业流动的外部因素的总和，分为自然因素和社会因素，自然因素主要是自然环境条件，社会因素包括经济、生活、政策等方面。良好的人才环境对人才会产生强大的拉力，恶劣的人才环境对人才会产生向外的推力。

2.1.3 人才需求

人本主义心理学家马斯洛将人的需求分为生理需求、安全需求、归属与爱的需求、尊重需求和自我实现需求五个层次。低层次需求得到满足后，将会产生高层次需求。在此基础上，奥尔弗德提出了 ERG 理论，将人的需求划分为生存需求、关系需求和成长需求。国内学者对人才需求的结构也展开了研究。有的从城市宜居性角度提出人才对环境的需要，包括环境健康性、安全性、开放性、包容性和文化活力五个方面（黄江松，2018）；有的从职业流动的角度提出人才需要，即主要包括经济需要、个人情感和发展需要（张樨樨，2015）；也有人认为包括企业需要、区域需要和内外生活工作环境（汪志红，2016）；还有的从人才成长的角度，提出人才需要包括基础需要、关系需要、发展需要、企业需要、区域需要和产业需要等六个方面（李硕，2018）。在借鉴已有研究成果的基础上，本研究将人才需求的内涵界定为：人才需求是指人才对于生活和事业等外部条件的内在需要，需求满足将对人才产生拉力，未满足则会产生向外的推力。

2.1.4 人才集聚

人才集聚本质上是一种人才流动的结果，因此有多种角度对人才集聚的内涵进行界定。从人才集聚现象的角度，有学者认为人才集聚是人才的聚类现象，人才的区域集中是物理空间集聚，人才的行业集中是虚拟空间集聚（牛冲槐，2013）。从人才集聚成因的角度，有的学者认为人才集聚本质是人才流动，是人才在区域或企业之间流动的现象（朱杏珍，2002）；有的学者认为人才集聚是经济、政治、科技、文化等多要素综合作用的产物（喻汇，2008）。从人才集聚的目的角度，有的学者认为人才集聚就是把知识经济所需的优秀人才相对集中，从而发挥人才集合的效应（蔡永莲，1999）；有的学者将人才集聚定义为人才个体与群体互动沟通的过程，通过沟通实现知识、信息与技术的交流传播，从而发挥人才集聚效应（赵娓，2010）；有的学者认为人才集聚是为了满足组织的发展需要，将人才集聚界定为人才资源的汇集、协作、竞争和创新（张体勤，2005）；有的学者认为人才集聚是相关人才集中，进而形成一种大规模、高集中、结合合理且能发挥集聚效应的人才分布格局（黄湘闽，2014）。在借鉴已有研究成果的基础上，本书对人才集聚内涵的界定是：从人才保留的视角，人才集聚的内涵是具有大专学历以上的人才在城市的根植意愿。

2.2　理论基础

2.2.1　推拉理论

博格（Bogue）在 1959 年提出了推拉理论。该理论认为优势环境将对人才产生拉力，劣势环境将对人才产生推力，若城市对人才的拉力大于推力，则会促进人才集聚，反之则会导致人才外流。在此基础上，学术界对拉力和推力因素进行了广泛的探讨。泰勒等（Taylor et al，1977）提出了五种人才集聚的推动力，分别是创造性工作的机会、企业家能力的可模仿性、地方观念和企业识才用才的能力、人才市场状况、未来的发展空间。西奥多（Theodore，1996）认为人才集聚的主要因素有六个方面，分别是知识溢出效应、公共物品供给、内部规模经济、外部规模经济、政府政策与工资水平。国内研究普遍发现，经济环境对人才产生的拉力最强，其他拉力因素包括创新环境、生活环境、制度环境、自然环境等（张美丽，2018；霍丽霞，2019；颜青，2019；李士梅，2020；李光龙，2020）。可见，宏观层面上推拉理论得到了普遍的检验。此外，也有学者基于推拉理论的分析框架，从微观层面分析了人才流动的影响因素。有学者指出，高校人才流动呈现区域流动失衡与校际流动失衡并发、整体流动率偏低与明星学者流动频繁并存的现象，并认为这是东西部地区、不同高校之间投入经费的差异所造成的（黎庆兴，2022）；也有学者重点分析了房价因素对人才流动的影响，发现房价对高房价城市的人才流入存在显著的抑制效应，而对中房价城市的人才流入呈现先升后抑的趋势，对低房价城市的人才流入呈现 U 形趋势，并认为这与城市的发展机会与发展质量密切相关（胡建国，2020）。还有研究发现，高房价城市推力因子和拉力因子发挥重要作用，中房价地区影响人才流动的因素复杂，而低房价地区城市基础设施和产业瓶颈对人才流入的影响显著（汪洋，2019）。还有的研究关注农村人口城镇化。例如，有的研究发现西部农村流动人口兼具农民与市民双重身份，流出地家人照料问题、流入地歧视、买房问题制约了土地流转，因此导致农村流动人口流转比例偏低（许进龙，2022）；也有研究比较了城市对农民工拉力作用的大小，发现拉力作用从大到小依次为：户籍限制、就业服务满意度、社会保险便利度、社会保障满意度、职业介绍、经济能力、同工不同酬、职位类型、职业培训、保障性住房租用、稳定性、身体能力（阮海波，2021）。

回顾文献发现，大多数研究在检验推拉理论的过程中存在以下几个方面的问题：

一是研究普遍关注的对象是高层次科技人才，并检验了人才环境对这类群体的拉力和推力作用。高层次科技人才处在人才金字塔顶端，对其重点分析固然重要，但人才队伍应该讲究梯次结构，普通类型人才的集聚问题也不可忽视。然而无论理论研究中，还是政府实际制定的人才政策，都多少忽略了这一群体的重要性。高层次科技人才的拉力和推力因素，是否同样适合普通人才队伍，这个问题需要进一步深入分析。

二是采用推拉理论分析研究框架时，大多数研究比较孤立地分析人才集聚的拉力因素。实际上，人才环境通常作为一个整体影响人才集聚，任何一个环境存在短板，都有可能会减弱甚至抵消其他拉力因素的作用，而以往的分析框架中较少对这一问题进行深入分析。通过人才环境来吸引人才的实践中，政府短期可变通并且经常采用的工具便是人才政策，而人才政策不仅直接对人才集聚产生影响，还可能与其他人才环境共同影响人才集聚，这一问题值得进一步分析讨论。

三是对推拉理论的验证较少考虑地区之间的异质性。不同城市对人才的拉力因素其实并不相同，大城市依靠具有竞争力的就业机会、收入待遇和公共服务等因素，对人才产生强大的吸引力，而小城市却通常是依靠生活节奏、住房优惠和日常开支等因素吸引人才，而且人才政策在不同规模城市所起到的杠杆作用可能不同，因此有必要通过区分地区差异，界定推拉理论的应用边界。

2.2.2　激励理论

激励是指通过一定的刺激满足人才的需要，从而达到增强其思想、愿望和内在行为动力的过程。西方激励理论大致分为三类。第一类是内容型激励理论，其着重分析能够激发人才采取某种行为的动机因素，因此也称为需要理论，经典理论主要包括马斯洛的需求层次理论、麦克利兰的成就需要理论、赫兹伯格的双因素理论、奥尔德弗的 EGR 理论等。第二类是过程型理论，其主要研究激励的过程，着重研究动机的形成和行为目标的选择，主要包括亚当斯的公平理论、弗洛姆的期望理论、洛克的目标设置理论等。第三类是行为改造型激励理论，它与前两类激励理论不同，其重点关注行为产生的原因，如何才能使积极行为得到巩固，使消极行为得到转化，其主要包括强化理论、挫折理论和归因理论等。人才集聚相关研究采用较多的是内容型激励理论。人才需求满足是人才集聚的重要影响因素，包括各层次需求，如就业需求（朱宇，2004；赵锋，2018）、住房需求（尤济红，2019）、公共服务需求（古恒宇，2019）、生活需求（王春兰，2007；李郁，2012），它们都对人才居留城市产生正向影响作用。

回顾文献，相关研究主要存在以下不足：

一是大多数相关研究考察的是区域内不同组织之间的人才流动，而较少应用于区域间人才集聚的分析。由于是以组织为分析单位，大多数研究检验了工作因素和经济因素对人才的激励影响，而忽略了社会性因素的影响。其实，人才在区域间流动和集聚时，社会融合等社会性因素是人才是否在城市居留的重要影响因素，因而有必要以城市作为分析单位，进一步厘清包括社会性需要在内的各种人才需求对人才集聚的影响差异。

二是大多数研究孤立地检验了人才需求对人才集聚的影响，这一做法将激励因素局限在微观层面。但是，根据勒温场动力理论，个体行为除了受到个人微观层面的影响之外，还会受到宏观环境的影响。研究城市宏观环境与个体微观需求究竟如何共同影响人才集聚时，有必要将二者置于同一分析框架做进一步检验。

2.2.3　公共治理理论

治理一词的内涵虽至今仍存在争议，但围绕这一议题的讨论却很多。罗德（Rhodes，1996）提出治理的应用场景包括最小化政府、私营部门治理、社会系统和自组织网络等方面，萨拉蒙（Salamon，2000）则认为治理意味着公共管理的手段大量增加等。目前学术界达成一致的看法是关于公共治理的实质，即治理要强调统治机制不依赖政府权威或强加，而是多方参与主体混合而成的网络运作。人才环境与人才集聚涉及的主体既包括宏观的社会环境因素，例如政治、经济、人口等，又包括微观的用人单位内部环境，如管理方式、激励方式等，还涉及中观的人才政策、培育制度等。可以说，仅有政府的努力远远不足以吸引人才，因此公共治理理论视角下进行人才环境和人才集聚研究更为适合。

回顾已有文献，笔者认为已有研究在以下方面需要进一步深化：

一是基于公共治理理论对人才集聚进行的理论分析还不够深入。在实践中，关于聚才、引才的措施和角色，政府与用人单位之间常常出现错位、越位的现象。政府制定出台的人才政策，与用人单位和人才的需要不匹配，导致用人单位和人才真正需要的政策扶持无法得到及时满足等。因此，有必要进一步分析各类人才环境、各类人才需求的供给和保障主体，从而促进人才集聚问题的多元治理。

二是不同规模的城市的人才集聚模式不同，相关的实证分析还不够深入。已有理论笼统地提出，经济落后地区的人才集聚应采取政府主导模式，经济发达地区则采用市场主导模式。然而，人才环境和人才需求是多样的，究竟政府在哪些领域应该有所为，市场机制又能解决哪些方面的具体问题，都值得进一步做深入的实证分析。

2.2.4 人力资本理论

诺贝尔经济学奖得主西奥多·舒尔茨在 1960 年提出人力资本理论，认为人力资本作为知识、技能和能力，是通过教育和培训等长期投资形成的，劳动者个人和社会经济发展均可从中受益。人力资本在空间上的集聚与许多影响因素有关，拥有人力资本的劳动者具有易流动性和追求高收益的特征是人力资本集聚的主要动力，因此，教育年限（黄晨熹，2011）、就业能力（罗恩立，2012）、技能训练经历（赵文哲，2018）等均被证实对人力资本集聚产生显著影响。

回顾相关文献，笔者认为在以下几个方面仍需进一步深入分析：

一是研究对象主要广泛集中在农民工，而有关大学毕业生的研究还不够深入。人力资本集聚的两个主要途径分别是求学和农民工进城打工（候风云，1999）。大量关于农民工人力资本的研究，较为深入地分析了人力资本集聚的特征和影响因素，且发现农民工的城市迁移主要偏好小城市和大城市，偏好中等城市的少（李琬，2015）。但是，这一系列相关结论能否适用于大学毕业生还有待进一步验证。因此，有必要将人才定义限定为大专及以上学历，检验人力资本集聚的影响因素。

二是人力资本集聚影响因素研究缺少地区间的差异比较分析。有相关研究发现，大城市的人力资本集聚会通过溢出效应辐射带动周边城市人力资本的集聚。然而，西部主要以中小城市为主，大城市对周边地区的人力资本的影响，究竟是溢出效应还是虹吸效应，还有待进一步实证检验。

2.3　国内外研究现状

2.3.1　人才集聚的评价测量研究

人才集聚程度的准确描述，需要构建科学的指标测量体系，目前不少学者对此开展了探讨。姜怀宇等（2005）采用区域人才密度相对于全国人才密度的比值来衡量人才集聚程度。牛冲槐（2007）对地区科技人才集聚度的衡量是分别计算地区和全国的科技人才总量除以各自的就业总人数，将商数作为人才集聚度。孙健等（2007）采用区域人才集聚密度指标衡量人才集聚水平，其界定的人才是有本科及以上学历的人。齐宏纲等（2020）参考人口迁移强度理念，不同于以往研究仅仅聚焦于高学历劳动力，该研究采用高学历或高技能劳动力占劳动力总体的比例衡量区域人才集聚水平，其中高技能劳动力包括"党的机关、国家机关、群众团体和社会组织、企事业单位负责人"和"专业技术人员"两类就业人口。廖建桥等（2007）采用企业分布系数作为人才集聚度的测量指标。李瑞等（2013）则用以中科院院士为代表的高层次人才在不同阶段的基尼系数，测量不同地区的人才集聚情况。田凌晖（2007）考虑到人力资本的差异，使用了加权指标来测算高校人才集聚程度，采用职称、学历和年龄进行加权。王东和孙健等（2008）将人才集聚指标分为人才数量与人才质量两个维度，人才数量指标是大专以上就业人员的数量，人才质量指标用研究生占人才总数的比重和每万人拥有的专利数两个指标表示。谢牧人和于斌斌（2011）采用了八个指标来衡量人才集聚程度，包括高等学校比例、技工学术比例、人均科研经费以及各类人员比例等。

基于经济学中的区位熵理论，还有部分学者构建人才区位熵来衡量人才集聚程度。曹威麟等（2015）以地区专科以上学历的就业人数占当地全部就业人数的比重，除以全国专科以上学历的就业人数占全国就业人数的比重，其比值即为人才集聚程度。曹雄飞等（2017）构建了高科技人才区位熵来表征人才集聚程度，即某个地区高技术产业从业人员中科学家、工程师的数量在该地区全部就业人数中所占的比重，与全国高技术产业从业人员中科学家、工程师的数量在全国全部就业人数中所占比重的比率。苏楚和杜宽旗（2018）以 R&D 人才区位熵作为集聚指标，并指出 R&D 人才区位熵是某个地区 R&D 从业人员全时当量在该地区从业人员中所占的比重，与全国 R&D 从业人员全时当量在全国从业人员中所占的比重的比率。孙红军等（2019）构建了科技人才区位熵，采用地区科技人才数量占地区总就业人口的比重，与全国科技人才数量占全国总就业人口的比重的比率，来表征科技人才集聚程度。

从已有人才集聚评价的相关文献来看，第一，人才集聚指标评价体系的研究较多，但目前尚未形成统一标准，学术界关于人才集聚水平的测定大都带有较强的主观性；第二，人才集聚显然不仅仅是空间的集聚，也需要时间的积淀，较少研究考虑时间指标，特别是人才集聚在时间序列上的变化情况。

2.3.2 人才需求对人才集聚的影响

人才通常具有高度的能动性，俗话说"人往高处走，水往低处流"，表明人才往往会因为改善自身生存和工作环境的强烈动机而出现流动，因此人才需求往往对区域人才集聚产生较大的影响。一方面，合理流动有利于实现人才资源的优化配置，提高不同区域的经济发展活力（Silvanto，2014）；但另一方面，人才的过度流动或无序流动往往容易造成各地之间展开恶性人才竞争，导致有的地方人才资源大量闲置，而其他地方人才资源明显不足，制约了区域间的协同发展。因此，人才需求如何影响人才集聚是学术界关心的热门话题。

从实践经验来说，新中国成立后大规模的人才流动主要有三次：第一次是1957～1960年实施的上百万干部下放劳动制度；第二次是1968～1978年的知识青年"上山下乡"运动，上千万城市青年到农村或边境地区安家落户，成为农业劳动者，这两次都是人才有计划、有组织、分批次地从城市被安排到农村非自愿集聚的现象；第三次则是改革开放之后，在自由市场经济体制下，出现的"孔雀东南飞"的人才往东南沿海地区集聚的盛况，这次人才集聚相比前两次有了选择的自由。

人才需求对人才集聚的相关研究主要为第三种主动流动的情况，研究视角可以分为个人、组织和社会三个层面。第一，个人层面。大多数相关研究属于心理学学科范畴，最早始于心理学家勒温（Lewin，1936）提出的场动力理论，认为行为取决于个人和环境互动，并用公式表现这种关系：$B = f(P，E)$。舒尔茨（Schultz，1960）认为，只有个体的期望收益大于成本时，才会发生迁移。安德森（Anderson，1971）提出，经济是人口迁移的主要影响因素，迁移意愿主要与收入、劳动力需求、教育程度、住宅以及环境质量等因素有关。第二，组织层面。相关研究大多与组织行为学研究有关，认为人才流动的本质是知识转移。马奇和西蒙（March & Simon，1958）提出了员工流失模型，指出企业员工流出的重要因素是工作满意度和人员流动的可能性。詹姆斯·普莱斯（James Price，1977）认为员工流出的因素包括五个方面，即工资水平、融合性、工具式的交流、正规交流、企业的集权化。第三，社会层面。威廉·佩蒂（William Petty，1962）认为，劳动力会从低收入产业流向高收入产业，背后的重要原因是农业、工业和商业之间的收益存在差异。雷文斯坦指出，人力资本流动最关键的因素是经济方面的原因。英国经济学家克拉克（Clark，1940）认为，劳动力的转移顺序依次是第一、第二和第三产业。经济学家威廉·阿瑟·刘易斯的研究发现，如果劳动力无限供给，农业部门与工业部门之间的工资率差异，将促使农村劳动力不断向城市工业部门转移。阿波罗维奇等（Alperovich et al.，1977）从地理学的视角发现，区域之间的距离是影响人口迁移的重要因素。

国内学者对人才流动也进行了广泛研究，通过梳理后，笔者发现，已有研究主要探讨了微观和宏观两方面因素对人才集聚的影响。

从影响人才流动的微观因素看，大部分学者主要分析影响人才流动的经济、环境、社会等因素。李宝元（2000）认为，市场经济要求生产要素能够自由流动，人才市场化流动保持通畅的前提是供求主体自主性、工资机制规范性和市场竞争平等性。郑文力（2005）发现科技人才的流动类似于物理学中的势差理论，并提出科技人才流动受宏观势差效应、单位势差效应、个人势差效应的影响。纪建悦和朱彦滨（2008）的研究发现，地区的经济发展水平、工资收入水平、科研环境科研投入、教育水平、生活便利程度等宏观经济因素是科技人才流动的主因。孟兆敏等（2011）基于上海、苏州等地对城市流动人口居留意愿进行调查，探究了经济因素、社会因素和制度因素对流动人口居留意愿的影响。结果表明，相较于经济因素，社会因素对流动人口的居留意愿的影响更加显著，其中社会融合因素正向影响居留意愿，而家乡联系负向影响居留意愿；制度因素对流动人口居留意愿有一定的影响。魏浩等（2012）探析了人才国际间流动，结果发现留学生在国家间的流动受国家间商品贸易的正向影响，且教育因素和经济因素是国际间人才流动主要考虑的两大因素。高波等（2012）发现区域房价差异显著影响劳动力流动，当城市间的相对房价升高时，相对就业人数减少。崔颖（2017）则提出，空气污染通过影响身体健康以及心理健康，进而影响人才跨区域流动。林李月等（2019）提出了流动人口在流入城市获得的城镇基本公共服务是影响其城市居留意愿的关键因素。朱浩（2020）探讨了新生代白领移民的迁居决策是选择一线还是非一线城市的影响因素，该研究认为，在一线城市，住房因素发挥了重要作用，而在非一线城市，社会因素则具有决定性意义。

从影响人才流动的内部因素看，学者们主要探索影响人才流动的个体微观因素。张弘和赵曙明（2000）提出了人才流动组合决策模型，即人才流动同时受个人决策和组织决策的影响，且均与收益和成本密切相关。冯子标（2000）

认为人力资本流通主要与流动成本和收益有关，当流动收益高于成本时才会发生人才流动。罗恩立（2012）探究了就业能力因素以及影响迁移的传统因素与农民工的城市居留意愿的关系，结果发现，就业能力对农民工的城市居留意愿有显著的影响。此外，教育程度、就业服务享有、社会网络以及职业类型对农民工的城市居留意愿的影响也表现显著，而工会参与因素的影响不显著；传统变量中只有婚姻状况通过显著性检验。王宁（2014）的研究表明，当某些技能的人才供不应求时，这些人才就会向消费、权利、地位、收入等能最大化人才价值的地方流动。于洋（2013）根据个体行为，发现信息、认知、动机、能力和学习是影响人才集聚的主要因素，是形成人才集聚的主要原因，其中能力、学习、动机是内因，认知、信息是外因。汪志红等（2016）从企业视角探究了人才流动动因，认为一般人才和技能型人才较多关注薪酬福利和社会保障，科研和管理型人才更注重培训、学习、晋升机会和企业文化、制度等，另外工作和家庭生活质量与环境也逐渐成为人才流动主要动因。毛献峰和王修来（2019）使用定性比较分析法探究了省属高校基础研究人才流动的影响因素。他们认为，相较于薪酬待遇、组织支持力度、胜任信心，"职业发展"和"幸福感受"这两个因素对入选"双一流"建设的省属高校基础研究人才流动的影响最大。

此外，还有少量学者从个体微观因素和人才环境因素相结合的角度研究了人才流动的影响因素。例如，王春兰和丁金宏（2007）发现，经济收入是流动人口居留意愿的最显著影响因素，同时城市吸引力、婚姻家庭状况以及个人特征对流动人口的居留意愿也有较明显的影响。牛冲槐（2010）认为，人才流动的动因分为引致性动因和驱致性动因，前者主要是环境因素，包括社会与经济发展、要素边际收益差别、自然地理差异、科教文化底蕴差异等；后者主要是个体因素，包括自我价值实现、家庭利益、社会价值实现等。朱云等（2019）从三个方面探讨人才流动的影响因素，即人才个体因素、企业因素以及城市因素。研究结果发现，相比企业因素，个人因素（如平衡工作与生活）和城市因素（如更多的就业机会、公平的就业环境、接近家人、低廉的生活成本）更显著地影响人才流动。古恒宇（2020）认为，个体因素、经济特征、社会因素影响东北三省流动人口居留意愿。

2.3.3 人才环境对人才集聚的影响

国外学者围绕人才集聚的相关研究起步较早，他们起初把人口流动作为研究对象。威廉·佩蒂研究了产业与创业之间的人才流动。翁清雄（2010）提出人才环境由多方主体共同提供，包括政府、社会组织、企业等。马巴索等（Mabaso et al.，2016）则重点分析了企业环境对人才的影响。莫汉和苏珊等（Mohan & Susanne，2010）分析了政府在人才环境保障中的角色和作用。莱文和罗斯提出了影响人才流动的三因素，排在首位的是社会环境，其次是工作环境，最后是个人因素。保罗（Paul，1991）从产业聚集关系的角度进行研究，从而界定了人才聚集的程度。泰勒（Taylor，1977）提出营造良好的商业环境，例如培育、提高企业家能力、创造力等来促进人才集聚效应。托达罗（Todaro，1970）通过实证研究，构建了托达罗模型，该模型指出地区的经济发展水平程度将会影响人才聚集的规模，因为人们常常会被经济利益所驱使。博格（Brogue，1959）基于物理视角提出了"推力 – 拉力"的理论。分析了人才集聚"推力"产生的多种因素，如经济欠发达、就业不足、收入较低、交通不便、医疗教育资源落后、自然环境较差等，这些因素都会让当地人才流失。反之，产生"拉力"的因素则是经济发达地区、可观的收入、较好的医疗团队和教育资源、自然环境优良等，这些因素有助于吸引外地人才前来。通过这个理论进一步推出，若一个地区"推力"大于"拉力"，就会流失部分人才，人才的集聚规模将缩小，表明环境对人才集聚的影响正相关。此外，理查德（Richard，2002）发现，城市公共服务水平、开放度、包容度是影响区域人才集聚的主要因素。

国内人才集聚的研究与国外相比起步较晚，但相关研究仍较为丰富。通过梳理相关文献后发现，已有学者主要从宏观环境、中观组织和微观个体三个层次分析人才集聚的影响因素。但是，从相关文献的研究过程看，有的学者注重从单一层次（如单一的宏观环境）分析人才集聚的影响因素，有的学者则从三个层面结合分析人才集聚因素。

从单一层次分析人才集聚影响因素的研究颇多，但是学者们主要侧重于分析影响人才集聚的宏观环境因素。王顺（2004）将我国城市人才环境作为研究对象，指出人才环境分为自然环境和社会环境，在该环境中能促使人才发挥其才能，使其进一步成长和发展。丛潇潇（2005）在研究人才集聚环境建设时，指出优化人才环境的方法就是政府制定一系列的政策方针，从而有效地增强地区的凝聚力以及影响力。孙健等（2007）提出，收入水平、经济环境、教育和科研环境在人才集聚中起到重要作用。张春海等（2011）研究发现，科技人才集聚主要与经济水平、工资收入、科研投入、生活环境和教育水平等有关。徐茜和张体勤（2010）基于城市环境探究了人才集聚，认为城市环境通过城市人口环境、经济环境、生活环境、自然环境和制度环境为人才聚集奠定基础，同时产生人才集聚效应、放大效应、羊群行为、马太效应和辐射效应。城市环境与人才集聚呈现互动局势，两者相辅相成、相互促进，共同形成城市人才环境磁场，形成一个循环，成为城市发展中一对不可分割的复合体。李乃文和刘会贞（2012）从产业发展过程中人才引进、培养和使用角度，确定产业人才集聚的决定因素为产业经济环境、教育环境和社会文化环境，并对产业发展不同阶段人才集聚决定因素重要程度进行比较。在产业发展初期，产业经济环境对产业人才集聚的促进作用更明显，而在产业发展中期与后期则分别是教育环境与社会文化环境的促进作用更加明显。李瑞等（2013）认为，自然环境、经济基础、政治环境和文化教育影响高级科学人才集聚成长。王全纲和赵永乐（2017）以全球高端人才为研究对象，分析了人才政策、经济格局、社会环境以及科技创新等外部环境对人才流动与集聚的影响趋势，结果表明高端人才的集聚与资本投入、政府引进人才政策和科研创新环境正相关。霍丽霞等（2019）指出，经济发展水平、科技创新环境、文化教育环境、社会保障机制从不同角度出发，共同促进人才集聚，其中科技创新环境是人才集聚的关键性因素。

还有少数学者分析了影响人才集聚的中观组织因素。例如，芮雪琴等（2011）探讨了创新网络中科技人才聚集效应的测度及产生机理，结果发现创新网络中的知识存量与技能的净增量是科技人才聚集效应的具体体现，它受创新网络中的知识溢出效应、学习效应、激励效应、创新挤出效应、冲突等的影响。此外，对于影响人才集聚的微观个体因素的研究较少。陈杰等（2018）在研究人才环境感知对海外高层次人才流动意愿的影响时，将人才环境划分为人才政策环境、事业环境、团队环境和生活环境，指出良好的人才环境能促进人才集聚，事业环境和团队环境负向影响人才省内及省际流动意愿，而人才政策环境和人才生活环境则分别单方面影响人才省际流动意愿和省内流动意愿。

由于人才的需求是多方面的，因此学者们越来越重视从多层次角度分析人才集聚的影响因素。朱杏珍（2002）提出人才集聚主要跟利益因素、精神因素和环境因素有关，利益因素是获得更高的经济收入和更多个人发展的条件与机会，精神因素是文化背景、性格及社会地位等因素，环境因素主要是社会、制度环境。之后，朱杏珍还分析了心理因素在人才集聚中的作用。郑文力（2005）借鉴物理学的电势效应，认为科技人才流动的本质是非均衡性带来的势差效应，经济增长、单位状况和个人条件三方面因素的非均衡性，都会促使科技人才从低势差地区流向高势差地区。张玉兰（2005）分析了地区的综合区位优势、产业升级、人才控制政策、人才自身需求、人才市场机制的灵活程度与成熟程度等五个因素对人才集聚的影响。张西奎（2007）研究认为，人才的生产要素和较高的纯利益分别是人才集聚的内外因。王奋等（2006）研究发现，地区的经济、收入、工作福利、晋升机制等人才环境极大地影响了人才集聚。侯静茹和杨倚奇（2016）将人才环境划分为质量、规模和高等教育发展三个因子。王崇锋（2015）将人才集聚的动因概括为内因和外因两个方面，其中内因是指基于人才自身的主观意愿而集聚到某一区域，以实现自己的某些期许，内因主要包括资源禀赋、人才环境、收入因素、政策因素等四个要素。曹威麟等（2016）将人才环境划分为人才发展区域环境和人才发展组织环境，并检验了人才环境、人才成长预期对人才集聚意愿的影响，研究表明人才环境、人才成长预期都正向影响人才集聚意愿，且人才成长预期在人才环境影响人才集聚意愿过程中起中介作用。

总之，国内学者研究人才环境和人才集聚的关系虽然侧重点不同，但都表明人才集聚的程度取决于人才环境的质量高低。

2.3.4　人才集聚的机制与模式研究

西方学者从经济因素对人才集聚机制进行了系统研究，代表性的人才集聚模式有中心－外围横向集聚模式、知识共享和外部经济横向模式、基于交易成本的纵向模式。泰莱科特（Tylecote）深入探讨了各种制度环境对人才集聚的影响。罗默（Romer）则研究了地方政府对促进人才集聚和产业集聚所能发挥的作用。

国内相关研究大多在此基础上展开，相关研究成果颇为丰富。朱杏珍（2002）提出了构建人才集聚的四个方面，分别是物质利益、精神激励、信息机制建设以及建立法治体系。王锐兰等（2006）分析了创新型人才的区域集聚机制，认为有四种集聚驱动力，即制度、边际收益、创新载体和人才密度。孙丽丽等（2006）提出高层次人才集聚有收益优势依傍型、产业集聚推动型、"领头羊"效应型、政府牵引型等类型。孙健等（2007）将人才集聚模式划分为市场主导型、政府扶持型和计划型，并提出我国东部地区主要是市场主导型，而中西部因为较难实现人才集聚，应该实施政府主导型。此外，孙健和徐辉（2007）对国有、民营和外资企业的人才集聚模式进行了比较，指出国有企业是被动筛选和公平性激励模式，民营企业是简易筛选和功利性激励模式，外资企业则是主动筛选和效率性激励模式。刘思峰等（2008）从自组织理论出发，分析了科技人才集聚的自组织机制，提出"结构－功能－涨落"三者之间相互影响及制约，构成了人才集聚、科技发展的基本动因。马建龙等（2010）探讨了区域发展不同阶段的人才集聚机理，提出区域发展在论证和基础设施建设阶段主要是政府牵引型，在产业结构体系形成阶段主要是以市场主导型为主，政府牵引型为辅，在经济发展成熟和产业结构调整再发展阶段主要是市场主导型。季小立等（2010）认为，人才基于四个内在机制实现在特定区域的集聚，即互补性机制、利益和声誉激励机制、企业/产业发展机制和循环累积的自增强机制。杨芝（2012）进一步将我国 31 个省级行政区（不含港澳台地区）的科技人才集聚模式的具体形态分为三类，分别是市场主导型、政府指导与资源引导相结合型和政府重点辅导型。王文成（2017）提出了由政府、市场和高校及科研机构三者构成的"三位一体"人才集聚模式。在这个系统中，市场主导是人才集聚的基点，政府促进是人才集聚的必要条件，科研推动是人才集聚发展的动力。申慧云等（2021）将中国的人才集聚发展时期划分为四个阶段：1978 年以前为计划性科技人才集聚模式；1978～2002 年为市场主导性科技人才集聚模式；2002～2020 年为政府与市场双轨制且具有区域差异化的科技人才集聚模式；而面向 2035 年的人才集聚为政府扶持与市场调节相结合的模式。

人才集聚机制与模式的构建，显然要以人才集聚影响因素研究为基础。总体来看，学术界目前提出的人才集聚机制可分为政府牵引型、市场导向型和计划型三种，这为高层次人才集聚的深入研究提供了理论基础。但是，研究不足之处在于：第一，大部分研究都只是关注东部、中部和西部之间的集聚机制和模式差异，而研究的重心并没有继续下沉到关注省与省、城市与城市之间的集聚机制与模式的差异；第二，不可忽视政府在人才集聚中发挥的巨大能量，有必要深入探讨公共政策与人才集聚的关系，这是进一步研究的方向。

2.3.5　人才集聚效应研究

人才集聚效应主要研究了知识溢出效应和经济增长效应。首先，有关人才集聚与知识溢出效应的研究。人才是知识的有效载体，因此人才的高度集聚可产生知识溢出效应（Barro，1991），反过来知识溢出效应又会进一步促进人才集聚，这是一个双向因果联系，因此发达国家通常鼓励国际技术人才移民迁移（Harvey，2015）。在这之后，大量研究注重分析知识溢出效应的表现、识别及作用机制。有学者从链锁、模仿、交流、竞争、带动和激励等六个方面的作用分析了知识溢出效应的具体表现，并用新增长理论和新贸易理论解释溢出效应，解释了溢出效应与经济增长的内在联系（孙兆刚，2005）。有学者从中国传统文化的角度对科技型人才进行研究，发现大量科技型人才的集聚会产生规模性优势，并成为整个聚集区域的显性知识从而提高整个区域的创新能力，对利益的追逐又会导致其他科技型人才的加入，产生新的知识溢出，从而解释了人才集聚与知识溢出的双向因果关联（牛冲槐，2009）。牛冲槐（2010）进一步分析了显性知识和隐性知识溢出的正负效应。季小立等（2010）在上述研究基础上提出，集聚一旦形成，就能通过发挥其内部规模经济和外部范围经济的优势及区域产业环境的知识溢出效应，促进集聚群落内部人才及企业的衍生，并经由自我实现的预期过程增强对集群外部人才或企业的吸引力，使集群的规模不断扩张，集聚成为进一步集聚的原因。人才集聚还为集体学习效应创造了必要条件。相关研究发现，集群通过集体学习能在群内企业间和机构间传播、创造和积累新的技术和组织知识，尤其是隐性知识，这种本地化的集体学习机制已经成为成功的产业集群显著的共同特征（蔡宁，2005）。还有研究从博弈的视角，构建城市群集体学习的演化博弈模型（朱英明，2008）。

其次，有关人才集聚与区域创新和经济增长的效应研究。创新能力是人才的核心竞争能力，因此人才集聚对区域创新能力的提升效果受到理论界的关注。研究发现人才集聚与产业集聚双向互动：人才集聚和产业集聚的共生效应和乘数效应（张健和尤雯，2008）。张樨樨（2010）进一步指出，产业集聚通过工资等信号引致人才集聚，人才集聚加速产业集聚升级。产业集聚是导致创新产出差异非常关键的一个因素（彭向，2011）。产业集聚对创新的影响表现在集聚区内丰富的知识溢出可以降低创新的不确定性和复杂性，为后续的创新带来机遇（Baptista & Swann，1998）。当区域创新产出水平高时，科研人才的知识吸引能力正向调节创新投入要素对区域创新的影响（刘晔，2019）。曾建丽等（2020）指出，科技人才集聚与区域创新环境的演化趋势符合共生演化模型的运行轨迹，这说明人才集聚可能导致知识溢出进而提升区域创新。一些学者还考察了知识溢出对我国区域创新能力的影响，结果表明中西部地区与东部地区研究结果存在差异：知识溢出效应对中西部地区创新能力影响不显著；而在东部地区，区域知识溢出是其创新能力提升的重要动力（侯鹏和刘思敏，2013）。这也说明存在另一种可能，人才集聚对区域创新的影响是有条件的，甚至人才集聚可能导致不经济性。例如，有学者通过案例分析认为，人才集聚合力小于各自独立作用力之和的不经济性效应的主要原因包括：人才集聚没有形成人才之间的内在联系，仅仅是人才的规模扩大了，不能产生人才的规模效应；在人才结构、人才环境和人才流动性等方面还存在问题等（张敏，2014）。

最后，人才集聚对经济增长的研究是另一个热门方向。韦玉露（2017）提出人才集聚数量、质量与区域经济增长呈正相关关系，且集聚质量较集聚数量影响更大。后有研究发现人才集聚对经济发展的影响存在滞后效应（徐彬，2019），有学者提出"人才集聚—区域创新—经济增长"的良性互动机制（林柳琳和丁孝智，2021）。但是，也有研究认为人才集聚与区域经济增长的关系并不紧密，人才集聚水平较高的区域，对经济增长的贡献也较高，但二者之间并不具有严格的正向影响关系（贺勇，2019）。王宁（2014）指出人才的聚集固然有利于地方经济的发展，但人才的过度聚集，则不但对人才流失地造成挤压，而且在人才聚集地也造成人才的隐性流失，即人才的过度供给一旦超过了实际需求，一些人才就会放弃所学专业，从事仅凭低端技能就能胜任的职业。此时，人才聚集与地区经济增长的影响有待商榷。有学者采用综合层次分析法和灰色关联法，研究科技创新人才和科技创业人才对区域经济的影响机制，前者主要是通过财力投入和创新成果进行研究，而后者主要是通过科技创业主体和科技创业环境进行研究（刘兵，2018）。综上可知，人才集聚对地区经济增长的影响程度究竟有多大，不同类型人才的影响是否存在差异等问题还有待进一步深入研究。

2.3.6　西部地区人才集聚与人才政策研究

对于西部地区人才集聚问题的研究，主要围绕人才环境、人才效能以及人才政策创新等方面。首先，西部地区人才环境优化方面的研究，包惠等（2007）将2000年西部地区的人才环境与2005年进行对比，研究表明西部大开发以来，西部2/3的省份人才环境较以前有所改善，并从决定人才环境的5个子环境，即人才经济环境、人才创业环境、人才科技教育环境、人才生活环境和人才市场环境的建设入手，阐述了缩小东西部人才环境差距的建议。李德福（2007）认为，对人才环境建设需要分层研究，并提出要从经济、法制、教育、人心、制度五个层次创建与西部发展相适应的人才环境。韦玉露（2017）指出西部的人才集聚数量、质量均低于东部和中部地区。相比东部地区优越的人才环境，西部地区在人才培养和引进上处在劣势地位，特别是民族地区人力资源与社会经济发展不平衡问题更为凸显（周群英，2014）。曾英芮（2016）也指出重庆市在人才引进方面存在高层次人才严重缺乏、人才结构分布不合理、人才引进环境不优、人才引进机制不健全等问题。王涵正（2019）发现甘肃省人才引进同样存在问题，他认为人才密度低、引进机制不活、配套政策滞后、无法平衡各类人才间的待遇差距、引进人才专项经费不足和人才评价标准不完善是其主要问题。

其次，在人才使用效能上，有研究表明西部高校引进人才贡献未达到预期，并从高层次人才引进的考察和考核方面阐述了改进建议（周瑞超，2012）。为此，西部在人才观、人才环境、人才政策上需要不断创新。吴德刚等（2015）认为西部地区人才的数量和质量仍难以满足经济社会发展的需要，并提出可以从以下几方面入手：以国家重点战略项目开发带动、采用柔性人才管理、借助城镇化建设优化人才结构等。王玲（2016）分析了西部地区人力资源状况，即人才总量相对较小，人才素质偏低、专业结构失衡，人才资源难以市场化，人才流失严重，人才环境不佳；并指出落后的经济、较低的工资水平、闭塞的环境、不健全的人才资源开发机制、不完善的制度是影响西部地区人才引进的主要因素。此外，该研究还提出加快西部地区人才引进战略的六点对策建议：一是政策应从"引人"向"引智"倾斜；二是抓住西部人才引进的突破口——农业产业；三是加快发展西部教育事业；四是动员西部发挥能动性，实施人才吸引策略；五是做好软环境，"种好梧桐树"；六是拓宽人才培育和选拔途径。

最后，人才政策创新方面的研究。韦玉露（2017）的研究表明，西部可以通过政策倡导、提高教育水平、培养良好的人才环境和基础设施建设，形成人才高地，还可以通过建立人才回流机制，降低本地人才流失率。在这方面的实践上，青海经验值得借鉴。首先，人才政策方面。一方面大力培养本土人才，提高每万人在校大学生数量，另一方面制定柔性政策引进外来人才，通过项目、合作的方式向东部发达地区"借脑"，同时派人才去东部交流学习，既充分发挥外来人才的价值，又发展壮大了本地人才库。其次，人才观转变方面。着重于人才的使用，"不求所在，但求有用""不求所有，但求有为"，从而增加了人才参与西部建设的可能性。最后，积极苦练内功。西部地区不断优化人才环境，积极推动经济社会发展，对人才实行人性化管理，满足人才合理的需求。

2.4　研究评价

通过对已有文献的系统梳理，笔者发现，尽管较多的学者已从理论和实证两方面对人才集聚及与人才环境的关系展开了多角度的研究，但依然存在一些不足之处。一是有关人才集聚的研究较少涉及西部地区。大部分研究描述的是人才集聚现象，并且研究对象是省际层面的区域人才集聚，或者是东部发达地区的人才集聚，而对于人才需求紧迫的西部地区关注较少，关注人才类型差异性的更少（孙博，2020）。为此，本书对西部不同层次人才集聚现状和流动意愿进行分析，并进一步探讨不同类型人才流动的影响因素。二是对西部人才环境系统纵向评价较少，为解决这一问题，本书将西部城市作为整体分析对象，对各城市人才环境指数的变动进行横向和纵向的比较分析，从而有利于从全局发现西部地区人才环境面临的问题。三是人才环境对人才集聚的影响研究过于依赖统计年鉴数据，事实上人才需求具有较明显的主观性，人才环境与人才需求满足是否匹配对职业决策影响更大。因此，本书将人才需求纳入分析框架，这样既能兼顾客观性与主观性指标，又能考察经济性和社会性因素，从而更准确地反映人才环境建设的重点。四是在人才集聚政策方面，大部分研究考虑以政府为主体，而实际上，根据人才主观需要的差异、人才环境的类型差异，应综合考虑政府、用人单位和社会各自应改善的人才环境。本书通过厘清人才环境与人才需求对人才集聚的影响机制，为西部人才集聚提出有针对性的对策建议。

第3章 西部城市人才流动 与集聚特征

本章将系统全面地描述西部城市不同行业和不同类型人才流动与集聚的现状与演变,并比较和分析不同城市规模之间的差异。章节结构安排如下:首先,为了解西部城市人才集聚的特点,按照不同城市规模描述人才总量现状,以及比较人才留居意愿的差异;其次,人才队伍研究通常具有层次结构,从国家和地方的人才政策文件来看,主要覆盖了高层次人才和普通人才,因此围绕西部城市高层次人才,以及高校毕业生和企业员工两类普通人才,分析不同人才分布和流动的基本特点及变化趋势。

3.1 西部城市人才集聚演变

对于人才集聚的研究,多数学者采用了具有较强操作性的人才集聚数量、人才集聚质量两项指标(姚凯,2019)。但是,在区位一体化发展战略下,从人才流动和集聚的过程研究人才集聚十分有必要(薛琪薪,2020)。同时,考虑到人才类型较多,整体研究通常比较困难且不具有科学性,因此不少研究往往只针对某一特定的人才(魏浩,2012;纪建悦,2010;李琴,2020)。此外,在城市"人才争夺战"的背景下,有学者对53个城市人才政策进行了文本分析,发现人才争夺战的焦点在"金融业""信息传输、计算机服务和软件业""科学研究、技术服务和地质勘查业""教育""文化体育和娱乐业""租赁和商业服务业"等六个行业,并用城市每百万人中上述行业从业人员的比值衡量地区的人才发展状态(张所地,2019),这一做法相对科学全面地分析了城市人才集聚现状。

在借鉴有关学者前期的研究基础上,本书对西部城市人才集聚的现状描述包括了人才数量和居留意愿两个方面。其中,人才数量反映了某一城市人才集聚现状,采用"金融业"、"信息传输、计算机服务和软件业""科学研究、技

术服务和地质勘查业""教育""文化体育和娱乐业""租赁和商业服务业"等
六个行业的从业人数进行衡量；居留意愿则反映了人才在城市根植的意愿，本
书采用调查问题"如果您打算留在本地，预计自己将在本地留多久"来判断人
才的居留意愿。

3.1.1　西部城市人才数量现状与演变

通过整理历年的《中国城市统计年鉴》有关数据，表 3.1 显示了 2003～
2018 年西部地区 85 个主要城市在"金融业""信息传输、计算机服务和软件
业""科学研究、技术服务和地质勘查业""教育""文化体育和娱乐业""租
赁和商业服务业"等六个行业平均从业人数及演变。从中可知，2003～2018
年，整体而言西部城市平均人才总量由 60733 人增长至 103922 人，增长了约
71%，年平均增速为 3.65%。分不同行业的人才占比看，金融业人才总量占比
从 12.72% 增长到 14.08%，信息传输、计算机服务和软件业人才占比从 4.00%
增长到 9.06%，科学研究、技术服务和地质勘查业人才占比从 9.94% 增长到
10.25%，教育人才占比从 62.55% 降至 45.18%，文化体育和娱乐业人才占比
从 6.26% 增长到 9.17%，租赁和商业服务业人才占比从 4.54% 增长到 12.25%。
从不同行业的人才总量增速看，2003～2018 年，金融业人才总量平均增速为
4.35%，信息传输、计算机服务和软件业人才总量平均增速为 9.46%，科学研
究、技术服务和地质勘查业人才总量平均增速为 3.86%，教育人才总量平均增
速为 1.42%，文化体育和娱乐业人才总量平均增速为 6.32%，租赁和商业服务
业人才总量平均增速为 10.74%。

表 3.1　　　　　　　**2003～2018 年六行业人才数量西部城市平均值**　　　　单位：人

年份	金融	信息传输、计算机服务和软件	科学研究、技术服务和地质勘查	教育	文化体育和娱乐	租赁和商业服务	合计
2003	7723	2427	6034	37990	3803	2756	60733
2004	7715	2700	6079	38275	3714	2805	61288
2005	7824	2798	6093	38968	3866	2912	62461
2006	7826	2757	6119	39399	3802	3454	63357
2007	8264	2896	6185	39516	3931	3824	64616
2008	8809	3042	6373	27614	4163	4019	54020
2009	9647	3491	6795	40727	4478	4353	69491
2010	10108	3617	6911	41536	4685	4418	71275
2011	10174	3896	7222	42319	4793	4944	73348

续表

年份	金融	信息传输、计算机服务和软件	科学研究、技术服务和地质勘查	教育	文化体育和娱乐	租赁和商业服务	合计
2012	11395	5738	8447	44015	6312	6406	82313
2013	11735	9416	12085	45361	8591	10762	97950
2014	12056	7778	10508	46238	7353	9225	93158
2015	12955	8286	11009	42291	7371	12734	94646
2016	13836	8682	10821	46621	10009	11577	101546
2017	14281	8796	10933	46545	10412	12014	102981
2018	14631	9413	10654	46956	9534	12734	103922

资料来源：历年的《中国城市统计年鉴》。

综上可知，西部城市的人才数量整体呈现增长趋势，但不同行业的人才存量增速存在明显差异。增速较快的是租赁和商业服务业，信息传输、计算机服务和软件业；其次是金融业，科学研究、技术服务和地质勘查业，文化体育和娱乐业；增速最慢的是教育。同时，西部城市不同行业人才的数量占比也发生了一定的改变。尽管教育行业人才占比一直最高，但纵向来看教育行业的人才占比出现了大幅度下降，而人才占比最少的租赁和商业服务业以及信息传输、计算机服务和软件行业则增幅最大。这说明随着时间推移，西部城市人才队伍的数量和结构整体都有一定的改善。

不同城市规模的人才数量演变可能有差异，因此有必要比较不同城市规模下人才集聚的演变情况。根据国务院 2014 年发布的《关于调整城市规模划分标准的通知》，城市规模可划分为超大城市、特大城市、大城市、中等城市和小城市，划分标准是城区常住人口 1000 万以上的为超大城市，常住人口 500 万以上 1000 万以下的为特大城市，常住人口 100 万以上 500 万以下的为大城市，常住人口 50 万以上 100 万以下的为中等城市，常住人口 50 万以下的为小城市。根据《中国城乡建设统计年鉴 2019》相关数据，确定西部地区 85 个城市的规模，结果见表 3.2。从中可见，西部地区中小城市较多，其中超大城市只有重庆 1 个，特大城市有成都和西安 2 个，大城市有昆明等 17 个，中等城市有咸阳等 11 个，小城市有渭南等 54 个。

表 3.2　　　　　　　　　　西部地区主要城市规模划分

城市规模	城市名
超大城市	重庆
特大城市	成都、西安

城市规模	城市名
大城市	昆明、南宁、乌鲁木齐、贵阳、兰州、呼和浩特、包头、柳州、西宁、泸州、遵义、宜宾、银川、南充、自贡、达州、绵阳
中等城市	咸阳、桂林、宝鸡、赤峰、曲靖、天水、内江、乐山、玉林、攀枝花、汉中
小城市	渭南、梧州、遂宁、眉山、德阳、乌海、贵港、通辽、安顺、巴中、铜川、广安、玉溪、广元、石嘴山、北海、保山、榆林、河池、安康、钦州、巴彦淖尔、武威、白银、拉萨、来宾、延安、克拉玛依、六盘水、呼伦贝尔、资阳、鄂尔多斯、张掖、昭通、酒泉、乌兰察布、平凉、商洛、贺州、百色、雅安、嘉峪关、庆阳、吴忠、中卫、普洱、防城港、定西、临沧、崇左、金昌、陇南、固原、丽江

资料来源：根据《中国城乡建设统计年鉴2019》数据与城市规模划分标准制定。

将数量较少的超大城市、特大城市合并进入大城市，按照小城市、中等城市以及大城市以上三种城市规模，分别分析西部不同规模城市的人才数量及演变，结果如表3.3～表3.5所示。从表3.3可见，2003～2018年，西部大城市平均人才总量由121590人增长至259200人，增长约1.13倍，年平均增速为5.16%。分不同行业人才占比看，金融业人才占比从13.35%增长到14.96%，信息传输、计算机服务和软件业人才占比从4.50%增长到13.00%，科学研究、技术服务和地质勘查业人才占比从15.35%降至14.05%，教育人才占比从55.97%降至36.69%，文化体育和娱乐业人才占比从5.29%降至4.73%，租赁和商业服务业人才占比从5.53%增长至16.58%。分不同行业人才数量的增速看，金融业人才总量平均增速为5.97%，信息传输、计算机服务和软件业人才总量平均增速为12.89%，科学研究、技术服务和地质勘查业人才总量平均增速为4.56%，教育人才总量平均增速为2.26%，文化体育和娱乐业人才总量平均增速为4.38%，租赁和商业服务业人才总量平均增速为13.16%。

表3.3　　　　　　2003～2018年六行业人才数量西部大城市平均值　　　　单位：人

年份	金融	信息传输、计算机服务和软件	科学研究、技术服务和地质勘查	教育	文化体育和娱乐	租赁和商业服务	合计
2003	16237	5468	18668	68053	6437	6726	121590
2004	17370	6355	19375	68845	6875	7135	125955
2005	17785	6730	18605	70275	7370	7520	128285
2006	17855	6775	18760	71535	6960	9920	131805
2007	19160	7095	19050	72730	7155	11260	136450
2008	20820	7480	19845	42780	7395	11895	110215

续表

年份	金融	信息传输、计算机服务和软件	科学研究、技术服务和地质勘查	教育	文化体育和娱乐	租赁和商业服务	合计
2009	22925	9140	21035	76305	7835	13345	150585
2010	24350	9435	21340	76955	8050	13240	153370
2011	23800	10080	22435	79860	8160	15020	159355
2012	28260	17100	26500	85430	9300	21185	187775
2013	29440	30480	31745	89510	11445	38145	230765
2014	30111	25041	33513	91943	10502	31270	222380
2015	32719	27637	35518	76095	10064	44044	226077
2016	35443	29100	34994	93839	12009	38061	243446
2017	36706	30091	35912	94253	12575	40096	249633
2018	38763	33699	36417	95092	12249	42980	259200

资料来源：历年的《中国城市统计年鉴》。

由表3.4可知，2003～2018年，西部中等城市平均人才总量由63918人增长至80572人，增长约26%，年平均增速为1.56%。分不同行业人才占比看，金融业人才占比从11.46%增至14.12%，信息传输、计算机服务和软件业人才占比从3.11%增至4.20%，科学研究、技术服务和地质勘查业人才占比从5.36%增至5.97%，教育人才占比从70.70%降至65.26%，文化体育和娱乐行业人才占比从4.94%降至4.15%，租赁和商业服务业人才占比从4.42%增至6.31%。分不同行业人才数量的增速看，金融业人才总量平均增速为2.98%，信息传输、计算机服务和软件业人才总量平均增速为3.59%，科学研究、技术服务和地质勘查业人才总量平均增速为2.28%，教育人才总量平均增速为1.01%，文化体育和娱乐业人才总量平均增速为0.39%，租赁和商业服务业人才总量平均增速为3.99%。

表3.4　　　　2003～2018年六行业人才数量西部中等城市平均值　　单位：人

年份	金融	信息传输、计算机服务和软件	科学研究、技术服务和地质勘查	教育	文化体育和娱乐	租赁和商业服务	合计
2003	7327	1991	3427	45191	3155	2827	63918
2004	7418	2336	3455	46309	2845	3145	65509
2005	7400	2436	3845	46618	2745	3218	66264
2006	7527	2473	4091	46936	2664	2936	66627
2007	7718	2545	3982	47309	2600	2945	67100

年份	金融	信息传输、计算机服务和软件	科学研究、技术服务和地质勘查	教育	文化体育和娱乐	租赁和商业服务	合计
2008	8091	2518	4145	38373	2745	3336	59209
2009	8855	2582	4282	47545	2636	3045	68945
2010	8727	2545	4545	48709	2500	3209	70236
2011	9282	3136	4755	49464	2536	3136	72309
2012	9682	3727	5245	50309	2345	3018	74327
2013	9955	3918	5973	50409	2455	3782	76491
2014	10353	3325	5783	50566	2617	4053	76697
2015	11285	3293	5790	51009	2621	4881	78879
2016	11889	3338	5580	50816	2639	5098	79361
2017	12184	3223	5295	49661	2637	4773	77773
2018	11377	3381	4810	52577	3342	5085	80572

资料来源：历年的《中国城市统计年鉴》。

由表 3.5 可知，2003~2018 年，西部小城市平均人才总量由 36993 人增长至 44722 人，增长约 21%，年平均增速为 1.27%。分不同行业人才占比看，金融业人才占比从 12.69% 增至 14.88%，信息传输、计算机服务和软件业人才占比从 3.81% 增至 4.38%，科学研究、技术服务和地质勘查业人才占比从 5.32% 增至 5.88%，教育人才占比从 68.89% 降至 64.04%，文化体育和娱乐业人才占比从 5.80% 降至 3.04%，租赁和商业服务业人才占比从 3.49% 增至 7.78%。分不同行业人才数量的增速看，金融业人才总量平均增速为 2.35%，信息传输、计算机服务和软件业人才总量平均增速为 2.23%，科学研究、技术服务和地质勘查业人才总量平均增速为 1.95%，教育人才总量平均增速为 0.78%，文化体育和娱乐业人才总量平均增速为 -3.01%，租赁和商业服务业人才总量平均增速为 6.83%。

表 3.5　　　　　2003~2018 年六行业人才数量西部小城市平均值　　　　单位：人

年份	金融	信息传输、计算机服务和软件	科学研究、技术服务和地质勘查	教育	文化体育和娱乐	租赁和商业服务	合计
2003	4696	1408	1969	25483	2147	1290	36993
2004	4134	1371	1606	25072	1297	1100	34579
2005	4153	1362	1756	25566	1015	1109	34961

续表

年份	金融	信息传输、计算机服务和软件	科学研究、技术服务和地质勘查	教育	文化体育和娱乐	租赁和商业服务	合计
2006	4104	1300	1770	25708	909	1121	34911
2007	4339	1413	1869	25628	981	1248	35477
2008	4507	1506	1837	19833	925	1241	29849
2009	4891	1583	2033	26161	863	1289	36820
2010	5021	1643	1957	26681	863	1340	37504
2011	5309	1761	2091	26959	1161	1580	38861
2012	5498	1939	2413	27394	1113	1622	39980
2013	5541	2735	6048	27981	1164	2043	45513
2014	5716	2293	2950	28428	1223	2113	42724
2015	5976	2135	2995	28622	1151	2738	43617
2016	6231	2209	2936	28278	1443	3078	44175
2017	6403	2044	2930	28241	1257	3088	43962
2018	6656	1959	2631	28639	1359	3478	44722

资料来源：历年的《中国城市统计年鉴》。

综上可知，随着城市规模的不同，各行业人才的数量、比例和增速均存在明显差异。首先，从图 3.1 可以看出 2018 年不同城市规模的人才数量，城市规模越大，人才总量越多。但分行业看，人才总量的排序较为一致：大城市为教育＞租赁和商业服务业＞金融业＞科学研究、技术服务和地质勘查业＞信息传输、计算机服务和软件业＞文化体育和娱乐业，而中等城市和小城市为教育＞金融业＞租赁和商业服务业＞科学研究、技术服务和地质勘查业＞信息传输、计算机服务和软件业＞文化体育和娱乐行业，总量最多的为教育、租赁和商业服务业和金融业，最少的为信息传输、计算机服务和软件业和文化体育和娱乐业。其次，图 3.2 展示了 2018 年不同城市规模的人才占比。大城市各行业人才占比更均衡；而中等城市和小城市的教育人才占比过大，信息传输、计算机服务和软件业，科学研究、技术服务和地质勘查业以及文化体育和娱乐业三个行业的人才占比过小。最后，图 3.3 展示了 2003~2018 年不同城市规模的人才总量变化，大城市的人才总量增幅要明显高于中小城市，这说明人才正在更多地向大城市集聚。分不同行业来看，大城市人才总量增速最快的是信息传输、计算机服务和软件业以及租赁和商业服务业两个行业，最慢的是教育，而中等城市和小城市增速最快的是租赁和商业服务业，最慢的均为文化体育和娱乐业。

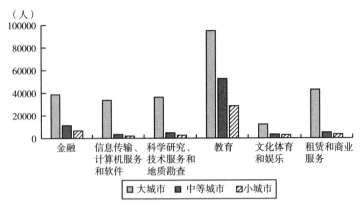

图 3.1　2018 年不同规模城市各行业人才数量比较

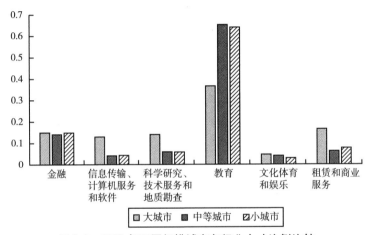

图 3.2　2018 年不同规模城市各行业人才比例比较

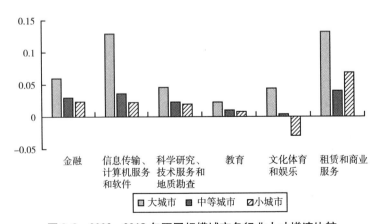

图 3.3　2003～2018 年不同规模城市各行业人才增速比较

3.1.2　西部城市人才居留意愿

人才居留意愿从另一个侧面反映了人才集聚意向。根据 2017 年全国流动人口卫生计生动态监测调查，居留意愿对应的两个调查题项分别为："今后一段时间，您是否打算继续留在本地"，受访者在"是、否及不知道"三个选项内作出判断，将回答为否的赋值为 0；"如果您打算留在本地，预计自己将在本地留多久"，受访者在"1 ~ 2 年、3 ~ 5 年、6 ~ 10 年、10 年以上、定居及没想好"六个选项中作出判断，删除回答没想好的样本，将回答 5 年以下、6 ~ 10 年、10 年以上以及定居的分别赋值为 0、1、2、3，赋值越高表示流动意愿越弱。

对调查结果进行统计表明，选择 5 年及以下的占 22.79%，6 ~ 10 年的占 5.83%，10 年以上的占 10.53%，定居占 60.84%。进一步按照城市规模分析，发现小城市 5 年以下的占 27.62%，6 ~ 10 年的占 5.62%，10 年以上的占 11.69%，定居的占 55.07%；中等城市 5 年以下的占 25.38%，6 ~ 10 年的占 5.20%，10 年以上的占 12.23%，定居的占 57.19%；大城市 5 年以下的占 18.84%，6 ~ 10 年的占 5.26%，10 年以上的占 9.73%，定居的占 66.17%（见表 3.6）。总体而言，城市规模与居留意愿呈现正相关关系，即城市规模越大，居留意愿越强烈。

表 3.6　　　　　　　　　　　西部城市人才居留意愿　　　　　　　　　　单位：%

居留时长	小城市	中等城市	大城市
5 年以下	27.62	25.38	18.84
6 ~ 10 年	5.62	5.20	5.26
10 年以上	11.69	12.23	9.73
定居	55.07	57.19	66.17

资料来源：2017 年的《全国流动人口卫生计生动态监测调查》。

3.2　西部地区人才资源分布与流动

3.2.1　大学生人才资源分布特点

大学生是人才队伍梯次的重要组成部分，为了深入描述西部地区大学生人才资源的分布情况，本小节首先描述西部城市大学生数量分布的动态变化。然后采用基尼系数和泰尔指数等方法，计算西部城市大学生数量分布均衡度，以及省内和省际差距及贡献率。

3.2.1.1　西部大学生分布现状与趋势分析

本书采用在校大学生数量、每万人在校大学生数量两项指标分别衡量城市人力资本总体和平均水平（夏怡然，2019；高翔，2015），数据来源为历年的《中国城市统计年鉴》，分析结果见表3.7。

表3.7　　　　　1999~2017年西部城市大学生平均数量排名　　　　单位：人

在校大学生数量		每万人在校大学生数量	
排名前十位	排名后十位	排名前十位	排名后十位
西安	569760	贵港	1998	西安	729	贵港	4
成都	512361	金昌	2060	呼和浩特	711	巴中	6
重庆	470280	吴忠	2136	兰州	695	资阳	9
昆明	268725	巴中	2423	贵阳	627	昭通	10
贵阳	232136	白银	2686	乌鲁木齐	527	广安	13
南宁	231459	嘉峪关	2905	昆明	498	定西	13
兰州	224372	铜川	2945	成都	437	吴忠	15
呼和浩特	162326	鄂尔多斯	3054	拉萨	400	白银	15
乌鲁木齐	119950	防城港	3518	银川	367	陇南	17
桂林	112160	资阳	3721	南宁	352	玉林	19

资料来源：历年的《中国城市统计年鉴》。

从表3.7可见，西部城市平均在校大学生数量为49625人，其中西安数量最多为569760人，贵港数量最少为1998人。在校大学生数量排名前十位的城市依次是西安、成都、重庆、昆明、贵阳、南宁、兰州、呼和浩特、乌鲁木齐和桂林，除桂林外均为省会（首府）或直辖市；排名后十位的城市分别是贵港、金昌、吴忠、巴中、白银、嘉峪关、铜川、鄂尔多斯、防城港和资阳，分别分布在甘肃（3个）、广西和四川（各2个）、陕西和内蒙古以及宁夏（各1个）等5个省份。

西部城市平均每万人在校大学生数量为120人，西安每万人在校大学生数量最多为729人，贵港每万人在校大学生数量最少仅为4人。每万人在校大学生数量排名前十位的城市分别为西安、呼和浩特、兰州、贵阳、乌鲁木齐、昆明、成都、拉萨、银川和南宁，均为省会（首府）；排名后十位的城市分别为贵港、巴中、资阳、昭通、广安、定西、吴忠、白银、陇南和玉林，分布在四川和甘肃（各 3 个）、广西（2 个）、云南和宁夏（各 1 个）等 5 个省份。综上可知，西部大学生主要集中在省会（首府），且不同城市在校大学生数量、每万人在校大学生数量之间的差距都比较悬殊。

表 3.8 比较了西部地区省会（首府）或直辖市和其他市级或县级城市，可以看出，平均在校大学生数量省会（首府）或直辖市由 54171 人增至 350830 人，平均增速为 10.33%；其他市级或县级城市由 9551 人增至 39432 人，平均增速为 7.75%。近二十年来，其他市级或县级城市与省会（首府）或直辖市的在校大学生人数差距由 44620 人增加到 311398 人，差距扩大了 5.98 倍。每万人在校大学生数量省会（首府）或直辖市由 148 人增至 733 人，平均增速为 8.79%；其他市级或县级城市由 18 人增至 101 人，平均增速为 9.51%。近二十年来，其他市级或县级城市与省会（首府）或直辖市的每万人大学生数量差距由 130 人增加到 632 人，差距扩大了 3.86 倍。因此，其他市级或县级和省会（首府）或直辖市大学生总量和平均水平差距在一直扩大。

表 3.8　　1999～2017 年西部地区省会（首府）或直辖市与其他市级或
县级城市之间的比较　　　　　　　单位：人

年份	平均在校大学生人数			平均每万人在校大学生人数		
	总体	省会（首府）或直辖市	其他市级或县级城市	总体	省会（首府）或直辖市	其他市级或县级城市
1999	20434	54171	9551	50	148	18
2000	23510	70133	10559	58	187	22
2001	28034	91346	12592	68	237	22
2002	31221	118903	14028	79	299	35
2003	35050	152763	15432	84	361	38
2004	36059	163398	16469	86	381	41
2005	43051	199730	18946	100	446	47
2006	47369	214494	21255	107	465	51
2007	52491	216239	24347	120	466	61
2008	52483	230571	25903	124	512	66
2009	58601	246286	28240	137	544	71
2010	63457	291263	29956	143	615	74
2011	64510	278492	30396	150	629	74
2012	67933	294722	32295	155	652	77
2013	73339	336869	33629	163	709	81

续表

年份	平均在校大学生人数			平均每万人在校大学生人数		
	总体	省会（首府）或直辖市	其他市级或县级城市	总体	省会（首府）或直辖市	其他市级或县级城市
2014	74938	329196	36093	168	701	87
2015	77005	336746	37322	173	711	90
2016	83522	357960	39771	192	770	99
2017	82249	350830	39432	188	733	101

资料来源：历年的《中国城市统计年鉴》。

对大学生相对集中的省会（首府）和直辖市进行对比，图3.4显示了在校大学生数量的比较结果，从多到少大致可以分成三个层次，第一层次为西安、成都、重庆，第二层次为南宁、昆明、兰州、贵阳、乌鲁木齐、呼和浩特，第三层次为拉萨、西宁、银川。从变化趋势看，西宁、拉萨、银川和呼和浩特四个城市在校大学生数量增长较为缓慢，这一结果和高校数量分布基本一致。图3.5是每万人在校大学生数量的比较，从多到少可分成两个层次，第一层次为兰州、呼和浩特、昆明、乌鲁木齐、贵阳、西安，第二层次为成都、南宁、银川、拉萨、西宁、重庆。

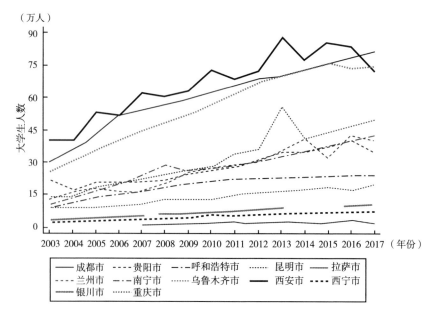

图3.4　西部重点城市在校大学生数量比较

资料来源：历年的《中国城市统计年鉴》。

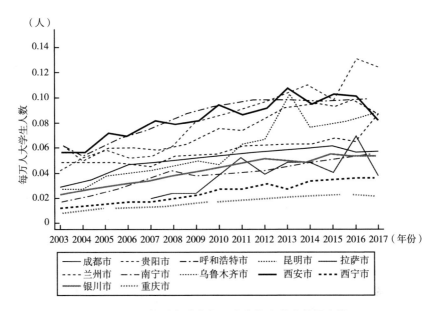

图 3.5　西部重点城市每万人在校大学生数量比较

资料来源：历年的《中国城市统计年鉴》。

综上分析可知，第一，和省会（首府）、直辖市相比，其他市级或县级城市在校大学生总量和平均数量都较低，而且差距越来越大；第二，各省会（首府）直辖市之间大学生分布不均衡，但差距相对稳定。其中，值得注意的是成都和重庆，在校大学生数量在西部地区遥遥领先，但人均大学生数量仅处于中游水平。研究发现，毕业生的流动意向与对区域的熟悉程度、当地社会资源与机会密切相关（Hooijen，2020），因而在校大学生分布特征可能直接影响职业流动方向，并最终影响西部地区不同城市甚至不同省份之间的人才均衡发展。

3.2.1.2　大学生分布差异分析

采用基尼系数和泰尔指数分析西部地区大学生的空间分布差异（杨岩，2018），并找出分布差异的主要来源。基尼系数的计算公式为：

$$G = \frac{1}{2\,n^2\,\bar{x}} \sum_{i=1}^{n} \sum_{j=1}^{n} \left| x_i - x_j \right| \tag{3.1}$$

式（3.1）中，n 是城市个数，x_i 和 x_j 是任意两个城市每万人在校大学生数量，$\bar{x}$ 是 x_{ij} 的平均值，G 的取值范围是 0~1，0 表示完全均匀分布，1 表示完全集中。G 值为 0.2~0.4 时，表示人才分布较合理；为 0.4~0.5 时表示分布差距较大；大于 0.5 则表示分布差距悬殊。

泰尔指数采用熵计算的方法，公式为：

$$E_i = \frac{y_i}{\bar{y}} \log\left(\frac{y_i}{\bar{y}}\right) \tag{3.2}$$

$$T = \frac{1}{n} \sum_{i=1}^{n} E_i \tag{3.3}$$

式（3.2）和式（3.3）中，E_i 为熵指数，T 为泰尔指数，n 为城市数量，y_i 表示城市每万人在校大学生数量，$\bar{y}$ 为 y_i 的平均值。T 的取值介于 $0 \sim \ln(n)$ 之间，0 表示分布均匀，取值越大表示空间分布越集中，即集聚度越高。泰尔指数可以分解为组内差距和组间差距，通过比较二者关系可以分析差距构成。根据上述方法，利用 2003 ~ 2017 年西部地区 85 个城市统计年鉴数据，分别分析大学生分布在总量和平均数量上的差异。

1. 省际城市的差异分析

以省份作为分组，分析各省份之间大学生分布差异。表 3.9 反映了 2003 ~ 2017 年西部城市在校大学生数量的分布差异，基尼系数和泰尔指数的均值分别为 0.7356 和 1.1292，各年份变化不大，说明在校大学生数量分布总体差异较大，而且差异比较稳定。泰尔指数分解结果显示，组内差距和组间差距的均值分别为 0.9033 和 0.2259，各年份变化不大，说明组内差距是主要的差距来源，即各省份内部不同城市之间在校大学生数量的差异较大。

表 3.9　　　　2003 ~ 2017 年西部城市省际在校大学生数量差异分析

年份	基尼系数	泰尔指数	组内差距	组间差距	组内贡献	组间贡献
2017	0.7240	1.0822	0.8818	0.2003	0.8148	0.1852
2016	0.7263	1.0906	0.8951	0.1955	0.8207	0.1793
2015	0.7351	1.1365	0.8975	0.2390	0.7897	0.2103
2014	0.7337	1.1239	0.9007	0.2232	0.8014	0.1986
2013	0.7492	1.1905	0.9518	0.2387	0.7995	0.2005
2012	0.7385	1.1404	0.8987	0.2417	0.7881	0.2119
2011	0.7332	1.1238	0.8971	0.2267	0.7983	0.2017
2010	0.7284	1.1060	0.8911	0.2149	0.8057	0.1943
2009	0.7274	1.0967	0.8850	0.2118	0.8070	0.1930
2008	0.7311	1.1339	0.8635	0.2705	0.7615	0.2385
2007	0.7360	1.1346	0.9064	0.2283	0.7989	0.2011
2006	0.7462	1.1620	0.9345	0.2276	0.8042	0.1958

续表

年份	基尼系数	泰尔指数	组内差距	组间差距	组内贡献	组间贡献
2005	0.7479	1.1714	0.9504	0.2210	0.8113	0.1887
2004	0.7396	1.1288	0.9060	0.2229	0.8026	0.1974
2003	0.7377	1.1168	0.8905	0.2263	0.7974	0.2026
均值	0.7356	1.1292	0.9033	0.2259	0.8001	0.1999

表 3.10 可以看出不同城市每万人在校大学生数量的差距，基尼系数和泰尔指数的均值分别为 0.6162 和 0.6993，说明不同城市每万人在校大学生数量差距较大，但基尼系数和泰尔指数呈逐渐下降趋势，说明差距在逐渐缩小。泰尔指数分解结果显示，组内差距和组间差距均值分别为 0.6297 和 0.0696，说明组内差距是主要差距来源，即各省份内部不同城市之间每万人在校大学生数量差异较大。组内差距呈现下降趋势，而组间差距呈现先下降后上升的 U 形轨迹，说明各省份内部不同城市的差距在缩小，而不同省份之间的差距先缩小后增加。

表 3.10　2003～2017 年西部城市省际每万人在校大学生数量差异分析

年份	基尼系数	泰尔指数	组内差距	组间差距	组内贡献	组间贡献
2017	0.5867	0.6201	0.5507	0.0694	0.8881	0.1119
2016	0.5947	0.6447	0.5717	0.0729	0.8868	0.1132
2015	0.5999	0.6561	0.6020	0.0541	0.9175	0.0825
2014	0.6053	0.6692	0.6144	0.0548	0.9181	0.0819
2013	0.6240	0.7225	0.6588	0.0637	0.9118	0.0882
2012	0.6144	0.6922	0.6370	0.0551	0.9203	0.0797
2011	0.6156	0.6944	0.6305	0.0639	0.9080	0.0920
2010	0.6101	0.6898	0.6373	0.0526	0.9239	0.0761
2009	0.6068	0.6729	0.6258	0.0470	0.9300	0.0700
2008	0.6033	0.6673	0.5954	0.0719	0.8923	0.1077
2007	0.6128	0.6820	0.6235	0.0585	0.9142	0.0858
2006	0.6339	0.7446	0.6685	0.0761	0.8978	0.1022
2005	0.6422	0.7720	0.6892	0.0827	0.8927	0.1073
2004	0.6455	0.7740	0.6653	0.1086	0.8596	0.1404
2003	0.6474	0.7882	0.6753	0.1130	0.8568	0.1432
均值	0.6162	0.6993	0.6297	0.0696	0.9012	0.0988

2. 省（区、市）内城市的差异分析

以省（区、市）内城市作为分组，分析各省份内部大学生分布差异（因重庆、西藏、青海均为一个城市样本，故未作分析）。表3.11泰尔指数分解结果显示，组内差距最大的省份是四川、陕西，其次是广西、云南、甘肃，最小的是内蒙古、贵州、宁夏、新疆。其中，组内差距较为稳定的有四川、贵州、内蒙古、新疆和宁夏，扩大的有陕西，缩小的有广西、云南和甘肃（见图3.6）。

表3.11　　　　　2003～2017年部分省份在校大学生数量泰尔指数组内差距

年份	内蒙古	广西	四川	贵州	云南	陕西	甘肃	宁夏	新疆
2017	0.0483	0.0758	0.2164	0.0911	0.0882	0.2587	0.0827	0.0078	0.0216
2016	0.0587	0.0937	0.2526	0.0618	0.0799	0.2326	0.0992	0.0101	0.0173
2015	0.0597	0.0845	0.2586	0.0660	0.0837	0.2783	0.0920	0.0116	0.0160
2014	0.0561	0.1062	0.2771	0.0622	0.0912	0.2397	0.0733	0.0131	0.0155
2013	0.0526	0.1043	0.2525	0.0495	0.0856	0.2689	0.0676	0.0111	0.0142
2012	0.0659	0.1175	0.2610	0.0488	0.0015	0.2561	0.0819	0.0136	0.0173
2011	0.0642	0.0924	0.2329	0.0495	0.0860	0.2350	0.0965	0.0123	0.0162
2010	0.0630	0.0974	0.2261	0.0453	0.0797	0.2547	0.0959	0.0129	0.0159
2009	0.0621	0.0973	0.2281	0.0481	0.0972	0.2257	0.1068	0.0144	0.0175
2008	0.0598	0.1069	0.2250	0.0499	0.1018	0.2202	0.1028	0.0153	0.0170
2007	0.0534	0.1059	0.2260	0.0512	0.1510	0.2426	0.0925	0.0135	0.0157
2006	0.0505	0.1066	0.2272	0.0531	0.1005	0.2064	0.1271	0.0138	0.0156
2005	0.0485	0.1122	0.2311	0.0540	0.1058	0.2252	0.0900	0.0145	0.0163
2004	0.0461	0.1092	0.2311	0.0538	0.1002	0.2104	0.1166	0.0138	0.0138
2003	0.0486	0.1075	0.2429	0.0450	0.1178	0.1793	0.1117	0.0143	0.0147
均值	0.0558	0.1012	0.2392	0.0553	0.0913	0.2356	0.0958	0.0128	0.0163

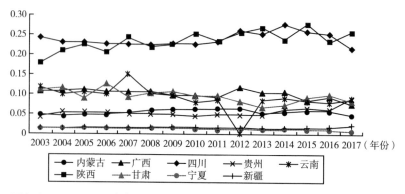

图3.6　2003～2017年部分省份在校大学生人数泰尔指数组内差距变化趋势

表 3.12 反映了各省份内部不同城市每万人在校大学生数量的差异,可以看出,组内差距较大的有四川、陕西、甘肃,其次是贵州、云南,最小的是广西、宁夏、新疆。其中,组内差距比较稳定的是广西、宁夏、新疆、云南,先扩大后缩小的是内蒙古、四川,先缩小后扩大的是甘肃(见图 3.7)。

表 3.12　2003~2017 年部分省份每万人在校大学生数量泰尔指数组内差距

年份	内蒙古	广西	四川	贵州	云南	陕西	甘肃	宁夏	新疆
2017	0.0810	0.0505	0.0726	0.0499	0.0775	0.0640	0.1224	0.0267	0.0063
2016	0.0776	0.0547	0.0681	0.0608	0.0639	0.0853	0.1296	0.0269	0.0049
2015	0.0867	0.0593	0.0781	0.0641	0.0735	0.0962	0.1032	0.0298	0.0110
2014	0.0921	0.0565	0.0810	0.0646	0.0704	0.0878	0.1238	0.0251	0.0131
2013	0.1018	0.0587	0.0833	0.0635	0.1090	0.1074	0.0913	0.0299	0.0139
2012	0.1131	0.0610	0.0707	0.0610	0.0688	0.0946	0.1183	0.0344	0.0153
2011	0.1139	0.0548	0.0722	0.0573	0.0647	0.0961	0.1219	0.0329	0.0168
2010	0.1201	0.0550	0.0756	0.0642	0.0501	0.1134	0.1123	0.0310	0.0156
2009	0.1193	0.0485	0.0847	0.0601	0.0584	0.1020	0.1087	0.0290	0.0153
2008	0.1246	0.0590	0.0920	0.0595	0.0088	0.1132	0.0909	0.0328	0.0145
2007	0.1046	0.0559	0.0924	0.0627	0.0617	0.1239	0.0846	0.0282	0.0094
2006	0.1151	0.0609	0.0912	0.0798	0.0676	0.1100	0.0936	0.0359	0.0143
2005	0.1192	0.0456	0.0903	0.0831	0.0602	0.1295	0.1164	0.0308	0.0141
2004	0.1143	0.0531	0.0887	0.0761	0.0573	0.1088	0.1242	0.0284	0.0145
2003	0.0968	0.0453	0.0695	0.1125	0.0639	0.1240	0.1055	0.0243	0.0337
均值	0.1053	0.0546	0.0807	0.0679	0.0637	0.1037	0.1098	0.0297	0.0142

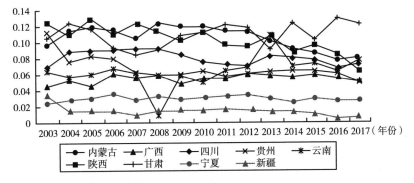

图 3.7　2003~2017 年部分省份每万人在校大学生人数泰尔指数组内差距变化趋势

表 3.13 显示了各省份内部不同城市大学生数量差异及变化趋势，综合来看宁夏和新疆的变化不大，其他各省波动较明显。在校大学生数量和每万人在校大学生数量两项指标，反映了高等教育资源配置和人口规模的变动，各地政府人才发展战略应充分考虑上述变化，并制定相应的针对性措施。

表 3.13　西部地区部分省份大学生数量空间分布均衡度及变化趋势

省份	在校大学生数量	每万人在校大学生数量
内蒙古	均衡（稳定）	较不均衡（先降后升）
广西	较不均衡（上升）	均衡（稳定）
四川	不均衡（稳定）	不均衡（先降后升）
贵州	均衡（稳定）	较不均衡（上升）
云南	较不均衡（上升）	较不均衡（稳定）
陕西	不均衡（下降）	不均衡（上升）
甘肃	较不均衡（上升）	不均衡（先升后降）
宁夏	均衡（稳定）	均衡（稳定）
新疆	均衡（稳定）	均衡（稳定）

3.2.2　大学生择业流动特点分析

选取西部地区21所"双一流建设"高校样本，通过整理各个学校发布的就业质量报告相关信息，分析西部高校毕业生的择业流动问题。之所以选取"双一流建设"高校，一方面是"双一流建设"高校代表了国内顶尖的高等教育水平，培养的毕业生质量相对更高，更符合"人才"的内涵；另一方面是"双一流建设"高校大部分都公布了年度就业质量报告，能够获取毕业生就业相对完整的信息。

进一步搜集资料发现，西部21所高校发布的毕业生就业质量报告中有关毕业生生源、毕业生去向等信息相对完整，因此确定这21所高校作为分析样本，具体名单包括四川大学、电子科技大学、西南交通大学、成都理工大学、西南石油大学、四川农业大学、成都中医药大学、重庆大学、云南大学、宁夏大学、西安交通大学、西北工业大学、西北大学、西北农林科技大学、西安电子科技大学、长安大学、陕西师范大学、内蒙古大学、广西大学、贵州大学和青海大学。所选样本覆盖了中国西部 9 个省区市，时间跨度从 2014 ~ 2018 年共计 5 年，具有较好的代表性，适合用于分析西部高校毕业生择业流动问题。

3.2.2.1　我国不同地区高校毕业生择业人数

1. 整体情况的描述性分析

2014 ~ 2018 年，西部地区高校的本科毕业生、硕士毕业生和博士毕业生择业地域的平均人数见表 3.14 和图 3.8。可以看出，总体而言，按地区看，本科、硕士和博士三类毕业生的择业人数从多到少依次为西部地区、东部地区、中部地区和东北地区[①]，说明西部地区高校培养的人才主要流向了人才需求旺盛的西部地区和经济发达的东部地区，而较少流入中部地区和东北地区。

表 3.14　　　　2014 ~ 2018 年我国不同地区高校毕业生平均择业人数　　　单位：人

毕业生层次	年份	东部地区	中部地区	西部地区	东北地区
本科毕业生	2014	1099	338	2548	58
	2015	1037	293	2693	71
	2016	976	246	2141	47
	2017	960	229	2139	35
	2018	1050	277	2100	26
硕士毕业生	2014	674	244	1621	30
	2015	709	226	1332	26
	2016	782	214	1306	21
	2017	798	233	1290	24
	2018	931	269	1449	17
博士毕业生	2014	103	61	479	6
	2015	67	50	306	3
	2016	75	42	318	6
	2017	75	40	342	5
	2018	117	67	410	3

资料来源：根据高校就业质量报告数据统计编制。

---

① 本书所指东部地区包括北京、天津、河北、上海、江苏、浙江、福建、山东、广东和海南 10 省（市）；中部地区包括山西、安徽、江西、河南、湖北和湖南 6 省；西部地区包括内蒙古、广西、重庆、四川、贵州、云南、西藏、陕西、甘肃、青海、宁夏和新疆 12 省（区、市）；东北地区包括辽宁、吉林和黑龙江 3 省。

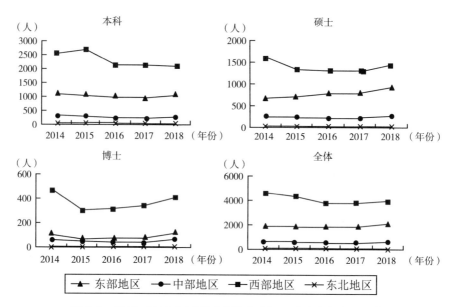

图 3.8　2014～2018 年不同层次毕业生择业地域人数变化趋势

图 3.8 展示了不同地区就业人数的动态变化。结果表明，从总人数看，西部高校毕业生选择西部地区就业的总人数逐年下降，选择东部地区就业的总人数在上升，而选择中部地区和东北地区的总人数基本持平不变。从毕业生类型看，留在西部地区就业的本科毕业生人数在逐年下降，而硕士和博士毕业生的就业人数先下降后上升，呈现 U 形轨迹；选择东部地区就业的本科和博士毕业生历年就业人数基本持平，而硕士毕业生就业人数逐年上升；选择中部地区和东北地区就业的，三个层次毕业生的人数都基本保持稳定。

2. 不同层次毕业生择业区域差异的推断性统计分析

考察不同层次的毕业生是否存在择业地域差异，对学历与地域进行 3×4 列联表卡方检验。从表 3.15 可见，卡方检验结果 $\chi^2 = 318.825$，$df = 6$，$P = 0.000 < 0.05$，表明不同层次毕业生的择业地域存在显著差异。

表 3.15　　　　　　　不同学历与择业地域列联表卡方检验结果

学历层次	东部地区	中部地区	西部地区	东北地区
本科毕业生	5122 （-2.9）	1383 （-7.3）*	11621 （6.2）*	237 （2.9）
硕士毕业生	3894 （10.5）*	1186 （5.9）*	6998 （-12.6）*	118 （-2.3）

学历层次	东部地区	中部地区	西部地区	东北地区
博士毕业生	437 （-13.5）*	260 （2.9）	1855 （11.1）*	23 （-1.2）
卡方检验	$\chi^2 = 318.825$，$df = 6$，$P = 0.000$			

注：*表示 p<0.01，即残差值的绝对值大于3。

事后检验结果如下：本科毕业生择业人数，西部地区和中部地区事后检验残差值分别为6.2和-7.3，差异均显著；东部地区和东北地区事后检验残差值分别为-2.9和2.9，差异不显著。硕士毕业生择业人数，东部地区、中部地区和西部地区事后检验残差值分别是10.5、5.9和-12.6，差异均显著；东北地区事后检验残差值为-2.3，差异不显著。博士毕业生择业人数，东部地区和西部地区事业检验残差值分别是-13.5和11.1，差异均显著；中部地区和东北地区事后检验残差值分别是2.9和-1.2，差异不显著。

综上分析可知，不同层次毕业生的择业地区存在差异。其中，与预期相比，实际留在西部的本科毕业生、博士毕业生人数显著更多，硕士毕业生人数显著更少；去东部就业的硕士毕业生人数显著更多，博士毕业生人数显著更少，本科毕业生不存在差异；去中部就业的硕士毕业生显著更多，本科毕业生人数显著更少，博士毕业生不存在差异；去东北就业的三类层次毕业生均不存在差异。这说明政府制定人才发展政策时，应当考虑不同层次毕业生的需求差异，尤其对硕士毕业生流失率较大的情况要有针对性解决办法。

3. 不同年份择业区域人数差异的推断性统计分析

为分析择业区域人数差异如何随年份发生变化，对年份与地域进行5×4列联表卡方检验。从表3.16可见，卡方检验结果为$\chi^2 = 96.736$，$df = 12$，$P = 0.000 < 0.05$，说明不同年份西部高校毕业生择业地域存在显著差异。

表 3.16　　　　　不同年份与择业地域列联表卡方检验结果

年份	东部地区	中部地区	西部地区	东北地区
2014	1876 （-5.8）*	643 （1.1）	4648 （4.4）*	94 （1.4）
2015	1813 （-3.9）*	569 （-0.6）	4331 （3.4）*	100 （2.9）
2016	1833 （2.2）	502 （-1.3）	3765 （-1.5）	74 （0.5）

年份	东部地区	中部地区	西部地区	东北地区
2017	1833 (2.3)	502 (-1.3)	3771 (-1.2)	64 (-0.8)
2018	2098 (5.5)*	613 (1.9)	3959 (-5.4)*	46 (-3.9)*
卡方检验	$\chi^2 = 96.736$, $df = 12$, $P = 0.000$			

注：*表示 p < 0.01，即残差值的绝对值大于3。

事后检验结果如下：2014 年西部地区和东部地区事后检验残差值分别为4.4 和 -5.8，差异显著，中部地区和东北地区事后检验残差值为1.1 和1.4，差异不显著；2015 年西部地区和东部地区事后检验残差值分别为3.4 和 -3.9，差异显著，中部地区和东北地区事后检验残差值为 -0.6 和2.9，差异不显著；2016 年和2017 年四个地区均不存在显著差异；2018 年西部地区、东部地区和东北地区事后检验残差值分别为 -5.4、5.5 和 -3.9，差异显著，中部地区事后检验残差值为1.9，差异不显著。

综上分析可知：区域择业人数随着年份不同发生较大的差异，从变化趋势上看，西部实际择业人数由 2014 年、2015 年显著多于预期，到 2016 年、2017年与预期不存在显著差异，再到 2018 年显著低于预期；东部择业人数正好经历了与西部相反的过程，2014 年、2015 年显著低于预期，2016 年、2017 年与预期同样不存在显著差异，但到 2018 年则显著多于预期；中部地区则一直与预期不存在显著差异；东北地区 2014～2017 年与预期不存在显著差异，但 2018 年显著低于预期。总之，西部高校毕业生在西部择业的总人数呈下降趋势，而去东部择业总人数呈上升趋势。因此，西部地区面临来自东部发达地区强有力的人才竞争，人才东流的趋势十分明显，西部地区政府应因地制宜，重点优化自身优势产业的人才环境，有针对性地制定人才政策，留住优势产业的未来人才队伍。

3.2.2.2　西部各省份高校毕业生择业分析

1. 整体情况的描述性分析

将 2014～2018 年西部地区就业毕业生人数进行汇总，结果见表 3.17。可以看出，西部各省份之间毕业生流入数量差异较大，其中四川、陕西和重庆集中了较多的毕业生就业，反映了上述地区一方面有较强的高等教育资源，培养的毕业生人数总量较多，同时也说明对毕业生具有较强吸引力，留下就业的毕业生人数较多；新疆、青海、甘肃、宁夏和内蒙古等省份毕业生就业平均人数相对较少，说明西北地区整体对毕业生的吸引力较弱；而云南、贵州和广西等地毕业生就业平均人数在西部地区属于中间水平。

表 3.17　　　　2014～2018 年高校毕业生西部地区择业人数统计结果　　　单位：人

省份	本科毕业生					硕士毕业生					博士毕业生				
	2014年	2015年	2016年	2017年	2018年	2014年	2015年	2016年	2017年	2018年	2014年	2015年	2016年	2017年	2018年
四川	810	1048	598	636	660	823	565	498	491	556	320	143	99	149	132
新疆	47	54	21	33	17	9	11	9	19	4	4	1	1	1	1
青海	13	20	11	9	4	6	5	2	4	2	0	0	0	1	1
甘肃	27	39	13	18	14	16	16	10	17	5	4	2	4	5	2
陕西	167	194	117	144	59	230	199	86	249	105	78	36	34	106	48
宁夏	15	18	65	191	3	3	7	25	44	2	2	2	39	2	1
内蒙古	19	202	14	10	8	9	69	6	4	4	2	0	2	2	1
重庆	439	231	156	135	143	432	150	145	48	171	38	45	39	15	47
云南	74	60	176	152	31	34	17	120	123	13	9	5	44	50	4
贵州	97	51	364	366	350	40	40	86	95	108	18	6	8	8	8
广西	717	248	199	208	192	281	101	89	94	92	6	2	2	2	3

资料来源：根据高校就业质量报告数据统计编制，其中缺失西藏就业人数相关数据。

2. 不同年份择业省份人数差异的推断性统计分析

为了分析西部毕业生在西部地区择业人数随时间的动态变化趋势，对择业地域和不同年份进行 11×5 列联表卡方检验，结果见表 3.18。卡方检验结果表明，$\chi^2 = 3475.837$，$df = 44$，$P = 0.000 < 0.05$，说明不同年份西部各省份毕业生择业人数存在显著差异。

表 3.18　　　　　不同年份与择业省份列联表卡方检验结果

省份	2014 年	2015 年	2016 年	2017 年	2018 年
四川	1953 (-3.0)*	1756 (8.9)*	1195 (-4.8)*	1276 (-7.2)*	1348 (6.6)*
新疆	60 (-0.4)	66 (3.1)*	31 (-1.7)	53 (1.3)	22 (-2.7)
青海	19 (-0.5)	25 (2.6)	13 (-0.2)	14 (-0.3)	7 (-1.7)

续表

省份	2014 年	2015 年	2016 年	2017 年	2018 年
甘肃	47 (-0.8)	57 (3.3)*	27 (-1.2)	40 (0.5)	21 (-1.9)
陕西	475 (-1.5)	429 (3.4)*	237 (-5.6)*	499 (8.6)*	212 (-5.4)*
宁夏	20 (-10.4)*	27 (-7.1)*	129 (7.3)*	237 (19.4)*	6 (-8.2)*
内蒙古	11 (-9.9)*	271 (28.1)*	22 (-5.3)*	16 (-6.8)*	13 (-6)*
重庆	909 (15.4)*	426 (-1.4)	340 (-3.0)*	198 (-13.5)*	361 (0.5)
云南	117 (-10.0)*	82 (-8.7)*	340 (16.2)*	325 (12.7)*	48 (-9.0)*
贵州	155 (-16.7)*	78 (-16.2)*	458 (1.9)	469 (10.1)*	466 (14.9)*
广西	1004 (20.2)*	351 (-5.7)*	290 (-6.0)*	304 (-7.5)*	287 (-4.1)*
卡方检验	$\chi^2 = 3475.837$，$df = 44$，$P = 0.000$				

注：* 表示 p < 0.01，即残差值的绝对值大于 3。

事后检验结果如下：2014 年实际择业人数显著高于预期的省份有重庆、广西，显著低于预期的有四川、宁夏、内蒙古、云南和贵州，与预期不存在显著差异的是新疆、青海、甘肃、陕西；2015 年实际择业人数显著高于预期的省份有四川、新疆、甘肃、陕西和内蒙古，显著低于预期的有宁夏、云南、贵州和广西，与预期不存在显著差异的是重庆和青海；2016 年实际择业人数显著高于预期的省份有宁夏和云南，显著低于预期的有四川、陕西、内蒙古、重庆和广西，与预期不存在显著差异的是新疆、青海、甘肃和贵州；2017 年实际择业人数显著高于预期的省份有陕西、宁夏、云南和贵州，显著低于预期的有四川、内蒙古、重庆和广西，与预期不存在显著差异的有新疆、青海和甘肃；2018 年实际择业人数显著高于预期的省份有四川和贵州，显著低于预期的有陕西、宁夏、内蒙古、云南和广西，与预期不存在显著差异的有新疆、青海、甘肃和重庆。

综上分析可知，各省份毕业生择业人数随时间变动存在较大的差异。总体而言，新疆、青海和甘肃等地区，其择业人数基本与预期一致；宁夏、内蒙古、重庆和广西等地区，其择业人数低于预期人数的年份较多；四川、陕西、云南和贵州等地区，择业人数高于或低于预期人数的年份数旗鼓相当。因此，西部各地政府应根据毕业生流入总量情况，有针对性地分别做好毕业生人才引进、培育、使用等不同侧重点的工作。

3. 不同层次毕业生择业省份人数差异的推断性统计分析

为了分析不同层次毕业生择业省份人数是否存在差异，对不同学历与择业地区进行 3×11 列联表卡方检验，结果见表 3.19。卡方检验结果表明，$\chi^2 = 1157.359$，$df = 22$，$P = 0.000 < 0.05$，说明不同层次毕业生在西部各省份就业人数存在显著差异。

表 3.19　　　　　　　　不同学历与择业省份列联表卡方检验结果

省份	本科毕业生	硕士毕业生	博士毕业生
四川	3752 (-11.8) *	2933 (6.9) *	843 (8.9) *
新疆	172 (5.9) *	52 (-4.4) *	8 (-3.0) *
青海	57 (3.2) *	19 (-2.2)	2 (-2.0)
甘肃	111 (0.8)	64 (-0.8)	17 (-0.1)
陕西	681 (-16.6) *	869 (10.3) *	302 (11.7) *
宁夏	292 (6.1) *	81 (-7.2) *	46 (1.5)
内蒙古	234 (5.7) *	92 (-3.2) *	7 (-4.4) *
重庆	1104 (-5.6) *	946 (6.6) *	184 (-1.3)
云南	493 (-0.6)	307 (-1.6)	112 (3.6) *
贵州	1228 (17.5) *	349 (-12.9) *	49 (-8.8) *
广西	1564 (15.2) *	657 (-7.0) *	15 (-14.7) *
卡方检验	$\chi^2 = 1157.359$，$df = 22$，$P = 0.000$		

注：* 表示 p<0.01，即残差值的绝对值大于 3。

事后检验结果如下：本科毕业生实际择业人数显著高于预期的省份有新疆、

青海、宁夏、内蒙古、贵州和广西，显著低于预期的省份有四川、陕西和重庆，与预期不存在显著差异的有甘肃和云南；硕士毕业生实际择业人数显著高于预期的省份有四川、陕西和重庆，显著低于预期的省份有新疆、宁夏、内蒙古、贵州和广西，与预期不存在显著差异的有青海、甘肃和云南；博士毕业生实际择业人数显著高于预期的省份有四川、陕西和云南，显著低于预期的有新疆、内蒙古、贵州和广西，与预期不存在显著差异的有青海、甘肃、宁夏和重庆。

综上分析可知，西部各省份对不同层次毕业生的吸引力存在较大差异，总体而言，在甘肃择业的三类层次毕业生人数都与预期不存在显著差异；四川、陕西在吸引硕士和博士这类较高层次毕业生具有较强的竞争力。西部各地政府应根据区域内不同层次毕业生的择业人数，出台政策弥补短板，有针对性地做好高层次人才政策、普通大学生引进政策等方面的工作，完备人才队伍的梯次结构。

最后，考虑毕业生的择业地域与生源地关系紧密，因此，在剔除当地生源的毕业生之后，对西部地区高校毕业生择业地域进行统计分析，结果见表3.20。可以看出，西部地区各省份就业总人数几乎全部低于生源总人数，说明西部地区高校毕业生留在西部就业的总体情况不乐观，特别是对非西部地区毕业生人才的吸引力较弱。

表3.20　　　　2014～2018年外地生源毕业生西部地区择业人数统计结果　　　单位：人

省份	本科毕业生					硕士毕业生					博士毕业生				
	2014年	2015年	2016年	2017年	2018年	2014年	2015年	2016年	2017年	2018年	2014年	2015年	2016年	2017年	2018年
四川	-39	-900	-1361	-937	-1011	59	-82	-72	21	-85	9	17	8	6	-3
新疆	-58	-78	-67	-57	-72	2	-20	-11	0	-18	0	1	0	-1	0
青海	-7	-14	-18	-21	-19	8	-2	-2	-2	-3	-1	0	-1	0	0
甘肃	-54	-75	-77	-90	-66	-30	-44	-31	-45	-53	-4	-1	-12	-3	-2
陕西	-619	-197	-148	-178	-136	-29	10	-12	0	-25	46	25	6	11	-6
宁夏	-22	-37	-228	-36	-17	-9	-8	-28	-3	-5	0	-56	0	0	0
内蒙古	-57	-40	-46	-40	-49	-13	-15	-17	-16	-18	-1	-4	-5	-1	0
重庆	-26	-104	-125	-99	-228	-13	-18	-21	-38	-56	0	2	-1	0	-2
云南	-32	-33	-29	-91	-379	-1	-13	24	-219	-1	0	-1	15	-52	
贵州	7	-35	-246	-49	-360	4	-2	-11	-1	-21	0	-1	0	1	-2
广西	-31	-46	-41	-42	-47	-9	-10	-8	-7	-15	-1	0	1	-1	

资料来源：根据高校就业质量报告数据统计编制，其中缺失西藏就业人数相关数据。

进一步分析发现，毕业生外流人数最多的分别是四川、陕西和重庆，说明上述地区毕业生流失比较严重，结合前面的分析可知，四川、陕西和重庆是规模庞大的人才集聚与人才外流同时并存。而之所以三地人才集聚在西部仍然遥遥领先其他地区，可能得益于高校培养的人才总量较大，因此尽管人才外流严重，但由于人才存量基数较大，仍然出现人才高度集聚的现象。从西部其他省份平均择业人数同样为负值来看，不难发现上述三地的毕业生主要流向了西部以外的地区就业，西部地区整体在人才吸引力上表现较弱。

综上分析可知，对于西部地区整体较弱的人才吸引力大环境而言，特别是人才流入流失规模庞大的四川、陕西和重庆，当地政府应制定措施，促进高校和用人单位加强联系、共同协作。借鉴三螺旋理论，政府、企业、大学应当紧密合作：企业应向高校、研究所提出产业技术攻关要求，植入高校、研究所开展研究，并主动走进校园宣讲人才培养需求；高校应接受企业"人才培养订单"，大力推行双师型教师队伍建设，企业导师、高校导师同时培养大学生，促进毕业生熟悉当地产业，提升工作技能；政府则应全程负责统筹协调工作，尽最大努力留住毕业生。

3.2.3 企业人才资源分布特点

企业人才资源总量庞大，是一个地区人才队伍建设的重要组成部分。《国家中长期人才发展规划纲要（2010—2020）》将人才分为党政人才、企业经营管理人才、专业技术人才、高技能人才、农村实用人才以及社会工作人才等六类，参照这一划分，本书认为企业人才主要包括经营管理人才、专业技术人才和高技能人才三类。本节首先描述西部各省份三类企业人才总量的动态变化，其次向西部地区三类企业人才发放问卷调查，初步探究企业人才的职业流动特点。

本节运用《中国人才资源统计报告》2010 年和 2015 年的数据，对西部地区各省份三类企业人才总量的变化趋势进行分析，结果见表 3.21。从中可见，三类人才总量在 2010 年排名前三位的是四川（349.24 万人）、广西（240.08 万人）和陕西（234.04 万人），排名后三位的是宁夏（35.39 万人）、青海（24.81 万人）和西藏（8.53 万人）；2015 年排名前三的是四川（480.12 万人）、重庆（352.24 万人）和陕西（341.25 万人），排名后三的是宁夏（47.60 万人）、青海（39.66 万人）和西藏（16.24 万人）；五年来企业人才绝对增量前三名是四川（130.88 万人）、重庆（123.90 万人）和陕西（107.20 万人），排名后三位的是青海（14.85 万人）、宁夏（12.21 万人）和西藏（7.71 万人）。可见，西部各省份企业人才分布极不均衡，主要集中在四川、重庆和陕西，尤其是四川企业人才总量遥遥领先西部其他地区，而宁夏、青海和西藏企业人才总量较少，总体而言企业人才总量与地区经济总量排序是一致的。

表 3.21　西部企业经营管理人才、专业技术人才和高技能人才数量变化　　　单位：人

省份	经营管理人才		专业技术人才		高技能人才	
	2010 年	2015 年	2010 年	2015 年	2010 年	2015 年
内蒙古	318107	440382	933143	1143506	360572	561229
广西	486119	733104	1256245	1489613	658418	1019448
重庆	607008	1099555	1065013	1532860	611369	890000
四川	896325	1251079	2046085	2686677	550000	863443
贵州	214548	454339	810557	1173790	77635	198700
云南	410556	686338	1179082	1467160	486621	758900
西藏	9861	24957	66696	114305	8754	23185
陕西	498918	853539	1229661	1821990	611843	736921
甘肃	213825	361791	765679	1032682	214211	330020
青海	42707	90621	163240	224330	42112	81650
宁夏	78283	121532	216585	270839	59038	83676
新疆	161460	285157	682151	894303	335100	189343

资料来源：2010 年和 2015 年的《中国人才资源统计报告》。

此外，从西部地区的省、自治区、直辖市企业人才数量在西部企业人才总量的占比来看，占比增加的省份有重庆（1.12%）、贵州（1.02%）、陕西（0.39%）、青海（0.18%）、西藏（0.16%）和甘肃（0.14%），占比减少的省份有新疆（-1.15%）、广西（-0.60%）、四川（-0.54%）、内蒙古（-0.52%）、云南（-0.10%）和宁夏（-0.10%）。人才总量占比的增减，反映了人才总量增速的相对快慢。从上述结果来看，重庆、贵州、陕西、青海、西藏和甘肃的企业人才数量增速相对较快，新疆、广西、四川、内蒙古、云南和宁夏的企业人才数量增速相对较慢。

最后，分人才类型看，高技能人才 2010 年排名前三是广西、陕西和重庆，2015 年变为广西、重庆和四川；经营管理类人才 2010 年和 2015 年排名前三均是四川、重庆和陕西；专业技术人才 2010 年排名前三是四川、广西和陕西，2015 年是四川、陕西和重庆。三类人才排名在 2010 年和 2015 名排名后三位的都是宁夏、青海和西藏。可以看出，高技能人才总量广西要领先西部其他省份，经营管理人才和专业技术人才的分布情况与人才总量基本一致。

3.2.4　企业人才职业流动分析

选择企业经营管理人才、专业技术人才和操作技能人才三个类别作为重点分析对象。在文献分析和实地调研的基础上，以西部重庆、贵州、云南、四川等地 1446 名企业员工为调查对象，之后采用问卷调查法和访谈法分析了三类企业人才职业流动意愿，并比较了人才职业流动意愿在人口学因素上的差异。

3.2.4.1　企业人才职业流动意愿

通过问题"您是否愿意长期留在当前单位工作"来调查人才在当前工作单位的留任意愿，调查结果显示，从选项的人数分布来看，选择"比较愿意"的人数最多，比例达到 46.77%，其次是选择"一般"的人数比例为 30.16%，再其次是选择"非常愿意"的人数比例为 18.51%，选择"不太愿意"和"非常不愿意"的人数最少，比例分别为 3.93% 和 0.63%（见表 3.22）。从得分来看，经营管理类人才和专业技术类人才的流动意愿得分均为 2.19 分，技能操作类人才的流动意愿得分为 2.33 分，得分很接近"比较愿意"，因此，西部地区企业人才总体留任意愿较高，这一结果与东部企业人才低流动性的研究发现比较一致（朱鹏程，2020）。

表 3.22　　　　　　　　　　不同类别人才的留任意愿分析

留任意愿	经营管理类		专业技术类		技能操作类		人才总数*	
	频数	百分比（%）	频数	百分比（%）	频数	百分比（%）	频数	百分比（%）
非常愿意	126	17.12	71	20.06	27	19.57	264	18.51
比较愿意	374	50.82	161	45.48	54	39.13	667	46.77
一般愿意	211	28.66	107	30.23	43	31.16	430	30.16
不太愿意	23	3.13	14	3.95	13	9.42	56	3.93
非常不愿意	2	0.27	1	0.28	1	0.72	9	0.63
平均分	2.19 ± 0.76		2.19 ± 0.81		2.33 ± 0.92		2.21 ± 0.81	
F 检验	$F = 1.887, P = 0.152 > 0.05$							

注：*表中的"人才总数"除经营管理类、专业技术类和技能操作类人才以外，还包含其他类别人才，因此总数频数高于三类人才频数之和。

通过问题"假如您要离开当前所在单位，您会考虑的工作地点是什么地方"来调查潜在的职业流动方向，结果见表3.23，从中可见，选择"依然选择本市"的比例为45.94%，选择"有利于自己发展的地方都行"的占比达到42.21%，选择想要去"沿海发达地区"和"中西部其他城市"的比例分别为3.49%和1.79%。上述结果表明，有一半人数的职业流动倾向于在省区市内流动，这部分人最终并不会造成区域外人才流失。但有近一半的人认为职业流动的标准是只要有利于自己发展的地方都可以，这对西部地区人才集聚工作既是机会也是挑战，因此必须提供和改善人才的工作和生活环境，才有可能避免人才流失。

表3.23　　　　　　　　　　不同类别人才的潜在流动意愿分析

潜在流动方向	经营管理类		专业技术类		技能操作类		合计	
	频数	百分比（%）	频数	百分比（%）	频数	百分比（%）	频数	百分比（%）
依然选择本市	351	47.24	162	46.02	53	38.69	566	45.94
省份内其他城市	35	4.71	13	3.69	12	8.76	60	4.87
沿海发达地区	23	3.10	9	2.56	11	8.03	43	3.49
中西部其他城市	9	1.21	10	2.84	3	2.19	22	1.79
有利于自己发展的地方都行	314	42.26	153	43.47	53	38.69	520	42.21
其他	11	1.48	5	1.42	5	3.65	21	1.70

3.2.4.2　职业流动意愿在人口学因素上的差异比较

根据以往研究发现，性别、籍贯、年龄、工作年限、职位级别、企业规模等因素对职业流动意愿可能产生不同的影响（Kennedy & Fulford，1999；Hiltrop，1999；Gaertner，2000；Banerjee，2004；林静霞，2020；贾玲玲，2020），因此选取性别、籍贯、年龄、工作年限、职位级别、企业类型等因素分析人才职业流动意愿差异，结果见表3.24。

表3.24　　　　　　　　企业人才职业流动意愿在各人口学因素上的差异

因素	类型	描述性分析（M ± SD）	差异性检验
性别	男（n = 736）	2.24 ± 0.82	$t = 1.29$，$p = 0.20$
	女（n = 686）	2.19 ± 0.79	
籍贯	本地户籍（n = 1155）	2.19 ± 0.81	$t = -1.817$，$p < 0.05$
	外地户籍（n = 262）	2.29 ± 0.82	

因素	类型	描述性分析（M ± SD）	差异性检验
年龄	（1）25 岁及以下（n = 247）	2.28 ± 0.83	$F = 3.84$，$p < 0.01$，事后检验：（1）>（3）（$p < 0.05$），（1）>（4）（$p < 0.01$），（2）>（4）（$p < 0.05$），（2）、（3）>（5）（$p < 0.01$）
	（2）26 ~ 30 岁（n = 444）	2.28 ± 0.82	
	（3）31 ~ 35 岁（n = 347）	2.24 ± 0.83	
	（4）36 ~ 40 岁（n = 220）	2.12 ± 0.74	
	（5）41 ~ 50 岁（n = 149）	2.01 ± 0.74	
	（6）51 岁及以上（n = 23）	2.00 ± 0.91	
学历	（1）高中及以下（n = 207）	2.23 ± 0.86	$F = 3.78$，$p < 0.01$，事后检验：（1）、（2）、（3）、（4）<（5）（$p < 0.01$），（2）>（3）（$p < 0.05$）
	（2）大学专科（n = 397）	2.27 ± 0.81	
	（3）大学本科（n = 666）	2.15 ± 0.80	
	（4）硕士研究生（n = 150）	2.25 ± 0.75	
	（5）博士研究生（n = 12）	2.92 ± 0.79	
享受特殊人才政策	是（n = 39）	2.15 ± 0.81	$t = -0.47$，$p = 0.64$
	否（n = 1389）	2.22 ± 0.81	
工作年限	（1）1 年以内（n = 290）	2.09 ± 0.77	$F = 4.46$，$p < 0.01$，事后检验：（1）<（2）、（3）（$p < 0.01$）
	（2）1 ~ 3 年（n = 443）	2.29 ± 0.82	
	（3）4 ~ 5 年（n = 284）	2.29 ± 0.82	
	（4）6 年及以上（n = 409）	2.19 ± 0.81	
单位类型	国有企业（n = 506）	2.19 ± 0.83	$F = 1.88$，$p = 0.11$
	民营企业（n = 467）	2.17 ± 0.73	
	外资企业（n = 143）	2.29 ± 0.96	
	合资企业（n = 281）	2.31 ± 0.79	
	其他（n = 28）	2.14 ± 1.04	
工资收入	（1）3 万元及以下（n = 142）	2.39 ± 0.87	$F = 4.29$，$p < 0.01$，事后检验：（1）>（3）、（4）、（5）（$p < 0.05$），（2）>（3）、（4）（$p < 0.01$），（2）>（5）（$p < 0.05$）
	（2）3.1 万 ~ 8 万元（n = 796）	2.27 ± 0.82	
	（3）8.1 万 ~ 12 万元（n = 293）	2.11 ± 0.80	
	（4）12.1 万 ~ 20 万元（n = 139）	2.06 ± 0.66	
	（5）20.1 万 ~ 30 万元（n = 32）	1.97 ± 0.70	
	（6）30.1 万元及以上（n = 15）	2.27 ± 0.80	
人才类型	经营管理类人才（n = 738）	2.19 ± 0.76	$F = 1.87$，$p = 0.15$
	专业技术类人才（n = 358）	2.19 ± 0.80	
	技能操作类人才（n = 138）	2.33 ± 0.92	

可以看出，人才职业流动意愿在籍贯、年龄、学历、工作年限和工资收入等因素上存在显著差异，具体分析如下：（1）籍贯。本地户籍的人才职业流动意愿要显著低于外地户籍。（2）年龄。整体而言，随着年龄增长，人才职业流动意愿下降。25 岁以下人才职业流动意愿显著高于 31 ~ 40 岁的，26 ~ 30 岁人才职业流动意愿显著高于 36 ~ 50 岁的，31 ~ 35 岁人才职业流动意愿显著高于 41 ~ 50 岁的。（3）学历。博士研究生职业流动意愿高于其他学历人才，大学专科人才职业流动意愿显著高于大学本科人才。（4）工作年限。工作年限在 1 年以内的企业人才，职业流动意愿显著低于工作年限为 1 ~ 5 年的。（5）工资收入。整体而言，随着工资收入增加，人才职业流动意愿下降。收入在 3 万元及以下的企业人才，职业流动意愿显著高于收入为 8.1 万 ~ 30 万元的，收入 3.1 万 ~ 8 万元的企业人才，职业流动意愿显著高于收入为 8.1 万 ~ 30 万元的。（6）不同性别、人才政策待遇、单位类型和人才类型的职业流动意愿没有显著差异。

3.2.5　高校高层次人才资源分布特点

高层次人才是指在某一学科或专业领域具有较高学术造诣或掌握核心技术，在重要岗位承担重要任务，有较好的能力结构，并能对社会发展和科技创新发挥较大作用的人才（贾玲玲，2020）。高层次人才具有引领和示范效应，因此其人才分布与职业流动研究对人才队伍的整体建设意义重大。以往对高层次人才的研究对象往往包括中国科学院院士（周亮，2019）、国家杰出青年等（黄海刚，2018；高阵雨，2019），参照这类做法，本节以在西部地区高校任职的中国科学院院士和中国工程院院士（以下简称"两院院士"）、长江学者特聘教授、青年长江学者、国家杰出青年获得者为研究对象，探究西部地区高层次人才的分布特征。

鉴于大多数高层次人才的教育和职业履历，通过网络渠道易获取较为完整的公开信息，因此对西部高校高层次人才队伍职业流动的研究，可以采用履历分析的方法（CV 分析法），即通过网络搜集高层次人才的教育与职业履历信息，得到包括人口学基本信息、教育背景以及工作履历等数据，从而剖析西部高层次人才群体的分布特征和职业流动现状。选取西部地区高校任职的"两院院士""长江学者特聘教授""青年长江学者""国家杰出青年"为分析对象，这是因为上述四类人才称号处于人才"金字塔"的顶端，代表了学术精英群体，其职业流动往往牵一发而动全身，引发科技人才流动和培养的连锁效应，因而研究价值较大。搜索西部地区上述四类人才的任职单位网站、教育部网站、谷歌学术个人主页、学术著作与论文等信息源，获取和整理人才的教育和职

业履历等基本信息，时间截至 2020 年 2 月，得到有效的分析对象如表 3.25
所示。

表 3.25　　　　　　　　西部高校高层次人才基本信息

变量		两院院士		长江学者特聘教授		青年长江学者		国家杰出青年	
		人数（人）	占比（%）	人数（人）	占比（%）	人数（人）	占比（%）	人数（人）	占比（%）
性别	男	68	94.44	286	89.94	61	89.71	237	90.11
	女	4	5.56	32	10.06	7	10.29	26	9.89
年龄	40 岁及以下	0	0	3	1.13	26	56.52	6	2.80
	41～50 岁	0	0	82	30.95	20	43.48	76	35.52
	51～60 岁	16	22.22	154	58.11	0	0.00	102	47.66
	61 岁及以上	56	77.78	26	9.81	0	0.00	30	14.02
籍贯	东部地区	23	31.94	36	19.46	8	32.00	35	24.65
	中部地区	16	22.22	51	27.57	5	20.00	40	28.17
	西部地区	33	45.84	98	52.97	12	48.00	67	47.18
工作地	陕西	31	43.06	132	40.62	30	42.86	102	36.82
	四川	17	23.61	95	29.23	22	31.43	96	34.66
	重庆	8	11.11	40	12.31	11	15.71	43	15.52
	甘肃	7	9.72	21	6.46	4	5.71	29	10.47
	云南	6	8.33	8	2.46	1	1.43	5	1.81
	贵州	2	2.77	4	1.23	1	1.43	0	0.00
工作地	青海	0	0.00	4	1.23	0	0.00	0	0.00
	内蒙古	0	0.00	5	1.54	0	0.00	2	0.72
	宁夏	0	0.00	3	0.92	0	0.00	0	0.00
	新疆	1	1.40	9	2.77	1	1.43	0	0.00
	西藏	0	0.00	4	1.23	0	0.00	0	0.00

注：本次分析样本中未发现在广西高校任职的四类人才。

从表 3.25 可见，在西部地区高校任职的"两院院士""长江学者""国家
杰出青年"的特点如下：

（1）性别。在西部地区高校任职的"两院院士"男性占比为 94.44%，女
性占比为 5.56%；"长江学者特聘教授"男性占比为 89.94%，女性占比为
10.06%；"青年长江学者"男性占比为 89.71%，女性占比为 10.29%；"国家
杰出青年"男性占比为 90.11%，女性占比为 9.89%。总体而言，西部地区四

类人才称号队伍，男性数量都远远多于女性。

（2）年龄。"两院院士"年龄均在50岁以上，且年龄在61岁以上的占比为77.78%；"长江学者特聘教授"年龄在51～60岁的人数最多，占比为58.11%；"青年长江学者"年龄在40岁以下的人数最多，占比为56.52%；"国家杰出青年"年龄在51～60岁区间人数最多，占比为47.66%。总体而言，"青年长江学者"人才队伍较为年轻，"长江学者特聘教授"和"国家杰出青年"人才队伍的年龄结构分布比较相似，主要为中壮年人群，"两院院士"人才队伍较为年长，这与不同梯度人才成长的时间规律保持高度一致。

（3）籍贯。按籍贯东部地区、中部地区和西部地区划分，四类人才称号的籍贯人数占比依次为，"两院院士"籍贯为东部、中部、西部地区的人数占比分别31.94%、22.22%和45.84%；"长江学者特聘教授"籍贯为东部、中部、西部地区的人数占比分别为19.46%、27.57%和52.97%；"青年长江学者"籍贯为东部、中部、西部地区的人数占比分别为32.00%、20.00%和48.00%；"国家杰出青年"籍贯为东部、中部、西部地区的人数占比分别为24.65%、28.17%和47.18%。总体而言，西部地区高层次科技人才籍贯主要是西部地区，本土人才是西部地区高层次科技人才队伍发展的重要保障。

（4）工作地。总体而言，西部地区高层次人才主要集中在陕西省、四川省和重庆市，上述三地的"两院院士"总和占西部地区总数的77.78%，"长江学者特聘教授"总和占比为82.16%，"青年长江学者"总和占比为90.00%，"国家杰出青年"总和占比为87.00%。因此，陕西省、四川省和重庆市是西部地区高层次科技人才集聚的三大高地，特别是陕西省处于西部地区高层次科技人才"金字塔"的最顶端，拥有的四类人才称号的总量均为西部地区第一。相比之下，西部地区高层次科技人才的洼地主要是西藏、宁夏、内蒙古、青海，上述四地高校没有"两院院士"，其他三类人才称号的总量也非常少。

3.2.6 高校高层次人才职业流动分析

高校高层次人才职业流动的内涵仅限于获得人才称号之后所发生的任职单位变更，并未包括获得人才称号之前的职业变动。根据相关研究对高层次人才职业流动类型的界定，职业流动包含了地理位移、社会流动、职务变化、部门变化以及领域变化等诸多方面。借鉴上述职业流动类型划分，本研究重点分析西部地区高层次人才的职业流动意愿、地理位移、社会流动和职务流动等，以此来分析西部地区高层次人才的职业流动现状。对西部地区高校获得"两院院士""国家杰出青年""长江学者特聘教授""青年长江学者"等人才称号的

744 人进行履历分析，结果发现：

（1）职业流动人数。截至 2019 年 9 月，一共有 93 人在获得相应人才称号后发生了职业流动现象[①]，占总人数的 12.5%。总体而言，西部地区高校高层次人才的职业流动规模不大。有学者指出，不同层次人才的流动率一般在 10% 左右最佳（Morgan，1984），而我国杰出青年基金获得者流动比率为 12.5%，长江学者特聘教授流动率为 10.4%（黄海刚，2018），这与本书分析结果非常接近。

在四类人才称号中，"两院院士""长江学者特聘教授""国家杰出青年"都呈现出不同程度的职业流动，而"青年长江学者"从未出现职业流动的情况，说明青年人才是西部地区相对较为稳定的科技人才队伍。这与以往结果不太一致，通常认为青年科学家职业流动意愿最强烈[②]，一个可能的原因是，青年长江学者称号启动时间较晚，截至目前还未到发生职业流动的最低年限。从发生职业流动的人数趋势来看，高层次科技人才的职业流动人数在近几年有所增加，尤其是"两院院士"和"国家杰出青年"的职业流动人数一直稳中有升。

（2）职业流动时间。西部高校高层次人才从获得相应人才称号，到发生职业流动的时长跨度平均数为 7.7 年，中位数为 7.0 年，众数为 5 年。四类人才称号职业流动的时间分别为，"两院院士"职业流动的时长平均数为 8.1 年，中位数为 7.0 年，众数为 5 年；"长江学者特聘教授"职业流动的时长平均数为 7.5 年，中位数为 7.0 年，众数为 3 年；"国家杰出青年"职业流动的时长平均数为 7.5 年，中位数为 7.0 年，众数为 4 年。可以看出，西部高校高层次人才在获得相应人才称号后的 5~8 年是发生职业流动的高峰期。有研究表明，1994~2010 年高层次科技人才平均在职时长为 8.32 年，且平均在职时长呈缩短趋势，2010 年仅为 3.83 年（贾玲玲，2020），这与本研究结果大体一致。

（3）职业流动意愿。在发生职业流动的全部 93 人中，大多数属于主动流动，占流动总人数的 64.8%；只有少数属于因行政调离而发生的被动流动，占比为 35.2%。不同人才称号的流动意愿具体为："两院院士"行政调离占比为 15.8%，主动流动占比为 84.2%；"长江学者特聘教授"行政调离占比为 48.3%，主动流动占比为 51.7%；"国家杰出青年"行政调离占比为 46.2%，主动流动占比为 53.8%。上述结果说明，与"两院院士"主动流动的情况相

---

① "两院院士"作为顶尖高层次科技人才，全职流动的情况非常少，但存在不少"双聘"情况。考虑到"两院院士"流动的难度，以及"双聘"具有实质性的脑力外流，即通过非空间集聚能够产生空间集聚相似的集聚效应，因此本研究将院士"双聘"认定为职业流动。

② Richard Van Noorden. Global mobility: Science on the move [J]. Nature, 2012, 43 (10): 171 – 1721.

反，"长江学者特聘教授"和"国家杰出青年"由于上级行政命令而出现职业流动的情况更多，说明后两类人才称号担任校级领导行政职务的比例较高。

（4）职业流动方向①。向下流动和平行流动的一共占比为85.9%，而向上流动的人数较少，仅占14.1%，说明西部地区高层次科技人才获得人才称号后，大部分并没有选择综合实力更强的高校，而是去了同等层次或更低层次的高校发展。王建华（2013）研究发现，高校是科研机构高层次科技人才流动的主要流入机构，从机构层次上说，56.29%的高层次科技人才是平行流动，这一数据与本书分析结果有一定出入，可能与非重点学科为争取进入重点学科行列，集中投入大量资源引进人才有关。

具体来看，"两院院士"向下流动的占比为48.4%，平行流动的占比为32.3%，向上流动的占比为19.4%；"长江学者特聘教授"向下流动的占比为50.0%，平行流动的占比为35.0%，向上流动的占比为15.0%；"国家杰出青年"向下流动的占比为35.0%，平行流动的占比为60.0%，向上流动的占比为5.0%。这表明"两院院士"和"长江学者特聘教授"向下流动的占比较多，而"国家杰出青年"平行流动的占比较多。因此，对于高层次科技人才的职业决策而言，任职单位的声望并没有起到预期那么大的作用。考虑到大部分西部地区高层次科技人才都是流向了东部地区和中部地区，而且相当数量的人去了比原单位平台更低的新单位，这或许凸显出宏观环境对高层次科技人才的吸引作用较明显，说明西部地区仅仅靠高校自身的努力还远远不够，必须借助政府和市场的力量，共同营造有竞争力的人才环境。

（5）学科排名变动②。首先需要说明的是，由于行政命令出现的工作调动不能反映科技工作者的主观流动意愿，因此这里仅对主动变更职业的样本进行分析，结果发现科技人才研究方向所属的一级学科，新单位与原单位学科排名相比上升的占42.6%，排名下降的占53.7%，排名不变的占3.7%，这说明西部高层次科技人才的主动职业变更中，科研平台的实力并非起决定性作用，还可能受到其他因素的综合影响。具体来看，"两院院士"职业流动后所属学科

---

① 流动方向含义：向下流动是指任职单位从一流大学建设高校流动至一流学科建设高校或"双非"高校、从一流学科建设高校流动至"双非高校"；平行流动是指从一流大学建设高校流动至一流大学建设高校、从一流学科建设高校流动至一流学科建设高校、从"双非"高校流动至"双非"高校；向上流动是指从"双非"高校流动至一流学科建设高校或一流大学建设高校、从一流学科建设高校流动至一流大学建设高校。

② 排名依据来自全国第四轮学科评估结果（http://www.cdgdc.edu.cn/xwyyjsjyxx/xkpgjg/）。需要说明的是，其中有6人工作调动到中国科学院各个研究所，考虑到中国科学院的综合研究实力，将其统一认定为排名上升。

排名上升的占 28.1%，排名下降的占 59.4%，排名不变的占 3.1%①；"长江学者特聘教授"职业流动后所属学科排名上升的占 46.2%，排名下降的占 38.5%，排名不变的占 7.7%；"国家杰出青年"职业流动后所属学科排名上升的占 57.1%，排名下降的占 35.7%。这表明，"两院院士"职业流动后大部分流入了学科排名更低的院校，而"长江学者特聘教授"和"国家杰出青年"职业流动后大部分流入了学科排名更高的院校，说明高层次科技人才的职业流动往往带有较强的事业发展目的，西部地区高校应加强学科建设，满足高层次科技人才事业发展需求。

（6）地理位移。西部地区高层次科技人才发生职业变动后按流入人数排名分别是东部地区、西部地区和中部地区，其中东部地区和中部地区流入的人才数量总和占 86.4%，说明高层次科技人才主要是跨区域流动，即大多流向了西部地区以外的东部和中部地区，而在西部地区内部的区域内职业流动非常少。分不同人才称号的地理流动来看，"两院院士"流向东部、中部和西部地区的比例分别是 71.0%、9.7% 和 19.4%；"长江学者特聘教授"流向东部、中部和西部地区的比例分别是 76.9%、7.7% 和 15.4%；"国家杰出青年"流向东部、中部和西部地区的比例分别是 84.6%、7.7% 和 7.7%。这表明，三类人才称号的地理流动具有较高的一致性。因此，高层次科技人才在西部地区内部流动活力不足，大部分流入了东部地区，还有少部分流入了中部地区。尽管目前西部地区培养的高层次科技人才整体流动率不高，但一旦发生了人才流失，绝大部分就流出了西部地区，较少在西部地区内部流动，就西部地区整体来说，高层次科技人才仍然存在外流的问题。

（7）职业流动的职务变化。高层次科技人才职业流动后未担任行政领导职务的人数，略多于担任院系以上领导职务的人数，考虑到其中还有 35.2% 的职业流动是因为行政调离，说明担任行政领导职务并非高层次科技人才主动流动的主要原因。其中，"两院院士"担任行政领导职务的占比为 19.4%，未担任行政领导职务的占比为 80.6%；"长江学者特聘教授"担任行政领导职务的占比为 30.8%，未担任行政领导职务的占比为 69.2%；"国家杰出青年"担任行政领导职务的占比为 14.3%，未担任行政领导职务的占比为 85.7%。这说明从政动机并不是高层次科技人才职业流动的主要动机。

图 3.9 显示了 2009～2019 年西部高校高层次人才职业流动人数。表 3.26 列示了西部高校高层次人才职业流动的部分信息。

---

① 由于存在流入单位不是高校类型单位的职业流动，因此三种流动方向占比总和可能不等于 100%。

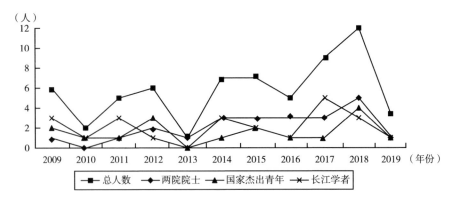

图 3.9　2009 ~ 2019 年西部高校高层次人才职业流动人数

注：图中 2019 年的人数为截至 9 月份的数据。

资料来源：根据网络公开数据通过 CV 分析法进行整理绘制。

表 3.26　　　　　2009 ~ 2019 年西部高校高层次人才职业流动相关信息统计

流动类型	流动模式	频数	百分比（%）
流动意愿	主动流动	59	64.8
	行政调离	32	35.2
流动方向	向下流动	32	45.1
	平行流动	29	40.8
	向上流动	10	14.1
学科排名	排名不变	2	3.7
	排名上升	23	42.6
	排名下降	29	53.7
地理位移	西部地区内部流动	21	23.9
	西部地区流向中部地区	12	13.6
	西部地区流向东部地区	55	62.5
职务流动	未担任行政领导职务	47	52.8
	担任院系以上领导职务	42	47.2

资料来源：根据网络公开数据通过 CV 分析法进行整理绘制。

从表 3.27 可见，具体分析西部地区各个城市高层次人才流失的情况发现，高层次人才流失最多的城市是西安和成都，人才流失数量分别占全部人才流失总数的 43.0% 和 33.3%，且除成都外，人才主要流向了西部地区以外的城市。因此，对比人才流入和流失可知，西安是西部地区高层次科技人才流失最严重的城市，而成都则既有较多的人才流出，也有较多的人才流入，人才净流失总数仅次于西安。高校高层次人才流失较少的城市是乌鲁木齐和贵阳，但上述地区因为高层次人才的原本存量就非常紧缺，即使发生少量的人才外流，其影响仍不可忽视。

表 3. 27　　　　　　　　　西部城市高层次人才流动情况

城市	流出人数（人）	流出占比（%）	流入人数（人）	流入占比（%）	净流入人数（人）
西安	40	43.0	5	5.5	-35
成都	31	33.3	13	14.0	-18
重庆	8	8.6	1	1.1	-7
兰州	8	8.6	2	2.2	-6
昆明	4	4.3	0	0	-4
乌鲁木齐	1	1.1	0	0	-1
贵阳	1	1.1	0	0	-1
西宁	0	0	1	1.1	1

最后，分析各个用人单位高层次人才的流动情况，具体结果见表 3.28。从人才流出的单位来看，一共有 22 家用人单位高层次人才出现流动，其中流出人数最多的前三位分别是西安交通大学、电子科技大学和四川大学，三家单位共计流失人数占总数的 43.1%，流出人数最少的用人单位是西北农林科技大学、云南大学、西南石油大学等 13 所学校，均仅有 1 名高层次科技人才流失。这一结果说明，西部地区流失的高层次人才原单位比较集中，并且都是双一流建设高校。从人才流入的用人单位来看，西部地区四川大学流入的人数最多，而仅有 1 人流入的用人单位多达 43 家，这说明西部地区高层次科技人才的流入单位比较分散，而且并非集中在双一流建设高校，反映出高校对高层次人才激烈的竞争态势。图 3.10 直观地反映了 2009 ~ 2019 年西部高校高层次人才在全国的流动情况。

表 3. 28　　　　　　　2009 ~ 2019 年西部高校高层次人才流动情况

流动类型	单位名称	人数（人）	百分比（%）
流出单位	西安交通大学	18	19.4
	电子科技大学	13	14.0
	四川大学	9	9.7
	兰州大学、西安电子科技大学	8	8.6

续表

流动类型	单位名称	人数（人）	百分比（%）
流出单位	第四军医大学	7	7.5
	西南交通大学、重庆大学	5	5.4
	西北工业大学	3	3.2
	西北农林科技大学、云南大学、西南石油大学、成都理工大学	2	2.2
	昆明理工大学、西安建筑科技大学、西北大学、西南大学、新疆大学、云南农业大学、重庆医科大学、第三军医大学、贵州大学	1	1.1
流入单位	四川大学	4	4.3
	西华大学	3	3.2
	成都大学、兰州交通大学、西安电子科技大学、西南交通大学	2	2.2
	西安石油大学、西安邮电大学、西交利物浦大学、西南财经大学、西南大学、西南科技大学、四川省教育厅	1	1.1

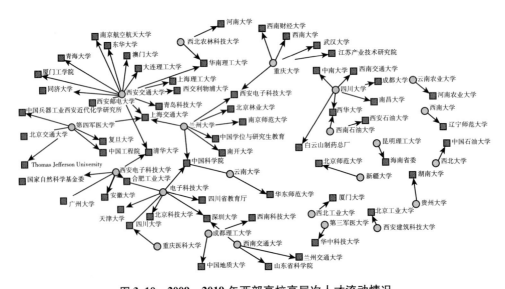

图3.10　2009～2019年西部高校高层次人才流动情况

3.3　本章小结

本章主要研究发现如下：

（1）西部地区人才资源分布失衡，人才集聚与区域人才环境关系密切。总体而言，四川、重庆和陕西人才资源总量最多，宁夏、青海和西藏人才资源总量最少。具体而言：首先，不同城市在校大学生资源差异悬殊，省会（首府）或直辖市明显多于其他地级市，省会（首府）或直辖市之间差距同样明显，并且差距仍在扩大。省际和省区市内的比较发现，省区市内各城市在校大学生数量差距明显大于不同省份在校大学生数量的差距，其中四川、陕西的省内在校大学生分布最不均衡，内蒙古、贵州、宁夏和新疆；其次，各省区市企业人才资源总量差异较大且稳定，四川、重庆和陕西企业人才总量和增量均为最多，其中，四川的经营管理人才和专业技术人才总量均为西部第一，而广西的高技能人才在西部地区第一；最后，各省份高校高层次人才同样分布不均，四川、陕西和重庆等高等教育资源较多的省份，高层次人才总量最多，而西藏、宁夏、内蒙古、青海等省份高校高层次人才总量最少。

（2）人才流动与人才类别联系密切，呈现出明显的群体差异。具体而言，首先，2014～2018 年西部高校毕业生主要流入东部和西部，但流入西部的人数呈现下降趋势，东部呈现上升趋势，不同区域的流入总数还随毕业生层次、年份的变化而发生显著改变。从流入省份看，四川、陕西和重庆的毕业生流入总数最多，新疆、青海、甘肃、宁夏和内蒙古的流入总数最少，不同省份的流入总数同样随毕业生层次、年份而发生较大的变化；其次，在职企业人员的职业流动意愿不高，但潜在的流动方向没有区域约束，籍贯、年龄、学历、工作年限和工资收入等因素都对职业流动意愿产生显著影响，性别、是否享受人才政策待遇、单位类型和人才类型则影响不显著；最后，高校高层次人才总体流动规模较小，从获得人才称号到发生职业流动的平均时间为 7.7 年，职业流动主动流动占大多数，职业流动方向向下流动和平行流动较多，学科排名上升和下降的各占一半，地理位移绝大多数去了东部地区，职务变化动机并不是主要动机，人才流失最多的城市是西安和成都，最多的高校是西安交通大学、电子科技大学和四川大学。

第4章　西部城市人才环境现状与动态演变

本章主要研究西部城市人才环境的动态演变过程，具体安排如下：首先，在借鉴已有研究成果的基础上，采用内容分析、主成分分析和熵值法等构建人才环境指标体系及指标权重。其次，系统评价 2002～2017 年西部城市人才环境动态演变，并采用障碍度模型确定人才环境的主要影响因子，从而准确了解西部城市人才环境的状况和问题。最后，以重庆市和甘肃省为例，对人才环境与人才集聚的耦合协调度进行动态评估。

4.1　西部城市人才环境指标体系构建与动态评价

构建科学的人才环境评价指标体系，掌握西部城市人才环境的动态变化，为精准制定西部城市人才环境优化政策提供重要理论依据。通过借鉴已有研究成果，采用内容分析、主成分分析和熵值法等构建人才环境指标体系及指标权重，评价 2002～2017 年西部城市人才环境动态演变，采用障碍度模型确定人才环境的主要影响因子，为西部城市精准优化人才环境提供建议和对策。

4.1.1　人才环境指标体系构建

4.1.1.1　指标选取

检索人才环境相关研究著作、核心期刊论文以及报告等公开文献，通过内容分析初步整理人才环境各项指标（宋本江，2016；田代强，2014；王雅荣，2015；陈杰，2018；曹威麟，2016；张惠娜，2017；温婷，2015；倪鹏飞，2010），结果见表 4.1。从中可见，一级指标主要有自然环境、生活环境、政策环境、经济环境、事业环境以及人文环境等方面，二级和三级指标的选取则有较大差异性。总体而言，采纳率较高的一级指标是经济环境和事业环境，二级和三级指标是人均 GDP、研发投入、工资水平等。

表 4.1 2007～2018 年我国人才环境相关文献指标分析结果

一级指标	二级指标	三级指标	篇数	代表性文献
自然环境	空气质量	年均 PM2.5 浓度	4	温婷（2015）、倪鹏飞（2010）
		空气质量好于二级的天数	1	温婷（2015）
	水质量	污水处理率	5	温婷（2015）、宋本江（2016）
	绿化指数	人均绿地面积	7	宋本江（2016）、王雅荣（2015）
生活环境	医疗设施	人均三甲医院数量	5	张惠娜（2017）、陈杰（2018）
		每万人拥有执业医师和病床数	7	温婷（2015）、田代强（2014）
	教育设施	人均高质量中学数量	3	宋本江（2016）、曹威麟（2016）
		社会教育支出与 GDP 的比值	8	张惠娜（2017）、曹威麟（2016）
	交通条件	市辖区道路网密度	4	宋本江（2016）、王雅荣（2015）
		对外交通通达性	2	宋本江（2016）、倪鹏飞（2010）
	社保覆盖	社会保障支出与 GDP 的比值	1	宋本江（2016）
		公共退休金与 GDP 的比值	4	倪鹏飞（2010）
	安全指数	每万人刑事发案率	3	温婷（2015）
	住房成本	房价收入比	7	张惠娜（2017）、宋本江（2016）
		人均居住面积	7	王雅荣（2015）、陈杰（2018）
	文化设施	人均剧场、影剧院数	1	赵炳起（2009）
		每万人拥有公共图书馆图书册数	4	温婷（2015）
		博物馆、文化馆的拥有量	1	倪鹏飞（2010）
政策环境	政策制定	政府的科研经费投入	1	王雅荣（2015）
		人才政策吸引度	2	王雅荣（2015）、曹威麟（2016）
	政策执行	政府透明度指数	4	陈杰（2018）、李玉香（2009）
经济环境	人均 GDP	—	11	宋本江（2016）、曹威麟（2016）
	人均可支配收入	—	6	倪鹏飞（2010）、王雅荣（2015）
	人均进出口总额	—	3	石金楼（2007）、李朋林（2008）
	人均实际利用外资额	—	6	宋本江（2016）、倪鹏飞（2010）
	人均 GDP 增速	—	3	倪鹏飞（2010）、石金楼（2007）

一级指标	二级指标	三级指标	篇数	代表性文献
事业环境	工资水平	在岗平均工资	9	张惠娜（2017）、宋本江（2016）
	就业机会	平均工业企业数	4	张惠娜（2017）、曹威麟（2016）
	创业环境	国家级科技企业孵化器	3	倪鹏飞（2010）、李朋林（2008）
	研发投入	研发投入与GDP的比值	10	张惠娜（2017）、宋本江（2016）
	专利授权量	—	5	宋本江（2016）、李朋林（2008）
人文环境	高校数量	人均"211"和"985"大学数量	8	宋本江（2016）、王雅荣（2015）
	社会人才指数	常住人口中具有大专及以上学历的人口比例	5	温婷（2015）、宋本江（2016）

本章研究目的是构建西部城市人才环境模型，在此基础上对西部城市人才环境指数进行动态评价，以及确定亟须优化的关键因子。根据上述原则，结合内容分析结果，本书初步筛选出26项人才环境指标，指标名称和测度单位见表4.2。

表4.2　　　　　　　人才环境指标初步筛选结果

指标名称	单位	指标名称	单位
人均GDP	元/人	人均实际科学事业费支出	元/人
第二三产业占GDP比重	%	高等院校数量	所
人均固定资产投资	元/人	公共图书馆藏书量	千册
人均实际社会消费品零售额	元/人	每万人在校大学生人数	人
人均实际外商直接投资	元/人	地方实际财政收入	万元
职工平均工资	元/年	地方实际财政支出	万元
城镇居民人均可支配收入	元	每万人拥有病床数	张/人
城乡居民储蓄年末余额	万元	每万人拥有医生数	个/人
人均实际教育支出	元/人	人均客运总量	次/人
人均实际电信业务	元/人	人均铺装道路面积	平方米/人
人均全年用水	吨/人	人均公交客运次数	次/人
人均全年用电	千瓦小时/人	人均绿地面积	平方米/人
人均煤气用量	立方米/人	互联网用户数	户

通过中国城市统计年鉴和各地统计年鉴，获得 2017 年中国 286 个地级市人才环境各项指标数据，使用 SPSS 22.0 软件进行探索性因子分析，结果发现 KMO = 0.91，Bartlett 球形检验值为 5538.03，$df = 136$，$P = 0.00 < 0.05$。进行主成分分析和方差最大正交旋转，选择因子载荷量大于 0.40 的指标（李志，2010），提取出特征值大于 1 的一共有 4 个因子，累积方差贡献率达到全部因子组合的 97.95%，因子分析的碎石图如图 4.1 所示。从中可见，从第 4 个因子开始出现明显的拐点，因此提取 4 个因子比较合理。

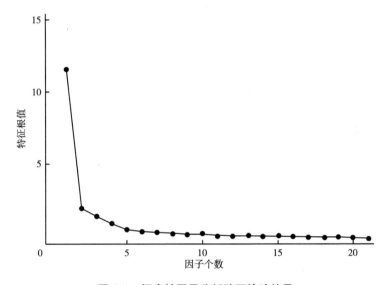

图 4.1　探索性因子分析碎石检验结果

从表 4.3 可见，人才环境指标模型准则层包括 4 个因子，指标层包括 17 个条目，结合因子的指标构成分别命名如下：（1）经济就业环境，包括人均GDP、第二三产业占 GDP 比重、人均固定资产投资、人均社会消费品零售额、人均外商直接投资额、职工平均工资、城镇居民人均可支配收入、人均城乡居民储蓄年末余额等 8 个指标，反映了城市经济发展与就业机会水平，该因子方差贡献率为 29.83%；（2）创新研发环境，包括人均教育支出、人均科学事业费支出和人均电信业务等 3 个指标，反映了城市对教育科研和创新的投入，该因子方差贡献率为 27.85%；（3）人才政策环境，包括地方财政预算内收入、地方财政预算内支出 2 个指标，反映了城市的公共财政投入，该因子方差贡献率为 25.01%；（4）生活居住环境，包括每万人拥有病床数、人均公交客运次数、高等院校数量和人均绿地面积等 4 个指标，反映了城市基础公共设施，该因子方差贡献率为 15.26%。

表4.3   人才环境指标探索性因子分析结果

指标名称	F1	F2	F3	F4
人均 GDP	0.862			
第二三产业占 GDP 比重	0.640			
人均固定资产投资	0.802			
人均社会消费品零售额	0.655			
人均外商直接投资额	0.522			
职工平均工资	0.414			
城镇居民人均可支配收入	0.724			
人均城乡居民储蓄年末余额	0.499			
人均教育支出		0.787		
人均科学事业费支出		0.830		
人均电信业务		0.669		
地方财政预算内收入			0.902	
地方财政预算内支出			0.928	
每万人拥有病床数				0.740
人均公交客运次数				0.640
高等院校数量				0.496
人均绿地面积				0.416

4.1.1.2 信度与效度检验

分别检验人才环境指标的内部一致性信度和分半信度，结果见表4.4。从中可见，人才环境各个维度信度值均在0.65以上，满足信度系数的最小接受范围，因此指标具有较好的信度。

表4.4   人才环境指标内部一致性信度和分半信度

项目	经济就业环境	创新研发环境	人才政策环境	生活居住环境
Cronbach 系数	0.813	0.892	0.980	0.759
分半信度	0.666	0.838	0.980	0.724

效度检验主要分析指标的内容效度。在构建人才环境指标体系的过程中，各个指标均来自人才环境研究的公开文献，根据专家意见对指标进行鉴定，在此基础上进行项目的删除、合并和编码，并基于主成分分析方法形成最终的指标体系。因此，这些过程能在一定程度上保证指标体系比较全面、准确地反映

人才环境的内涵，可以认为指标体系具有较好的内容效度。

4.1.1.3 指标权重

为克服指标权重的主观性，采用最大熵值法分别测算人才环境准则层和指标层的权重（林静霞，2020），对于本研究中的 m 个（$m = 286$）待评价城市，存在 n 项（$n = 17$）人才环境评价指标，从而形成原始人才环境指标数据矩阵 $X = (x_{ij})_{m \times n}$，其中 x_{ij} 表示第 i 个城市第 j 项人才环境评价指标的数值。对于某个单项人才环境指标 x_j，如果指标取值的差距越大，则该指标的权重就越高；反之，该指标在评价中作用越小。计算公式和步骤说明如下：

（1）对原始数据进行标准化处理。由于各个单项人才环境指标全部为正向指标，即取值越大表示人才环境越具备吸引力。

$$y_{ij} = \frac{x_{ij} - x_{ij}^{\min}}{x_{ij}^{\max} - x_{ij}^{\min}} \tag{4.1}$$

（2）计算各个单项指标的熵值。

$$e_j = -K \times \sum_{i=1}^{m} P_{ij} \ln(P_{ij}) \tag{4.2}$$

$$K = \frac{1}{\ln(m)} \tag{4.3}$$

$$P_{ij} = \frac{x_{ij}}{\sum_{i=1}^{m} x_{ij}} \tag{4.4}$$

（3）计算第 j 项指标的差异系数 g_j，取值越大表示指标在评价中越重要。

$$g_j = 1 - e_i \tag{4.5}$$

（4）计算第 j 项指标的权重。

$$\omega_j = \frac{g_j}{\sum_{j=1}^{n} g_i} \tag{4.6}$$

（5）计算各个城市的人才环境综合得分。

$$U_i = \sum_{j=1}^{n_j} W_j \times y_{ij} \tag{4.7}$$

表 4.5 是根据上述步骤计算出人才环境各项指标的信息熵和权重，创新研

发环境权重为 0.282、生活居住环境权重为 0.281、经济就业环境权重为 0.275、人才政策环境权重为 0.162，可见创新研发环境、生活居住环境和经济就业环境权重大致相等，人才政策环境权重最低。指标层的权重取值为 0.0006 ~ 0.1558，最高和最低权重相差比较大，其中权重最大的前三项是人均科学事业费支出、人均外商直接投资额、地方财政预算内收入，权重最小的后三项是第二三产业占 GDP 比重、职工平均工资、城镇居民人均可支配收入。

表 4.5   **人才环境指标权重赋值**

目标层	准则层	指标层
人才环境	X1 经济就业环境 (0.275)	X11 人均 GDP (0.0224)
		X12 第二三产业占 GDP 比重 (0.0006)
		X13 人均固定资产投资 (0.0283)
		X14 人均社会消费品零售额 (0.0337)
		X15 人均外商直接投资额 (0.1105)
		X16 职工平均工资 (0.0040)
		X17 城镇居民人均可支配收入 (0.0049)
		X18 人均城乡居民储蓄年末余额 (0.0707)
	X2 创新研发环境 (0.282)	X21 人均教育支出 (0.0683)
		X22 人均科学事业费支出 (0.1558)
		X23 人均电信业务 (0.0581)
	X3 人才政策环境 (0.162)	X31 地方财政预算内收入 (0.1020)
		X32 地方财政预算内支出 (0.0595)
	X4 生活居住环境 (0.281)	X41 每万人拥有病床数 (0.0084)
		X43 人均公交客运次数 (0.0862)
		X44 高等院校数量 (0.0937)
		X45 人均绿地面积 (0.0928)

4.1.2 西部地区人才环境指数

4.1.2.1 整体人才环境指数

表 4.6 可以看出不同年份西部地区整体人才环境指数，经济就业环境和生活居住环境的平均指数得分相对较高，分别为 0.0152 和 0.0153，创新研发环境和人才政策环境的平均指数得分相对较低，分别为 0.0068 和 0.0040。由图 4.2

可知，人才环境指数整体呈上升趋势，年平均增长率分别是经济就业环境为
3.84%、创新研发环境为4.95%、公共卫生环境为4.32%、生活居住环境
为3.52%。

表 4.6　　　　　　　　2002 ~ 2017 年西部地区人才环境指数

年份	经济就业环境	创新研发环境	人才政策环境	生活居住环境	综合得分
2002	0.0104	0.0046	0.0026	0.0153	0.0381
2003	0.0116	0.0046	0.0026	0.0113	0.0324
2004	0.0099	0.0050	0.0026	0.0110	0.0269
2005	0.0135	0.0051	0.0027	0.0116	0.0331
2006	0.0131	0.0052	0.0030	0.0121	0.0314
2007	0.0136	0.0051	0.0030	0.0125	0.0339
2008	0.0151	0.0054	0.0035	0.0121	0.0370
2009	0.0146	0.0050	0.0037	0.0123	0.0364
2010	0.0158	0.0065	0.0043	0.0136	0.0416
2011	0.0171	0.0073	0.0049	0.0160	0.0463
2012	0.0181	0.0082	0.0053	0.0167	0.0491
2013	0.0176	0.0078	0.0054	0.0180	0.0487
2014	0.0177	0.0092	0.0056	0.0190	0.0518
2015	0.0183	0.0106	0.0052	0.0183	0.0533
2016	0.0179	0.0090	0.0049	0.0197	0.0521
2017	0.0183	0.0095	0.0049	0.0257	0.0597
均值	0.0152	0.0068	0.0040	0.0153	0.0420

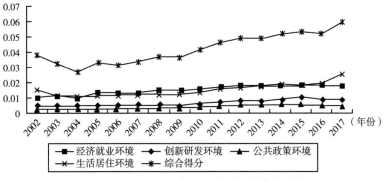

图 4.2　2002 ~ 2017 年西部人才环境指数变化

表 4.7 显示了不同地区人才环境指数的比较结果，从中可见，西部地区各项人才环境指数均低于全国平均水平和东部地区水平，西部地区在创新研发环境、生活居住环境和综合环境指数上，略高于中部地区。从增长率看，西部各项环境指数增长率均高于全国平均水平和东部地区水平，其中生活居住环境指数增长率排名第一，但其他各项环境指数增长率均低于中部地区。

表 4.7   2002～2017 年全国及分地区人才环境平均指数及增长率

项目		全国	东部	中部	西部
综合环境	指数	0.0614	0.1000	0.0416	0.0420
	增长率（%）	2.86	2.36	4.96	3.04
经济就业环境	指数	0.0246	0.0411	0.0176	0.0152
	增长率（%）	3.41	2.08	6.70	3.84
创新研发环境	指数	0.0112	0.0215	0.0060	0.0068
	增长率（%）	3.72	3.25	5.84	4.95
人才政策环境	指数	0.0068	0.0127	0.0043	0.0040
	增长率（%）	2.33	1.37	5.99	4.32
生活居住环境	指数	0.0180	0.0244	0.0135	0.0153
	增长率（%）	2.75	2.74	2.32	3.52

综上分析可知，西部人才环境指数呈现增长趋势，但人才环境各项指数差距较大，总体而言经济就业环境、生活居住环境相对较好，而创新研发环境、人才政策环境则相对不足。与全国其他地区相比，西部地区各项人才环境指数均低于东部地区，与中部地区则不相上下，但指数增长率又远低于中部地区。因此，西部人才环境指数整体处于比较劣势的地位。

4.1.2.2 分城市人才环境指数

表 4.8 展示了 2002～2017 年西部 85 个城市人才环境的动态变化。

表 4.8   2002～2017 年西部地区地级市人才环境平均指数

城市	综合评价	经济就业环境	创新研发环境	人才政策环境	生活居住环境
呼和浩特	0.0998	0.0410	0.0127	0.0055	0.0406
包头	0.1023	0.0528	0.0205	0.0063	0.0227
乌海	0.0672	0.0244	0.0216	0.0013	0.0198
赤峰	0.0238	0.0100	0.0039	0.0040	0.0060

续表

城市	综合评价	经济就业环境	创新研发环境	人才政策环境	生活居住环境
通辽	0.0211	0.0115	0.0032	0.0034	0.0036
鄂尔多斯	0.1165	0.0739	0.0096	0.0086	0.0177
呼伦贝尔	0.0259	0.0135	0.0026	0.0037	0.0050
巴彦淖尔	0.0245	0.0137	0.0044	0.0023	0.0040
乌兰察布	0.0186	0.0100	0.0017	0.0026	0.0044
南宁	0.0792	0.0184	0.0074	0.0076	0.0458
柳州	0.0501	0.0174	0.0079	0.0041	0.0207
桂林	0.0340	0.0122	0.0043	0.0041	0.0134
梧州	0.0190	0.0089	0.0036	0.0021	0.0043
北海	0.0340	0.0131	0.0086	0.0014	0.0107
防城港	0.0267	0.0139	0.0066	0.0009	0.0047
钦州	0.0162	0.0077	0.0032	0.0015	0.0038
贵港	0.0089	0.0053	0.0026	0.0015	0.0010
玉林	0.0136	0.0069	0.0022	0.0026	0.0016
百色	0.0157	0.0064	0.0020	0.0027	0.0048
贺州	0.0123	0.0062	0.0036	0.0010	0.0018
河池	0.0107	0.0046	0.0016	0.0019	0.0025
来宾	0.0119	0.0053	0.0030	0.0012	0.0021
崇左	0.0149	0.0067	0.0024	0.0015	0.0041
重庆	0.1578	0.0408	0.0070	0.0520	0.0580
成都	0.1535	0.0562	0.0127	0.0239	0.0607
自贡	0.0233	0.0082	0.0045	0.0015	0.0091
攀枝花	0.0555	0.0198	0.0158	0.0019	0.0179
泸州	0.0233	0.0078	0.0035	0.0029	0.0090
德阳	0.0270	0.0123	0.0035	0.0029	0.0083
绵阳	0.0353	0.0115	0.0047	0.0040	0.0152
广元	0.0160	0.0056	0.0035	0.0017	0.0048
遂宁	0.0155	0.0067	0.0031	0.0014	0.0042
内江	0.0161	0.0066	0.0025	0.0016	0.0054
乐山	0.0231	0.0104	0.0044	0.0025	0.0057
南充	0.0194	0.0071	0.0027	0.0032	0.0064
眉山	0.0167	0.0092	0.0024	0.0018	0.0030

续表

城市	综合评价	经济就业环境	创新研发环境	人才政策环境	生活居住环境
宜宾	0.0199	0.0079	0.0036	0.0032	0.0052
广安	0.0116	0.0067	0.0016	0.0017	0.0014
达州	0.0128	0.0069	0.0012	0.0027	0.0029
雅安	0.0184	0.0087	0.0024	0.0013	0.0058
巴中	0.0116	0.0037	0.0024	0.0014	0.0022
资阳	0.0129	0.0064	0.0017	0.0017	0.0022
贵阳	0.0851	0.0234	0.0160	0.0076	0.0432
六盘水	0.0189	0.0086	0.0027	0.0027	0.0048
遵义	0.0215	0.0078	0.0019	0.0045	0.0078
安顺	0.0145	0.0045	0.0031	0.0016	0.0059
昆明	0.1097	0.0330	0.0114	0.0119	0.0528
曲靖	0.0180	0.0073	0.0020	0.0041	0.0044
玉溪	0.0269	0.0114	0.0041	0.0032	0.0076
保山	0.0122	0.0050	0.0024	0.0014	0.0031
昭通	0.0080	0.0030	0.0012	0.0025	0.0012
丽江	0.0159	0.0062	0.0026	0.0010	0.0061
普洱	0.0103	0.0043	0.0013	0.0020	0.0028
临沧	0.0093	0.0044	0.0017	0.0015	0.0015
拉萨	0.0678	0.0254	0.0148	0.0035	0.0275
西安	0.1405	0.0429	0.0117	0.0130	0.0729
铜川	0.0294	0.0085	0.0084	0.0006	0.0104
宝鸡	0.0303	0.0134	0.0052	0.0024	0.0092
咸阳	0.0322	0.0115	0.0022	0.0027	0.0157
渭南	0.0140	0.0074	0.0020	0.0025	0.0017
延安	0.0277	0.0135	0.0029	0.0047	0.0066
汉中	0.0138	0.0064	0.0019	0.0018	0.0040
榆林	0.0275	0.0135	0.0030	0.0058	0.0052
安康	0.0154	0.0054	0.0029	0.0014	0.0058
商洛	0.0105	0.0053	0.0020	0.0011	0.0025
兰州	0.0909	0.0237	0.0133	0.0044	0.0495
嘉峪关	0.0656	0.0235	0.0129	0.0001	0.0311
金昌	0.0307	0.0147	0.0050	0.0003	0.0119

城市	综合评价	经济就业环境	创新研发环境	人才政策环境	生活居住环境
白银	0.0189	0.0066	0.0045	0.0010	0.0061
天水	0.0150	0.0046	0.0030	0.0016	0.0058
武威	0.0153	0.0053	0.0048	0.0010	0.0045
张掖	0.0157	0.0061	0.0040	0.0007	0.0049
平凉	0.0126	0.0049	0.0027	0.0011	0.0038
酒泉	0.0296	0.0166	0.0044	0.0008	0.0078
庆阳	0.0133	0.0066	0.0026	0.0018	0.0024
定西	0.0059	0.0022	0.0016	0.0012	0.0013
陇南	0.0071	0.0026	0.0016	0.0016	0.0013
西宁	0.0575	0.0149	0.0100	0.0023	0.0303
银川	0.0725	0.0234	0.0125	0.0033	0.0332
石嘴山	0.0467	0.0140	0.0094	0.0008	0.0211
吴忠	0.0178	0.0075	0.0040	0.0012	0.0051
中卫	0.0145	0.0053	0.0046	0.0007	0.0036
固原	0.0000	0.0037	0.0024	0.0009	0.0000
乌鲁木齐	0.1298	0.0257	0.0231	0.0071	0.0707
克拉玛依	0.1295	0.0374	0.0540	0.0019	0.0354

从表4.8中可见，人才环境综合指数排名前十位的城市分别是重庆、成都、西安、乌鲁木齐、克拉玛依、鄂尔多斯、昆明、包头、呼和浩特和兰州；排名后十位的城市分别是巴中、河池、商洛、普洱、临沧、贵港、昭通、陇南、定西和固原。

经济就业环境指数排名前十位的城市分别是鄂尔多斯、成都、包头、西安、呼和浩特、重庆、克拉玛依、昆明、乌鲁木齐和拉萨；排名后十位的城市分别是天水、河池、安顺、临沧、普洱、巴中、固原、昭通、陇南和定西。

创新研发环境指数排名前十位的城市分别是克拉玛依、乌鲁木齐、乌海、包头、贵阳、攀枝花、拉萨、兰州嘉峪关、呼和浩特和成都（后两城市并列）；排名后十位的城市分别是临沧、乌兰察布、资阳、河池、广安、陇南、定西、普洱、昭通和达州。

人才政策环境指数排名前十位的城市分别是重庆、成都、西安、昆明、鄂尔多斯、南宁、贵阳、乌鲁木齐、包头和榆林。排名后十位的城市分别是武威、白银、贺州、丽江（前4个城市得分并列）、防城港、固原、石嘴山、酒泉、中卫、张掖、铜川、金昌和嘉峪关。

生活居住环境指数排名前十位的城市分别是西安、乌鲁木齐、成都、重庆、昆明、兰州、南宁、贵阳、呼和浩特和克拉玛依；排名后十位的城市分别是贺州、渭南、玉林、临沧、广安、陇南、定西、昭通、贵港和固原。

表 4.9 ~ 表 4.10 展示了指数排名低于 25 百分位数和高于 75 百分位数的城市及所在省份，从中可见西部各省内部人才环境差异。

表 4.9　2002 ~ 2017 年西部地区人才环境指数较高城市（百分位数 ≥ 75%）

地区	综合指数	经济就业环境	创新研发环境	人才政策环境	生活居住环境
内蒙古	呼和浩特、包头、乌海、鄂尔多斯	呼和浩特、包头、乌海、鄂尔多斯	呼和浩特、包头、乌海、鄂尔多斯	呼和浩特、包头、赤峰、鄂尔多斯、呼伦贝尔	呼和浩特、包头、乌海、鄂尔多斯
广西	南宁、柳州	南宁、柳州	南宁、柳州、北海	南宁、柳州、桂林	南宁、柳州
重庆	重庆	重庆		重庆	重庆
四川	成都、攀枝花、绵阳	成都、攀枝花	成都、攀枝花	成都、绵阳	成都、攀枝花
贵州	贵阳	贵阳	贵阳	贵阳、遵义	贵阳
云南	昆明	昆明	昆明	昆明、曲靖	昆明
西藏	拉萨	拉萨	拉萨	拉萨	拉萨
陕西	西安	西安	西安、铜川	西安、延安、榆林	西安、咸阳
甘肃	兰州、嘉峪关	兰州、嘉峪关、金昌、酒泉	兰州、嘉峪关	兰州	兰州、嘉峪关
青海	西宁	西宁	西宁		西宁
宁夏	银川、石嘴山	银川	银川、石嘴山		银川、石嘴山
新疆	乌鲁木齐、克拉玛依	乌鲁木齐、克拉玛依	乌鲁木齐、克拉玛依	乌鲁木齐	乌鲁木齐、克拉玛依
合计	21	21	21	21	21

表 4.10　2002 ~ 2017 年西部地区人才环境指数较低城市（百分位数 ≤ 25%）

地区	综合指数	经济就业环境	创新研发环境	人才政策环境	生活居住环境
内蒙古			乌兰察布	乌海	通辽
广西	贵港、玉林、贺州、河池、来宾	贵港、河池、来宾	玉林、百色、河池	北海、防城港、贺州、来宾	贵港、玉林、贺州、河池、来宾
四川	广安、达州、巴中、资阳	广元、巴中	广安、达州、资阳	遂宁、雅安、巴中	眉山、广安、达州、巴中、资阳

续表

地区	综合指数	经济就业环境	创新研发环境	人才政策环境	生活居住环境
贵州		安顺	遵义		
云南	保山、昭通、普洱、临沧	保山、昭通、普洱、临沧	曲靖、昭通、普洱、临沧	保山、丽江	保山、昭通、普洱、临沧
陕西	渭南、汉中、商洛	安康、商洛	咸阳、渭南、汉中、商洛	铜川、安康、商洛	渭南、商洛
甘肃	平凉、庆阳、定西、陇南	天水、武威、张掖、平凉、定西、陇南	定西、陇南	嘉峪关、金昌、白银、武威、张掖、平凉、酒泉、定西	庆阳、定西、陇南
宁夏		中卫、固原		石嘴山、吴忠、中卫、固原	中卫
合计	20	20	18	25	21

人才环境综合指数排名前 25% 的城市分布为：内蒙古 4 个，四川 3 个，广西、宁夏、甘肃和新疆各 2 个，贵州、云南、西藏、陕西和青海各 1 个，以及重庆；排名后 25% 的城市分布为：广西 5 个，四川、云南和甘肃各 4 个，陕西 3 个。可见，人才环境综合指数较高的城市主要集中在内蒙古（重庆、西藏和青海各仅有单个城市样本数据，因此不作数量分析，下同）；指数较低的城市主要集中在广西、云南、甘肃和陕西，尤其广西和云南多个城市排名垫底，人才环境整体竞争力较弱；而在排名靠前或靠后的区域内四川均有多个城市，四川的城市间人才环境综合指数两极分化较为突出。

经济就业环境指数排名前 25% 的城市分布为：内蒙古和甘肃各 4 个，四川、广西和新疆各 2 个，贵州、云南、西藏、陕西、青海、宁夏各 1 个，以及重庆；排名后 25% 的城市分布为：甘肃 6 个，云南 4 个，广西 3 个，四川、陕西和宁夏各 2 个，贵州 1 个。可见，经济就业环境指数较高城市集中在内蒙古；指数较低的城市集中在云南和广西，尤其云南多个城市排名靠后；而在排名靠前或靠后的区域内甘肃均有多个城市，甘肃的城市间经济就业环境指数两极分化突出。

创新研发环境指数排名前 25% 的城市分布为：内蒙古 4 个，广西 3 个，四川、陕西、甘肃、宁夏和新疆各 2 个，贵州、云南、西藏和青海各 1 个；排名后 25% 的城市分布为：云南和陕西各 4 个，广西和四川各 3 个，甘肃 2 个，贵州和内蒙古各 1 个。可见，创新研发环境指数较高城市集中在内蒙古；指数较低的城市集中在云南、陕西和四川；而在排名靠前或靠后的区域内广西均有多个城市，广西的城市间创新研发环境指数两极分化突出。

人才政策环境排名前 25% 的城市分布为内蒙古 5 个、广西和陕西各 3 个，四川、贵州和云南各 2 个，西藏、甘肃和新疆各 1 个，以及重庆；排名后 25% 的城市分布为：甘肃 8 个，广西和宁夏各 4 个，四川和陕西各 3 个，云南 2 个，内蒙古 1 个。可见，人才政策环境指数较高的城市集中在内蒙古；指数较低的城市集中在甘肃、宁夏和四川。而在排名靠前或靠后的区域内广西和陕西均有多个城市，广西和陕西的城市间人才政策环境指数两极分化突出。

生活居住环境排名前 25% 的城市分布为：内蒙古 4 个，广西、陕西、四川、宁夏、甘肃和新疆各 2 个，贵州、云南、西藏和青海各 1 个，以及重庆；排名后 25% 的城市分布为：广西和四川各 5 个，云南 4 个，甘肃 3 个，陕西 2 个，宁夏和内蒙古各 1 个。可见，生活居住环境指数较高的城市集中在内蒙古；指数较低的城市集中在广西、四川、云南和甘肃。没有省份同时多个城市排名靠前或靠后，因此各省内部城市间的生活居住环境相对比较均衡。

综上可知，从城市之间的比较看：（1）人才环境全部指数均排名较高的城市有呼和浩特、包头、鄂尔多斯、南宁、柳州、成都、贵阳、昆明、拉萨、西安、兰州和乌鲁木齐等 12 个城市，而重庆、攀枝花、嘉峪关、西宁、银川和克拉玛依等 6 个城市有四项环境指数排名较高，上述城市人才环境竞争力在西部地区相对最强。（2）人才环境全部指数均排名较低的城市有商洛、定西 2 个城市，河池、来宾、巴中、保山、昭通、普洱、临沧和陇南等 8 个城市均有四项环境指数排名较低，以上城市人才环境竞争力在西部地区相对最弱。（3）省会（首府）或直辖市的人才环境各项指数普遍高于其他地级市。其中各项指数在省会（首府）中排名最后的分别是，西宁综合指数排第 17 位、经济就业环境指数排第 19 位、人才政策环境指数排第 39 位，南宁创新研发环境指数排第 21 位，拉萨生活居住环境指数排第 14 位，可见，省会（首府）总体排名靠前，省会（首府）城市与其他地级市的人才环境指数差距较大。（4）经济发达的城市人才环境各项指数往往较高。例如经济强市克拉玛依、鄂尔多斯、包头等，人才环境各项指数排名甚至超过了部分省会（首府）城市，而人才综合环境指数最低的城市主要是：云南的普洱、临沧、昭通，四川的广安、巴中，广西的河池、贵港，甘肃的陇南、定西，上述城市普遍处在偏远落后地区，经济水平欠发达。

从省份之间的比较看：（1）作为西部地区唯一的直辖市，重庆的人才环境各项指数排名都非常靠前，尤其是综合指数和人才政策环境指数排名第一，可见重庆在西部地区具有较强的人才环境吸引力。（2）西部各省份内部不同城市的人才环境指数存在较大差异，相对而言人才环境指数较高的城市主要分布在内蒙古，指数较低的城市主要集中在云南，而指数两极分化的城市主要分布在四川、甘肃、广西和陕西等省份。因此，整体而言内蒙古城市人才环境竞争力最强,云南城市人才环境竞争力最弱,其他省份城市人才环境竞争力则两极分化较为突出。(3)从城市群发展视角看,西部地区人才环境指数高的城市并未出现"团"状分布,而是省会(首府)城市或极少数经济强市指数较高,其他周边城市指数往往较低,说明当前西部城市群人才环境未能协同发展。因此,西部城市人才环境各因子发展存在较大差异,但整体呈现上升趋势。

4.1.2.3　不同规模城市的人才环境指数

本书对 2017 年西部 85 个城市的人才环境进行了评价,结果如附录 1 的附表 1.1 所示。从中可见,经济就业环境指数最高的是鄂尔多斯,最低的是陇南;创新研发环境指数最高的是克拉玛依,最低的是普洱;人才政策环境指数最高的是重庆,最低的是崇左;生活居住环境最高的是乌鲁木齐,最低的是玉林;自然生态环境指数最高的是呼和浩特,最低的是平凉。整体而言,直辖市、省会(首府)和经济强市的各项人才环境指数更高,偏远地区的小城市人才环境指数更低。

表 4.11 是按照不同城市规模比较的人才环境指数。可以看出,大城市的各项人才环境指数都高于中小城市,尤其是人才政策指数优势明显。中小城市在经济就业、创新研发和生活居住环境的差异很小,但中等城市的人才政策指数优于小城市。

表 4.11　　　　　　　　　　　不同城市规模的人才环境指数

城市规模	经济就业	创新研发	人才政策	生活居住
小城市	0.132	0.009	0.037	0.020
中等城市	0.132	0.008	0.050	0.018
大城市	0.171	0.017	0.092	0.048

4.1.3　西部城市人才环境协调度及主要影响因子

城市人才环境竞争力是各项环境指数的综合表现,因此人才环境各项指数是否均衡发展十分重要。借鉴城市人居环境协调度的相关研究成果,本小节分析西部城市人才环境各项指数协调发展程度。协调关系表现为各项人才环境指数应相互均衡,即人才环境各个维度之间越协调,评价指数就越接近,反之则相差越大。

4.1.3.1　人才环境整体协调度

人才环境协调度的测算方法有很多种，常见的几种方法如下。

第一种是张智（2006）的标准差与平均值相除法。设 C 为城市人才环境系统协调度，取值越大表示环境协调度越好，S 为标准差，U_i 为不同维度人才环境指数，$\bar{U}$ 是人才环境指数平均值，则环境系统协调度的计算公式为：

$$C = 1 - \frac{4S}{(U_1 + U_2 + U_3 + U_4)} \tag{4.8}$$

式中：

$$S = \sqrt{\frac{(U_1 - \bar{U})^2 + (U_2 - \bar{U})^2 + (U_3 - \bar{U})^2 + (U_4 - \bar{U})^2}{4}} \tag{4.9}$$

第二种方法是采用模糊数学中隶属度的计算公式，核心思想是考虑到协调度并不是一个是与否的问题，而是协调程度的大小问题，因此这种方法将协调系数转换为 0~1 之间的数来表示协调度。令 $W(i/j)$ 表示第 i 系统对第 j 系统的协调度系数，x_i 表示第 i 系统发展的实际取值，x_i' 表示与第 j 系统实际取值相协调的第 i 系统的发展水平，x_i' 可通过建立 i 系统对 j 系统回归系数来确定，即 $x_i' = \beta x_j$，则计算公式为：

$$W(i/j) = \exp^{-k(x_i - x_i')^2} \tag{4.10}$$

第三种方法是采用协调系数函数。首先计算系统发展的耦合系数，再用协调发展度函数计算发展协调度。令 D_i 表示系统之间发展协调度，C_i 表示第 i 个评价单元的指标耦合系数，C_i^e、C_i^d、C_i^p、C_i^l 分别表示第 i 个评价单元不同维度人才环境指数，F_i 表示第 i 个评价单元人才环境总指数。计算公式为：

$$C_i = \frac{C_i^e + C_i^d + C_i^p + C_i^l}{\sqrt{(C_i^e)^2 + (C_i^d)^2 + (C_i^p)^2 + (C_i^l)^2}} \tag{4.11}$$

$$D_i = (C_i \times F_i)^{1/4} \tag{4.12}$$

对于协调发展度 D，通常采用的标准是：$0 < D \leq 0.4$ 为低水平协调；$0.4 < D \leq 0.6$ 为较低水平协调；$0.6 < D \leq 0.8$ 为较高水平协调；$0.8 < D \leq 1.0$ 为高水平协调。

结合本研究实际，本书采用第三种方法计算 2002~2017 年西部 84 个城市人才环境发展协调度，测算结果见附录 1 的附表 1.2。表 4.12 统计了 2002~

2017 年西部所有城市人才环境平均发展协调度，从中可见，随着时间推移，西部城市人才环境平均发展协调度由 0.454 提升至 0.530，说明发展协调度总体呈现增长趋势，而标准差变动幅度非常小，说明城市之间人才环境发展协调度的差异相对稳定。

表 4.12　　　　　　　　2002～2017 年西部城市人才环境整体评价

年份	样本量（个）	平均值	标准差	最小值	最大值
2002	48	0.454	0.120	0.306	0.723
2003	62	0.447	0.101	0.330	0.695
2004	72	0.425	0.096	0.289	0.676
2005	73	0.450	0.101	0.314	0.715
2006	72	0.447	0.096	0.305	0.699
2007	75	0.452	0.102	0.304	0.723
2008	78	0.465	0.099	0.321	0.713
2009	79	0.462	0.102	0.329	0.725
2010	75	0.478	0.107	0.339	0.769
2011	80	0.493	0.107	0.338	0.796
2012	82	0.504	0.105	0.338	0.804
2013	83	0.502	0.106	0.336	0.804
2014	81	0.512	0.106	0.365	0.810
2015	78	0.517	0.106	0.369	0.808
2016	79	0.515	0.100	0.387	0.796
2017	74	0.530	0.104	0.388	0.810

表 4.13 对各个城市人才环境发展协调度进行分类。就 2002～2017 年平均水平而言，人才环境发展协调度最高的是重庆，平均协调度达 0.74；最低的是定西，平均协调度为 0.34。按协调度标准看，西部地区没有城市人才环境达到高水平协调；重庆等 15 个城市人才环境达到较高水平协调；乌海等 52 个城市人才环境为较低水平协调；汉中等 17 个城市人才环境为低水平协调。

2017 年达到高水平协调的城市有重庆和成都；达到较高水平协调的有西安等 14 个城市；较低水平协调的有石嘴山等 56 个城市；低水平协调的城市是陇南和普洱。综上可知，绝大多数西部城市人才环境发展协调度仍处在较低水平协调以下，达到较高水平协调以上的多数是省会（首府）或直辖市。

表 4.13　　　　2002~2017 年西部城市人才环境发展协调度分类

项目	D 值	城市
2002~2017 年的平均水平	$0 < D \leqslant 0.4$	汉中、庆阳、渭南、保山、平凉、达州、来宾、贺州、河池、普洱、广安、贵港、商洛、临沧、昭通、陇南、定西
	$0.4 < D \leqslant 0.6$	乌海、攀枝花、西宁、柳州、石嘴山、绵阳、桂林、金昌、北海、防城港、铜川、宝鸡、咸阳、德阳、延安、酒泉、玉溪、榆林、呼伦贝尔、赤峰、泸州、自贡、乐山、白银、巴彦淖尔、宜宾、遵义、南充、通辽、梧州、曲靖、六盘水、雅安、广元、吴忠、乌兰察布、巴中、百色、内江、张掖、资阳、丽江、天水、武威、眉山、钦州、崇左、安顺、遂宁、中卫、安康、玉林
	$0.6 < D \leqslant 0.8$	重庆、成都、西安、克拉玛依、乌鲁木齐、昆明、包头、呼和浩特、鄂尔多斯、贵阳、兰州、拉萨、南宁、银川、嘉峪关
2017 年的水平	$0 < D \leqslant 0.4$	陇南、普洱
	$0.4 < D \leqslant 0.6$	石嘴山、北海、遵义、绵阳、宝鸡、桂林、铜川、咸阳、金昌、德阳、延安、泸州、酒泉、榆林、赤峰、六盘水、呼伦贝尔、自贡、乐山、防城港、玉溪、钦州、眉山、汉中、宜宾、南充、巴彦淖尔、吴忠、遂宁、白银、乌兰察布、武威、梧州、广元、百色、雅安、平凉、张掖、丽江、内江、天水、达州、崇左、安康、保山、中卫、渭南、贺州、玉林、资阳、庆阳、来宾、广安、河池、昭通、临沧
	$0.6 < D \leqslant 0.8$	西安、乌鲁木齐、克拉玛依、昆明、鄂尔多斯、贵阳、呼和浩特、兰州、包头、银川、南宁、乌海、西宁、柳州
	$0.8 < D \leqslant 1.0$	重庆、成都

4.1.3.2　人才环境协调度主要影响因子

采用障碍度模型对人才协调度的主要影响因子进行诊断，从而为进一步提高人才环境协调度提供决策依据。具体方法是采用因子贡献度、指标偏离度和障碍度三个指标，令 X_j 表示人才环境单项指标原始数据标准化后取值，W_j 表示第 j 项准则层所属的第 n 个单项指标的权重；因子贡献度 U_j 表示人才环境单项指标对总目标的权重；指标偏离度 I_j 表示人才环境单项指标评估值与 100% 之差；障碍度 M_j 和 C_n 分别表示单项指标和准则层指标对人才环境协调度的影响程度。具体计算公式及步骤如下：

$$U_j = R_j \times W_j, I_j = 1 - X_j \tag{4.13}$$

$$M_j = \frac{I_j \times U_j}{\sum_{i=1}^{n}(I_j \times U_j)} \times 100\% \qquad (4.14)$$

$$C_n = \sum M_{ij} \qquad (4.15)$$

对 2008～2017 年人才环境准则层障碍度的测算结果见附录 2～附录 5。准则层中，人才环境障碍度贡献率经济就业环境为 28.69%，创新研发环境为 31.19%，人才政策环境为 10.25%，生活居住环境为 29.88%，可见人才政策环境对人才环境障碍度贡献率最低，说明各地政府都比较重视对人才引进的政策支持，但恰恰人才环境主要障碍因素不是人才政策环境，而是经济就业环境、创新研发环境和生活居住环境，尤其是创新研发环境的影响最大。图 4.3 显示了 2002～2017 年各项指标障碍度的变化趋势，可以看出经济就业环境的障碍度在下降，人才政策环境的障碍度基本稳定不变，而创新研发环境和生活居住环境的障碍度在上升。

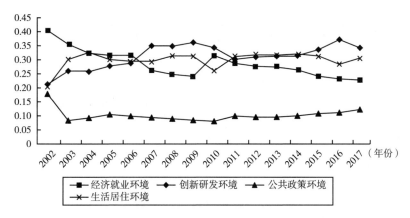

图 4.3　2002～2017 年西部地区 85 个地级市人才环境准则层障碍度变化趋势

表 4.14 显示了 2008～2017 年指标层的障碍度及变化趋势。可以看出，人均科学事业费支出（Routsn）、人均外商直接投资额（Rfdin）、人均绿地面积（Cgs）、高等院校数量（Collage）、人均公交客运次数（Busn）、人均城乡居民储蓄年末余额（Cs）、人均教育支出（Routen）、地方财政预算内收入（Rin）、人均电信业务（Rteln）等 9 项指标障碍度较大，均超过平均值；而地方财政预算内支出（Out）、人均社会消费品零售额（Rretn）、人均固定资产投资（Rkn）、人均 GDP（Cgdp）、每万人拥有病床数（Chb）、城镇居民人均可支配收入（Incp）、职工平均工资（W）和第二三产业占 GDP 比重（Gdp23）等 8 项指标障碍度较小，均低于平均值。

表 4.14 　　　　　　　　2008～2017 年西部地区地级市指标层障碍度

指标	2008 年	2009 年	2010 年	2011 年	2012 年	2013 年	2014 年	2015 年	2016 年	2017 年	均值
Cgdp	0.019	0.019	0.022	0.019	0.019	0.022	0.018	0.016	0.015	0.015	0.021
Gdp23	0.000	0.000	0.000	0.000	0.000	0.000	0.000	0.000	0.000	0.000	0.000
Rkn	0.024	0.021	0.022	0.023	0.023	0.022	0.022	0.018	0.017	0.017	0.028
Rretn	0.032	0.032	0.036	0.039	0.038	0.037	0.035	0.030	0.028	0.027	0.035
Rfdin	0.103	0.098	0.109	0.115	0.113	0.110	0.110	0.109	0.108	0.105	0.119
Rin	0.058	0.056	0.052	0.065	0.063	0.063	0.066	0.071	0.073	0.081	0.065
Out	0.031	0.028	0.029	0.034	0.033	0.033	0.035	0.037	0.038	0.042	0.038
W	0.002	0.002	0.002	0.008	0.002	0.002	0.002	0.002	0.002	0.002	0.004
Incp	0.003	0.003	0.003	0.003	0.003	0.003	0.003	0.003	0.002	0.004	0.005
Cs	0.065	0.066	0.121	0.080	0.079	0.078	0.074	0.064	0.061	0.059	0.075
Routen	0.074	0.071	0.069	0.075	0.073	0.077	0.082	0.073	0.077	0.075	0.073
Routsn	0.189	0.209	0.199	0.176	0.177	0.186	0.172	0.212	0.247	0.225	0.176
Collage	0.091	0.096	0.087	0.112	0.116	0.118	0.120	0.112	0.103	0.111	0.099
Chb	0.008	0.008	0.006	0.008	0.007	0.007	0.006	0.006	0.005	0.008	0.007
Rteln	0.085	0.081	0.075	0.052	0.060	0.050	0.060	0.051	0.049	0.043	0.063
Busn	0.112	0.121	0.090	0.093	0.096	0.094	0.094	0.086	0.082	0.078	0.092
Cgs	0.103	0.088	0.078	0.099	0.099	0.099	0.101	0.110	0.095	0.110	0.101

从变化趋势看，障碍度下降的指标有 11 个，按下降幅度排序依次为城镇居民人均可支配收入（-8.12%）、人均固定资产投资（-6.71%）、职工平均工资（-6.57%）、第二三产业占 GDP 比重（-6.55%）、地方财政预算内支出（-4.05%）、人均 GDP（-4.04%）、人均城乡居民储蓄年末余额（-3.72%）、人均外商直接投资额（2.66%）、人均社会消费品零售额（-1.61%）、人均电信业务（-1.37%）、地方财政预算内收入（-1.19%），障碍度上升的指标有 6 个，按上升幅度排序依次为人均科学事业费支出（5.22%）、人均绿地面积（3.48%）、高等院校数量（3.35%）、每万人拥有病床数（2.51%）、人均教育支出（1.41%）、人均公交客运次数（0.68%）。

综上分析可知：（1）2002～2017 年西部城市人才环境发展协调度呈上升趋势。协调度平均水平最高的是重庆、成都，最低的是定西。截至 2017 年，西部绝大多数城市人才环境仍处于较低水平以下的协调度。（2）在准则层中，创新研发环境、生活居住环境和经济就业环境对人才环境发展协调度的影响较大，人才政策环境的影响较小。从障碍度大小变化看，经济就业环境的影响在下降，人才政策环境的影响基本稳定，而创新研发环境和生活居住环境的影响在上升。因此，创新研发环境和生活居住环境是提高人才环境发展协调度的重点因子。（3）在指标层中，障碍度较大且处于增长趋势的指标有人均科学事业费支出、人均绿地面积、高等院校数量、人均教育支出和人均公交客运次数等，总体而言西部人才环境重点应加强这几个方面的建设力度。

4.2　人才环境与人才集聚的耦合协调度分析

4.2.1　样本选择与指标权重

通过前面研究发现，重庆和甘肃的人才环境和人才集聚在西部具有典型性，重庆人才环境在西部具有较强竞争力，人才集聚度高，而甘肃人才环境在西部相对落后，人才集聚度低，因此选择重庆和甘肃为例，分析人才环境与人才数量的耦合关系。选取人才环境中经济就业环境、创新研发环境、公共政策环境、生活居住环境四个方面共 17 个指标，记为 $X_1 \sim X_{17}$；选取人才数量构建一个指标体系，记为 Y_1。通过构建这两大系统的评价指标体系（见表 4.15），分析人才环境和人才数量的耦合协调度关系，数据来源为地方统计年鉴和统计公报。

表 4.15　人才环境、人才数量两大系统评价指标体系及权重

系统	一级指标	二级指标	权重	
			重庆市	甘肃省
人才环境系统	经济就业环境	X_1 人均 GDP	0.0607	0.0486
		X_2 第二三产业占 GDP 比重	0.0408	0.0293
		X_3 人均固定资产投资	0.0586	0.0588
		X_4 人均社会消费品零售额	0.0639	0.0568
		X_5 人均外商直接投资额	0.0700	0.0944
		X_6 职工平均工资	0.0566	0.0505
		X_7 城镇居民人均可支配收入	0.0500	0.0513
		X_8 人均城乡居民储蓄年末余额	0.0529	0.0502
	创新研发环境	X_9 人均教育支出	0.0638	0.0546
		X_{10} 人均科学事业费支出	0.0653	0.0764
		X_{11} 人均电信业务	0.0398	0.0520

系统	一级指标	二级指标	权重	
			重庆市	甘肃省
人才环境系统	人才政策环境	X₁₂ 地方财政预算内收入	0.0605	0.0548
		X₁₃ 地方财政预算内支出	0.0375	0.0347
	生活居住环境	X₁₄ 每万人拥有病床数	0.0817	0.0537
		X₁₅ 人均公交客运次数	0.0431	0.0587
		X₁₆ 高等院校数量	0.0402	0.0782
		X₁₇ 人均绿地面积	0.0600	0.0521
人才集聚系统		Y₁ 人才数量	0.0547	0.0449

采用熵值法为指标客观赋权如下：

（1）数据标准化和无零化处理。首先进行无量纲处理，目前常用的方法有极值法、线性比例法、向量规范法以及标准化法，本书采用极差标准化的方式对数据进行无量纲化处理。另需对数据进行无零化处理（统一加 0.01），其中对于正效用指标而言，指标值越大表示该指标发展越良好。

$$x'_{ij} = \frac{(x_{ij} - x_{min})}{(x_{max} - x_{min})} + 0.01 \quad\quad (4.16)$$

负效用指标则意味着指标值越小该指标发展越良好。

$$x'_{ij} = \frac{(x_{max} - x_{ij})}{(x_{max} - x_{min})} + 0.01 \qu\quad\quad (4.17)$$

式中：i 表示年份，取值为 1，2，…，m；j 表示指标，取值为 1，2，…，n；x_{ij} 是 i 系统 j 指标的值；x_{max} 是 i 系统 j 指标的最大值，x_{min} 是 i 系统 j 指标的最小值；x_{ij} 是最后得到的标准化数值。

（2）指标权重确定。首先，计算第 i 年 j 项指标的比值 s_{ij}：

$$s_{ij} = x'_{ij} \Big/ \sum_{i=1}^{m} x'_{ij} \quad\quad (4.18)$$

其次，计算第 j 项指标的熵值 h_j：

$$h_j = -\frac{1}{\ln m} \sum_{i=1}^{m} s_{ij} \ln s_{ij} (0 < h_j < 1) \qu\quad (4.19)$$

再其次，计算第 j 项指标的差异系数 a_j：

$$a_j = 1 - h_j \qu\quad\quad (4.20)$$

最后，确定 j 指标的权重 W_j：

$$w_j = \frac{a_j}{\sum\limits_{j=1}^{n} a_j} \qquad (4.21)$$

（3）建立人才环境综合评价函数。利用加权法计算第 i 年的人才环境发展水平。

$$f(x) = \sum_{j=1}^{m} w_j x_{ij} \qquad (4.22)$$

式中，$f(x)$ 是人才环境综合评价指数，x_{ij} 是人才环境第 i 年第 j 个指标的无量纲值。$f(x)$ 的数值结果越大，表明人才环境的发展水平越好，反之则表明人才环境质量发展越差。

（4）建立人才数量综合评价函数。利用加权法计算第 i 年的城市化发展水平。

$$g(y) = \sum_{j=1}^{m} w_j y_{ij} \qquad (4.23)$$

式中，$g(y)$ 是人才数量综合评价指数，y_{ij} 是人才数量第 i 年第 j 个指标的无量纲值。$g(x)$ 的数值结果越大，表明该城市吸引的人才越多，反之则表明该城市吸引的人才趋弱。

4.2.2　研究方法与模型构建

4.2.2.1　灰色关联分析法

灰色关联分析法，是指对于两个系统之间的因素，其随时间或不同对象而变化的关联性大小的量度，称为关联度。在系统发展过程中，若两个因素变化的趋势具有一致性，即同步变化程度较高，即可谓二者关联程度较高；反之，则较低。该方法的优势在于不过分要求样本的数量，因此本书基于灰色关联理论，通过灰色系数 $\xi_{m \cdot n}$ 和关联度 $R_{m \cdot n}$ 的公式计算，分别计算出重庆市旅游业、城市化、生态环境各指标之间的灰色关联度。

（1）灰色关联系数计算。

$$\xi_{m.n} = \frac{\dfrac{\min}{m}\dfrac{\min}{n}|X_{ij} - Y_{ij}| + \rho\dfrac{\max}{m}\dfrac{\max}{n}|X_{ij} - Y_{ij}|}{|X_{ij} - Y_{ij}| + \rho\dfrac{\max}{m}\dfrac{\max}{n}|X_{ij} - Y_{ij}|} \qquad (4.24)$$

式中：$\xi_{m \cdot n}$ 是某一年某城市人才环境的第 m 个指标与人才数量的第 n 个指标的关联系数；$\underset{m}{\min}\underset{n}{\min}|X_{ij} - Y_{ij}|$ 为最小绝对差值，$\underset{m}{\max}\underset{n}{\max}|X_{ij} - Y_{ij}|$ 为最大绝对差值；ρ 为分辨系数，反映关联系数间的差异显著性，取值为 $0 \sim 1$。另外，当 $\rho \leqslant 0.546$，分辨率最好，而本书选取 0.5。

（2）关联度计算。

$$R_{m.n} = \frac{1}{N}\sum_{m,n=1}^{N}\xi_{m.n} \tag{4.25}$$

式中，m，$n = 1$，2，3，…，N。关联度 $R_{m.n}$ 的取值范围介于 $0 \sim 1$，$R_{m.n}$ 值越大，说明关联度越大，耦合作用也越强。关联度具体类型和等级标准如表 4.16 所示。

表 4.16　　　　　　　　　　　　关联度类型及等级

关联度	0.00 ~ 0.35	0.35 ~ 0.45	0.45 ~ 0.65	0.65 ~ 0.85	0.85 ~ 1.00
类型	较低关联	低关联	中等关联	高关联	极高关联
等级	耦合作用极弱	耦合作用弱	耦合作用中等	耦合作用较强	耦合作用极强

4.2.2.2　耦合协调度模型

耦合协调度模型用于分析事物的协调发展水平。耦合度指两个或两个以上系统之间的相互作用影响，实现协调发展的动态关联关系，可以反映系统之间的相互依赖、相互制约程度。协调度指耦合相互作用关系中良性耦合程度的大小，它可体现出协调状况的好坏。本书对人才环境系统和人才数量系统建立耦合模型，探讨他们之间的耦合关系。

（1）计算耦合度。

$$C = \frac{2\sqrt{U_1} \times \sqrt{U_2}}{U_1 + U_2} \tag{4.26}$$

式中，C 代表耦合度，它的值在 $0 \sim 1$ 之间。当 $C = 0$ 时，表明耦合度已达到极小值，这说明不同系统之间或同一系统不同要素之间的耦合状态表现为无关的状态，系统或要素之间的关系将呈无序化发展的趋势；当 $C = 1$ 时，表明耦合度已经达到了最大值的状态，这说明不同系统之间或同一系统不同要素之间的耦合状态已经达到良性耦合的状态，系统或要素之间的关系将呈现有序化发展的趋势。式中，U_1 代表人才环境系统，U_2 代表人才数量系统。

然而，用耦合度模型测算人才环境和人才数量这两大系统的耦合度并不是很精确，因此本书构建与两大系统相关的耦合模型。

（2）建立耦合协调度模型。

$$D = \sqrt{C} \times \sqrt{T} \qquad (4.27)$$

$$T = xU_1 + yU_2 \qquad (4.28)$$

式中，耦合协调度用 D 表示，耦合度用 C 表示，人才环境系统与人才数量系统的综合协调指数用 T 表示，人才环境系统综合评价指数用 U_1 表示；人才数量系统综合评价指数用 U_2 表示；x，y 表示待定系数。本书参考多篇文献，最终选取一个比较适合这两大系统的研究方法作为参考，本书参考张珺和张妍（2020）的方法，将待定系数赋予的值均为0.5[①]。耦合协调度的等级划分标准如表4.17所示。

表4.17 耦合协调度等级划分

耦合协调度	耦合协调度等级	耦合协调度	耦合协调度等级
0~0.09	极度失调	0.50~0.59	勉强协调
0.10~0.19	严重失调	0.60~0.69	初级协调
0.20~0.29	中度失调	0.70~0.79	中级协调
0.30~0.39	轻度失调	0.80~0.89	良好协调
0.40~0.49	濒临失调	0.90~1.00	优质协调

4.2.3 人才环境、人才聚集关联度和耦合度测算分析

4.2.3.1 关联度排序与解剖

基于灰色关联度公式，笔者得出了2017年13个城市的人才环境系统指标、人才数量系统指标的灰色关联度，并按照它们的指标大小进行排序（见表4.18~表4.30）。通过比较各指标的大小，辨识各个指标对这两大系统的影响程度。

---

① 张珺，张妍. 基于灰色系统理论的生态农业与生态旅游业耦合协调度测算分析——以湖南省为例 [J]. 生态经济，2020，36（2）：122－126，144.

表 4.18　　　　　　　2017 年重庆市人才环境和数量关联度排序

序号	指标	灰色关联度	序号	指标	灰色关联度
1	X_2第二三产业占 GDP 比重	0.9731	10	X_4人均社会消费品零售额	0.5809
2	X_{16}高等院校数量	0.8282	11	X_8人均城乡居民储蓄年末余额	0.5806
3	X_{11}人均电信业务	0.7280	12	X_3人均固定资产投资	0.5660
4	X_{15}人均公交客运次数	0.7261	13	X_1人均 GDP	0.5631
5	X_{14}每万人拥有病床数	0.6746	14	X_{13}地方财政预算内支出	0.5587
6	X_5人均外商直接投资额	0.6600	15	X_9人均教育支出	0.5304
7	X_7城镇居民人均可支配收入	0.6422	16	X_{17}人均绿地面积	0.5285
8	X_{12}地方财政预算内收入	0.6352	17	X_{10}人均科学事业费支出	0.5094
9	X_6职工平均工资	0.5952	18	Y_1人才数量	0.6057

表 4.19　　　　　　2017 年甘肃省兰州市人才环境和数量关联度排序

序号	指标	灰色关联度	序号	指标	灰色关联度
1	X_2第二三产业占 GDP 比重	0.9990	10	X_6职工平均工资	0.8646
2	X_{16}高等院校数量	0.9744	11	X_3人均固定资产投资	0.8530
3	X_{14}每万人拥有病床数	0.9620	12	X_9人均教育支出	0.8495
4	X_{11}人均电信业务	0.9416	13	X_{12}地方财政预算内收入	0.8470
5	X_{17}人均绿地面积	0.9239	14	X_{13}地方财政预算内支出	0.8274
6	X_4人均社会消费品零售额	0.8842	15	X_{10}人均科学事业费支出	0.7874
7	X_1人均 GDP	0.8841	16	X_{15}人均公交客运次数	0.6459
8	X_8人均城乡居民储蓄年末余	0.8747	17	X_5人均外商直接投资额	0.3773
9	X_7城镇居民人均可支配收入	0.8732	18	Y_1人才数量	0.9599

表 4.20　　　　　　2017 年甘肃省嘉峪关市人才环境和数量关联度排序

序号	指标	灰色关联度	序号	指标	灰色关联度
1	X_{16}高等院校数量	1.0000	10	X_3人均固定资产投资	0.6541
2	X_2第二三产业占 GDP 比重	0.9936	11	X_4人均社会消费品零售额	0.6141
3	X_5人均外商直接投资额	0.7589	12	X_6职工平均工资	0.6133
4	X_{17}人均绿地面积	0.7515	13	X_7城镇居民人均可支配收入	0.6004
5	X_{11}人均电信业务	0.7311	14	X_{13}地方财政预算内支出	0.5930
6	X_{14}每万人拥有病床数	0.6932	15	X_8人均城乡居民储蓄年末余额	0.5923
7	X_{12}地方财政预算内收入	0.6820	16	X_{10}人均科学事业费支出	0.5686
8	X_1人均 GDP	0.6690	17	X_9人均教育支出	0.5665
9	X_{15}人均公交客运次数	0.6550	18	Y_1人才数量	0.4914

表 4.21　　　　　　2017 年甘肃省金昌市人才环境和数量关联度排序

序号	指标	灰色关联度	序号	指标	灰色关联度
1	X_{16} 高等院校数量	1.0000	10	X_3 人均固定资产投资	0.6637
2	X_2 第二三产业占 GDP 比重	0.9801	11	X_4 人均社会消费品零售额	0.6636
3	X_{14} 每万人拥有病床数	0.8206	12	X_8 人均城乡居民储蓄年末余额	0.6381
4	X_5 人均外商直接投资额	0.7846	13	X_{13} 地方财政预算内支出	0.5940
5	X_{17} 人均绿地面积	0.7682	14	X_9 人均教育支出	0.5219
6	X_6 职工平均工资	0.7280	15	X_{11} 人均电信业务	0.5126
7	X_{12} 地方财政预算内收入	0.6856	16	X_{15} 人均公交客运次数	0.4588
8	X_1 人均 GDP	0.6729	17	X_{10} 人均科学事业费支出	0.4525
9	X_7 城镇居民人均可支配收入	0.6639	18	Y_1 人才数量	0.5243

表 4.22　　　　　　2017 年甘肃省白银市人才环境和数量关联度排序

序号	指标	灰色关联度	序号	指标	灰色关联度
1	X_{16} 高等院校数量	1.0000	10	X_6 职工平均工资	0.8186
2	X_2 第二三产业占 GDP 比重	0.9943	11	X_{11} 人均电信业务	0.7916
3	X_{14} 每万人拥有病床数	0.9279	12	X_3 人均固定资产投资	0.7810
4	X_{17} 人均绿地面积	0.8869	13	X_8 人均城乡居民储蓄年末余额	0.7783
5	X_{15} 人均公交客运次数	0.8721	14	X_{13} 地方财政预算内支出	0.7701
6	X_9 人均教育支出	0.8461	15	X_{10} 人均科学事业费支出	0.7599
7	X_{12} 地方财政预算内收入	0.8351	16	X_1 人均 GDP	0.6818
8	X_4 人均社会消费品零售额	0.8265	17	X_5 人均外商直接投资额	0.3835
9	X_7 城镇居民人均可支配收入	0.8214	18	Y_1 人才数量	0.8801

表 4.23　　　　　　2017 年甘肃省天水市人才环境和数量关联度排序

序号	指标	灰色关联度	序号	指标	灰色关联度
1	X_2 第二三产业占 GDP 比重	0.9972	10	X_3 人均固定资产投资	0.8471
2	X_{16} 高等院校数量	0.9786	11	X_{13} 地方财政预算内支出	0.8464
3	X_{14} 每万人拥有病床数	0.9565	12	X_9 人均教育支出	0.8461
4	X_{17} 人均绿地面积	0.9394	13	X_8 人均城乡居民储蓄年末余额	0.8405
5	X_{15} 人均公交客运次数	0.8958	14	X_{10} 人均科学事业费支出	0.8383
6	X_4 人均社会消费品零售额	0.8920	15	X_1 人均 GDP	0.8074
7	X_7 城镇居民人均可支配收入	0.8900	16	X_6 职工平均工资	0.7184
8	X_{11} 人均电信业务	0.8877	17	X_5 人均外商直接投资额	0.3760
9	X_{12} 地方财政预算内收入	0.8664	18	Y_1 人才数量	0.9674

表 4.24　　　　　　2017 年甘肃省武威市人才环境和数量关联度排序

序号	指标	灰色关联度	序号	指标	灰色关联度
1	X₂第二三产业占 GDP 比重	0.9943	10	X₈人均城乡居民储蓄年末余额	0.8598
2	X₁₇人均绿地面积	0.9484	11	X₆职工平均工资	0.8556
3	X₁₄每万人拥有病床数	0.9399	12	X₃人均固定资产投资	0.8520
4	X₄人均社会消费品零售额	0.8876	13	X₉人均教育支出	0.8486
5	X₇城镇居民人均可支配收入	0.8868	14	X₁₃地方财政预算内支出	0.8454
6	X₁₁人均电信业务	0.8853	15	X₁₂地方财政预算内收入	0.8344
7	X₁人均 GDP	0.8811	16	X₅人均外商直接投资额	0.6366
8	X₁₆高等院校数量	0.8726	17	X₁₀人均科学事业费支出	0.3762
9	X₁₅人均公交客运次数	0.8636	18	Y₁人才数量	0.8709

表 4.25　　　　　　2017 年甘肃省张掖市人才环境和数量关联度排序

序号	指标	灰色关联度	序号	指标	灰色关联度
1	X₂第二三产业占 GDP 比重	0.9604	10	X₃人均固定资产投资	0.6329
2	X₁₆高等院校数量	0.9149	11	X₁₂地方财政预算内收入	0.6050
3	X₁₁人均电信业务	0.7666	12	X₈人均城乡居民储蓄年末余额	0.5891
4	X₁₄每万人拥有病床数	0.7366	13	X₆职工平均工资	0.5543
5	X₁₅人均公交客运次数	0.7340	14	X₁₃地方财政预算内支出	0.5477
6	X₁人均 GDP	0.7016	15	X₁₇人均绿地面积	0.5197
7	X₇城镇居民人均可支配收入	0.6681	16	X₅人均外商直接投资额	0.5128
8	X₄人均社会消费品零售额	0.6631	17	X₁₀人均科学事业费支出	0.4802
9	X₉人均教育支出	0.6599	18	Y₁人才数量	0.4282

表 4.26　　　　　　2017 年甘肃省平凉市人才环境和数量关联度排序

序号	指标	灰色关联度	序号	指标	灰色关联度
1	X₂第二三产业占 GDP 比重	0.9372	10	X₃人均固定资产投资	0.7399
2	X₁₄每万人拥有病床数	0.8503	11	X₁₃地方财政预算内支出	0.7391
3	X₅人均外商直接投资额	0.8310	12	X₈人均城乡居民储蓄年末余额	0.7215
4	X₁₂地方财政预算内收入	0.8276	13	X₁人均 GDP	0.7073
5	X₁₆高等院校数量	0.8177	14	X₁₅人均公交客运次数	0.6994
6	X₁₇人均绿地面积	0.8079	15	X₉人均教育支出	0.6553
7	X₆职工平均工资	0.7966	16	X₁₁人均电信业务	0.6223
8	X₇城镇居民人均可支配收入	0.7899	17	X₁₀人均科学事业费支出	0.3956
9	X₄人均社会消费品零售额	0.7582	17	Y₁人才数量	0.7929

表 4.27　　　　　2017 年甘肃省酒泉市人才环境和数量关联度排序

序号	指标	灰色关联度	序号	指标	灰色关联度
1	X_{16}高等院校数量	1.0000	10	X_4人均社会消费品零售额	0.7167
2	X_2第二三产业占 GDP 比重	0.9680	11	X_7城镇居民人均可支配收入	0.7135
3	X_{14}每万人拥有病床数	0.8653	12	X_9人均教育支出	0.6952
4	X_{11}人均电信业务	0.8647	13	X_{12}地方财政预算内收入	0.6944
5	X_{17}人均绿地面积	0.8023	14	X_3人均固定资产投资	0.6861
6	X_1人均 GDP	0.7749	15	X_{13}地方财政预算内支出	0.6474
7	X_8人均城乡居民储蓄年末余额	0.7514	16	X_{10}人均科学事业费支出	0.5485
8	X_6职工平均工资	0.7399	17	X_5人均外商直接投资额	0.4154
9	X_{15}人均公交客运次数	0.7308	18	Y_1人才数量	0.7555

表 4.28　　　　　2017 年甘肃省庆阳市人才环境和数量关联度排序

序号	指标	灰色关联度	序号	指标	灰色关联度
1	X_2第二三产业占 GDP 比重	0.9646	10	X_7城镇居民人均可支配收入	0.6104
2	X_{14}每万人拥有病床数	0.7667	11	X_9人均教育支出	0.6053
3	X_5人均外商直接投资额	0.6416	12	X_{13}地方财政预算内支出	0.5943
4	X_{17}人均绿地面积	0.6392	13	X_3人均固定资产投资	0.5906
5	X_{15}人均公交客运次数	0.6383	14	X_6职工平均工资	0.5724
6	X_{16}高等院校数量	0.6357	15	X_8人均城乡居民储蓄年末余额	0.5013
7	X_4人均社会消费品零售额	0.6253	16	X_{10}人均科学事业费支出	0.4913
8	X_{11}人均电信业务	0.6239	17	X_1人均 GDP	0.4729
9	X_{12}地方财政预算内收入	0.6180	1	Y_1人才数量	0.4647

表 4.29　　　　　2017 年甘肃省定西市人才环境和数量关联度排序

序号	指标	灰色关联度	序号	指标	灰色关联度
1	X_2第二三产业占 GDP 比重	0.9200	10	X_{13}地方财政预算内支出	0.6401
2	X_{17}人均绿地面积	0.7808	11	X_{12}地方财政预算内收入	0.6349
3	X_{14}每万人拥有病床数	0.7537	12	X_3人均固定资产投资	0.6190
4	X_4人均社会消费品零售额	0.7097	13	X_{10}人均科学事业费支出	0.6140
5	X_{11}人均电信业务	0.7068	14	X_6职工平均工资	0.5905
6	X_7城镇居民人均可支配收	0.6904	15	X_8人均城乡居民储蓄年末余额	0.5667
7	X_{16}高等院校数量	0.6723	16	X_1人均 GDP	0.5234
8	X_{15}人均公交客运次数	0.6707	17	X_5人均外商直接投资额	0.4059
9	X_9人均教育支出	0.6643	18	Y_1人才数量	0.6015

表 4.30　　　2017 年甘肃省陇南市人才环境和数量关联度排序

序号	指标	灰色关联度	序号	指标	灰色关联度
1	X_{16} 高等院校数量	1.000	10	X_5 人均固定资产投资	0.7499
2	X_2 第二三产业占 GDP 比重	0.9750	11	X_8 人均城乡居民储蓄年末余额	0.7258
3	X_{10} 人均科学事业费支出	0.8068	12	X_{11} 人均电信业务	0.7218
4	X_7 城镇居民人均可支配收入	0.8040	13	X_1 人均 GDP	0.6887
5	X_4 人均社会消费品零售额	0.7988	14	X_{12} 地方财政预算内收入	0.6854
6	X_{14} 每万人拥有病床数	0.7893	15	X_{15} 人均公交客运次数	0.4963
7	X_6 职工平均工资	0.7887	16	X_5 人均外商直接投资额	0.4171
8	X_{13} 地方财政预算内支出	0.7862	17	X_{17} 人均绿地面积	0.3894
9	X_9 人均教育支出	0.7846	18	Y_1 人才数量	0.5278

通过对重庆和甘肃省的 12 个典型城市进行分析发现，从整体上看，各城市的人才环境和人才数量关联度较高，但仍出现地区间发展不均衡的现象，这与各城市的经济实力、文化软实力，创新研发环境、公共政策环境、生活居住环境等一系列社会环境有着紧密的关系。具体分析如下：

（1）重庆市。表 4.18 中重庆市的人才环境共 17 个指标的关联度均在 0.5 以上，说明这 17 个指标对人才数量系统具有较大影响，都是吸引人才的重要因素。其中第二三产业占 GDP 比重（X_2）对人才数量系统影响程度最强，灰色关联度高达 0.9731，这表示地方的经济是吸引人才、留住人才的重要基础。第二、第三产业的发展，在刺激当地经济发展的同时，一定程度上还有助于改善生活居住环境，不断更新基础设施的建设以及提供更多的就业岗位。人才数量（Y_1）的灰色关联度是 0.6057，处于中等关联阶段，说明重庆市的人才环境提升潜力较大。

（2）兰州市。表 4.19 的数据显示，兰州市排前五的指标分别是第二三产业占 GDP 比重（X_2）、高等院校数量（X_{16}）、每万人拥有病床数（X_{14}）、人均电信业务（X_{11}）、人均绿地业务（X_{17}），灰色关联度均在 0.9 以上，灰色关联度已达到极高关联，其中前五名的指标绝大部分是生活居住环境。可看出兰州市政府对生活居住环境较为重视，这也是吸引人才的重要因素之一。从表 4.18 ~ 表 4.30 可看出，兰州市的人才数量指标关联度在所列举的所有城市中关联度是最高的，说明该市的人才环境指标对人才数量的影响较强。

（3）嘉峪关市。由表 4.20 可知，该市的人均科技事业费支出（X_{10}）、人均教育支出（X_9）与人才数量的关联度较低，处于中等关联阶段。一个地方的科技与教育支出较少，直接或间接影响了当地的经济与人才数量，正所谓"科教兴国"，一个地方不重视科教的支出，将会阻碍当地的综合实力的发展。嘉峪关市的高等院校数量（X_{16}）指标的关联度虽达到最高值，但上网查阅资料可知，该市 2002～2017 年只有 1 所高等院校，对人才的培育力度较弱。

（4）金昌市。由表 4.21 可知，该市的人才数量（Y_1）指标的关联度是 0.5243，属于中等关联。通过这个数据可看出该市有着良好的人才环境。例如，表 4.21 中的人均社会消费品零售额（X_4）、人均城乡居民储蓄年末余额（X_8）、地方财政预算内支出（X_{13}）、人均教育支出（X_9）、人均电信业务（X_{11}）、人均公交客运次数（X_{15}）、人均科学事业费支出（X_{10}）六个指标虽然在人才环境系统中排名偏后，但都在 0.45 以上，处于中等关联甚至高关联阶段，说明金昌市的人才环境对人才数量的影响程度较大。

（5）白银市和天水市。从整体上看，表 4.22 中白银市的人才环境指标和人才数量指标的灰色关联度呈现出较高水平，体现人才环境系统对人才数量系统至关重要。其中人均外商直接投资额（X_5）指标的关联度低至 0.3835，从而影响了当地的产业结构以及经济发展。白银市在吸引外资投资方面不占优势，但在其他人才环境方面得到了全面发展。天水市的各项指标和白银市的各项指标相差无几（见表 4.23），在经济、文化、社会等方面都有较好的发展，从而有更多的人才愿意留在该市工作。

综上所述，通过分析前六个城市，发现了共性和个性特征。总之，人才环境的质量决定了人才聚集的规模大小。兰州市、白银市、天水市、武威市、平凉市、酒泉市等城市的人才数量的灰色关联度极强，说明政府更加注重对经济、文化、社会这三个方面发展，这些因素也是吸引人才的重要原因。

4.2.3.2　综合指数和耦合协调度测算分析

本书根据人才环境、人才数量综合评价函数以及耦合协调度测算模型，运用 Excel 软件计算出 2002～2017 年的人才环境与人才数量系统的综合评价值、耦合度与耦合协调指数，并进行耦合协调度等级划分，结果见表 4.31～表 4.43。

表 4.31　　　　重庆市人才环境与人才数量耦合协调指数及等级划分

年份	$f(x)$	$g(y)$	综合评价值	耦合度	耦合协调度	耦合协调等级
2002	0.0534	0.0005	0.0270	0.2004	0.0735	极度失调
2003	0.0698	0.0025	0.0361	0.3629	0.1145	严重失调
2004	0.1167	0.0042	0.0605	0.3681	0.1492	严重失调

续表

年份	$f(x)$	$g(y)$	综合评价值	耦合度	耦合协调度	耦合协调等级
2005	0.1544	0.0060	0.0802	0.3803	0.1746	严重失调
2006	0.1925	0.0081	0.1003	0.3926	0.1984	严重失调
2007	0.2158	0.0114	0.1136	0.4374	0.2229	中度失调
2008	0.3051	0.0145	0.1598	0.4157	0.2577	中度失调
2009	0.3837	0.0145	0.1991	0.3750	0.2733	中度失调
2010	0.4402	0.0164	0.2283	0.3726	0.2917	中度失调
2011	0.5037	0.0198	0.2617	0.3814	0.3159	轻度失调
2012	0.5807	0.0248	0.3027	0.3962	0.3463	轻度失调
2013	0.6384	0.0308	0.3346	0.4189	0.3743	轻度失调
2014	0.6840	0.0361	0.3600	0.4362	0.3963	轻度失调
2015	0.7600	0.0390	0.3995	0.4308	0.4149	濒临失调
2016	0.8267	0.0450	0.4358	0.4425	0.4392	濒临失调
2017	0.8366	0.0552	0.4459	0.4820	0.4636	濒临失调

表 4.32　甘肃省兰州市人才环境与人才数量耦合协调指数及等级划分

年份	$f(x)$	$g(y)$	综合评价值	耦合度	耦合协调度	耦合协调等级
2002	0.0773	0.0091	0.0432	0.6137	0.0169	极度失调
2003	0.1014	0.0133	0.0573	0.6397	0.0229	极度失调
2004	0.1704	0.0134	0.0919	0.5198	0.0331	极度失调
2005	0.1368	0.0004	0.0686	0.1125	0.0115	极度失调
2006	0.1668	0.0114	0.0891	0.4894	0.0312	极度失调
2007	0.1845	0.0115	0.0980	0.4698	0.0336	极度失调
2008	0.2285	0.0198	0.1241	0.5417	0.0457	极度失调
2009	0.2646	0.0238	0.1442	0.5502	0.0535	极度失调
2010	0.3496	0.0323	0.1909	0.5563	0.0712	极度失调
2011	0.3596	0.0317	0.1957	0.5459	0.0723	极度失调
2012	0.3849	0.0357	0.2103	0.5574	0.0785	极度失调
2013	0.3959	0.0394	0.2177	0.5735	0.0824	极度失调
2014	0.3917	0.0387	0.2152	0.5720	0.0814	极度失调
2015	0.5055	0.0440	0.2748	0.5430	0.1012	严重失调
2016	0.6112	0.0432	0.3272	0.4964	0.1153	严重失调
2017	0.5973	0.0397	0.3185	0.4835	0.1107	严重失调

表 4.33　甘肃省嘉峪关市人才环境与人才数量耦合协调指数及等级划分

年份	$f(x)$	$g(y)$	综合评价值	耦合度	耦合协调度	耦合协调等级
2002	0.0565	0.0004	0.0285	0.1701	0.0696	极度失调
2003	0.0911	0.0064	0.0487	0.4955	0.1554	严重失调
2004	0.1737	0.0018	0.0877	0.2006	0.1327	严重失调
2005	0.1997	0.0004	0.1001	0.0909	0.0954	极度失调
2006	0.2110	0.0172	0.1141	0.5284	0.2456	极度失调
2007	0.2959	0.0233	0.1596	0.5204	0.2882	极度失调
2008	0.3169	0.0288	0.1728	0.5528	0.3091	轻度失调
2009	0.2985	0.0419	0.1702	0.6568	0.3343	轻度失调
2010	0.3094	0.0150	0.1622	0.4202	0.2611	极度失调
2011	0.3515	0.0252	0.1884	0.4999	0.3069	轻度失调
2012	0.4034	0.0326	0.2180	0.5263	0.3387	轻度失调
2013	0.4258	0.0109	0.2184	0.3120	0.2610	极度失调
2014	0.4499	0.0184	0.2341	0.3881	0.3014	轻度失调
2015	0.4893	0.0199	0.2546	0.3879	0.3143	轻度失调
2016	0.4706	0.0183	0.2444	0.3792	0.3044	轻度失调
2017	0.4600	0.0083	0.2342	0.2645	0.2489	极度失调

表 4.34　甘肃省金昌市人才环境与人才数量耦合协调指数及等级划分

年份	$f(x)$	$g(y)$	综合评价值	耦合度	耦合协调度	耦合协调等级
2002	0.0450	0.0089	0.0270	0.7425	0.1415	严重失调
2003	0.0609	0.0311	0.0460	0.9459	0.2086	中度失调
2004	0.1085	0.0168	0.0627	0.6808	0.2065	中度失调
2005	0.1326	0.0005	0.0665	0.1176	0.0885	极度失调
2006	0.1651	0.0142	0.0897	0.5400	0.2200	中度失调
2007	0.3239	0.0466	0.1852	0.6634	0.3506	轻度失调
2008	0.2605	0.0287	0.1446	0.5983	0.2942	中度失调
2009	0.2810	0.0159	0.1484	0.4506	0.2586	中度失调
2010	0.3485	0.0168	0.1826	0.4189	0.2766	中度失调
2011	0.3793	0.0147	0.1970	0.3795	0.2734	中度失调
2012	0.4571	0.0148	0.2359	0.3482	0.2866	中度失调
2013	0.4994	0.0174	0.2584	0.3611	0.3055	轻度失调
2014	0.5188	0.0265	0.2727	0.4302	0.3425	轻度失调
2015	0.5395	0.0143	0.2769	0.3177	0.2966	中度失调
2016	0.5634	0.0139	0.2887	0.3066	0.2975	中度失调
2017	0.5475	0.0222	0.2849	0.3873	0.3322	轻度失调

表 4.35　　甘肃省白银市人才环境与人才数量耦合协调指数及等级划分

年份	$f(x)$	$g(y)$	综合评价值	耦合度	耦合协调度	耦合协调等级
2002	0.0188	0.0054	0.0121	0.8343	0.1007	严重失调
2003	0.0556	0.0314	0.0435	0.9606	0.2044	中度失调
2004	0.0556	0.0006	0.0281	0.2016	0.0752	极度失调
2005	0.0888	0.0217	0.0552	0.7942	0.2095	中度失调
2006	0.1586	0.0373	0.0980	0.7855	0.2774	中度失调
2007	0.2114	0.0288	0.1201	0.6498	0.2793	中度失调
2008	0.2878	0.0258	0.1568	0.5495	0.2935	中度失调
2009	0.3412	0.0510	0.1961	0.6727	0.3632	轻度失调
2010	0.3740	0.0293	0.2016	0.5191	0.3235	轻度失调
2011	0.5162	0.0302	0.2732	0.4572	0.3534	轻度失调
2012	0.5914	0.0472	0.3193	0.5233	0.4088	濒临失调
2013	0.6040	0.0582	0.3311	0.5664	0.4331	濒临失调
2014	0.6444	0.0467	0.3455	0.5020	0.4165	濒临失调
2015	0.6761	0.0116	0.3439	0.2572	0.2974	中度失调
2016	0.7953	0.0185	0.4069	0.2981	0.3483	轻度失调
2017	0.7664	0.0200	0.3932	0.3146	0.3517	轻度失调

表 4.36　　甘肃省天水市人才环境与人才数量耦合协调指数及等级划分

年份	$f(x)$	$g(y)$	综合评价值	耦合度	耦合协调度	耦合协调等级
2002	0.1506	0.0423	0.0965	0.8277	0.2826	中度失调
2003	0.1185	0.0276	0.0731	0.7826	0.2391	中度失调
2004	0.1502	0.0104	0.0803	0.4928	0.1989	严重失调
2005	0.1556	0.0503	0.1030	0.8592	0.2974	中度失调
2006	0.2258	0.0424	0.1341	0.7297	0.3129	轻度失调
2007	0.1805	0.0216	0.1010	0.6179	0.2498	中度失调
2008	0.1923	0.0400	0.1161	0.7549	0.2961	中度失调
2009	0.2301	0.0005	0.1153	0.0928	0.1035	严重失调
2010	0.2552	0.0133	0.1342	0.4338	0.2413	中度失调
2011	0.3730	0.0245	0.1988	0.4808	0.3091	轻度失调
2012	0.4146	0.0347	0.2246	0.5337	0.3462	轻度失调
2013	0.5009	0.0408	0.2709	0.5280	0.3782	轻度失调
2014	0.5809	0.0409	0.3109	0.4959	0.3927	轻度失调
2015	0.6308	0.0100	0.3204	0.2474	0.2815	中度失调
2016	0.7038	0.0263	0.3651	0.3728	0.3689	轻度失调
2017	0.6933	0.0190	0.3562	0.3226	0.3390	轻度失调

表 4.37　　甘肃省武威市人才环境与人才数量耦合协调指数及等级划分

年份	$f(x)$	$g(y)$	综合评价值	耦合度	耦合协调度	耦合协调等级
2002	0.0551	0.0279	0.0415	0.9448	0.1980	严重失调
2003	0.0602	0.0026	0.0314	0.3995	0.1120	严重失调
2004	0.0581	0.0054	0.0318	0.5590	0.1332	严重失调
2005	0.0900	0.0451	0.0675	0.9431	0.2523	中度失调
2006	0.1195	0.0027	0.0611	0.2916	0.1335	严重失调
2007	0.1686	0.0004	0.0845	0.1026	0.0931	极度失调
2008	0.1569	0.0015	0.0792	0.1908	0.1229	严重失调
2009	0.1682	0.0120	0.0901	0.4991	0.2121	中度失调
2010	0.1789	0.0129	0.0959	0.5010	0.2192	中度失调
2011	0.2361	0.0092	0.1226	0.3806	0.2160	中度失调
2012	0.3418	0.0082	0.1750	0.3021	0.2299	中度失调
2013	0.3952	0.0293	0.2123	0.5071	0.3281	轻度失调
2014	0.5141	0.0320	0.2731	0.4697	0.3581	轻度失调
2015	0.5811	0.0450	0.3131	0.5166	0.4022	濒临失调
2016	0.8779	0.0384	0.4582	0.4007	0.4285	濒临失调
2017	0.5987	0.0347	0.3167	0.4552	0.3797	轻度失调

表 4.38　　甘肃省张掖市人才环境与人才数量耦合协调指数及等级划分

年份	$f(x)$	$g(y)$	综合评价值	耦合度	耦合协调度	耦合协调等级
2002	0.0361	0.0008	0.0185	0.2879	0.0729	极度失调
2003	0.1334	0.0051	0.0693	0.3760	0.1614	严重失调
2004	0.1513	0.0029	0.0771	0.2706	0.1444	严重失调
2005	0.2027	0.0790	0.1408	0.8984	0.3557	轻度失调
2006	0.2069	0.0056	0.1062	0.3194	0.1842	严重失调
2007	0.2859	0.0023	0.1441	0.1790	0.1606	严重失调
2008	0.2540	0.0085	0.1312	0.3534	0.2154	中度失调
2009	0.3231	0.0086	0.1658	0.3172	0.2293	中度失调
2010	0.3356	0.0050	0.1703	0.2415	0.2028	中度失调
2011	0.4322	0.0109	0.2215	0.3098	0.2620	中度失调
2012	0.4871	0.0116	0.2494	0.3017	0.2743	中度失调
2013	0.5840	0.0246	0.3043	0.3939	0.3462	轻度失调
2014	0.5357	0.0308	0.2833	0.4533	0.3583	轻度失调
2015	0.6674	0.0405	0.3540	0.4647	0.4056	濒临失调
2016	0.7346	0.0428	0.3887	0.4561	0.4211	濒临失调
2017	0.7218	0.0341	0.3779	0.4150	0.3960	轻度失调

表 4.39　　甘肃省平凉市人才环境与人才数量耦合协调指数及等级划分

年份	$f(x)$	$g(y)$	综合评价值	耦合度	耦合协调度	耦合协调等级
2002	0.0497	0.0080	0.0288	0.6896	0.1410	严重失调
2003	0.0643	0.0086	0.0364	0.6448	0.1532	严重失调
2004	0.0666	0.0203	0.0434	0.8465	0.1918	严重失调
2005	0.1233	0.0075	0.0654	0.4659	0.1746	严重失调
2006	0.1059	0.0003	0.0531	0.0991	0.0725	极度失调
2007	0.1190	0.0026	0.0608	0.2880	0.1323	严重失调
2008	0.1775	0.0097	0.0936	0.4426	0.2035	中度失调
2009	0.1992	0.0149	0.1071	0.5094	0.2336	中度失调
2010	0.2380	0.0120	0.1250	0.4274	0.2311	中度失调
2011	0.2672	0.0132	0.1402	0.4234	0.2437	中度失调
2012	0.3585	0.0162	0.1874	0.4067	0.2760	中度失调
2013	0.3665	0.0084	0.1875	0.2955	0.2354	中度失调
2014	0.5153	0.0264	0.2708	0.4303	0.3414	轻度失调
2015	0.4500	0.0069	0.2285	0.2444	0.2363	中度失调
2016	0.7360	0.0046	0.3703	0.1568	0.2410	中度失调
2017	0.7823	0.0057	0.3940	0.1690	0.2581	中度失调

表 4.40　　甘肃省酒泉市人才环境与人才数量耦合协调指数及等级划分

年份	$f(x)$	$g(y)$	综合评价值	耦合度	耦合协调度	耦合协调等级
2002	0.0839	0.0035	0.0437	0.3929	0.1311	严重失调
2003	0.1007	0.0028	0.0518	0.3261	0.1299	严重失调
2004	0.1087	0.0063	0.0575	0.4552	0.1618	严重失调
2005	0.1540	0.0006	0.0773	0.1268	0.0990	轻度失调
2006	0.2211	0.0173	0.1192	0.5183	0.2485	中度失调
2007	0.2668	0.0119	0.1394	0.4050	0.2376	中度失调
2008	0.3289	0.0233	0.1761	0.4967	0.2957	中度失调
2009	0.4404	0.0294	0.2349	0.4844	0.3374	轻度失调
2010	0.5325	0.0361	0.2843	0.4878	0.3724	轻度失调
2011	0.4814	0.0217	0.2515	0.4062	0.3196	轻度失调
2012	0.6018	0.0625	0.3322	0.5839	0.4404	濒临失调
2013	0.5729	0.0573	0.3151	0.5749	0.4256	濒临失调
2014	0.6435	0.0630	0.3533	0.5701	0.4488	濒临失调
2015	0.6465	0.0397	0.3431	0.4672	0.4004	濒临失调
2016	0.6646	0.0481	0.3564	0.5018	0.4229	濒临失调
2017	0.6879	0.0219	0.3549	0.3457	0.3503	轻度失调

表 4.41　甘肃省庆阳市人才环境与人才数量耦合协调指数及等级划分

年份	$f(x)$	$g(y)$	综合评价值	耦合度	耦合协调度	耦合协调等级
2002	0.1289	0.0008	0.0648	0.1570	0.1009	严重失调
2003	0.1405	0.0017	0.0711	0.2194	0.1249	严重失调
2004	0.1539	0.0049	0.0794	0.3459	0.1657	严重失调
2005	0.1363	0.0021	0.0692	0.2471	0.1308	严重失调
2006	0.1525	0.0023	0.0774	0.2412	0.1366	严重失调
2007	0.1931	0.0014	0.0973	0.1719	0.1293	严重失调
2008	0.2355	0.0035	0.1195	0.2407	0.1696	严重失调
2009	0.2799	0.0194	0.1497	0.4928	0.2716	中度失调
2010	0.3253	0.0149	0.1701	0.4099	0.2641	中度失调
2011	0.4641	0.0247	0.2444	0.4379	0.3272	轻度失调
2012	0.4098	0.0317	0.2208	0.5166	0.3377	轻度失调
2013	0.4654	0.0387	0.2520	0.5323	0.3662	轻度失调
2014	0.5459	0.0694	0.3076	0.6326	0.4411	濒临失调
2015	0.7033	0.0812	0.3922	0.6092	0.4888	濒临失调
2016	0.7822	0.0609	0.4216	0.5179	0.4673	濒临失调
2017	0.7101	0.0428	0.3764	0.4630	0.4175	濒临失调

表 4.42　甘肃省定西市人才环境与人才数量耦合协调指数及等级划分

年份	$f(x)$	$g(y)$	综合评价值	耦合度	耦合协调度	耦合协调等级
2002	0.0687	0.0021	0.0354	0.3379	0.1094	严重失调
2003	0.3103	0.0002	0.1552	0.0539	0.0914	极度失调
2004	0.1187	0.0034	0.0610	0.3277	0.1414	严重失调
2005	0.0780	0.0070	0.0425	0.5508	0.1530	严重失调
2006	0.1191	0.0113	0.0652	0.5637	0.1917	严重失调
2007	0.1759	0.0143	0.0951	0.5278	0.2241	中度失调
2008	0.2191	0.0228	0.1209	0.5839	0.2657	中度失调
2009	0.2746	0.0071	0.1408	0.3131	0.2100	中度失调
2010	0.2724	0.0081	0.1402	0.3348	0.2167	中度失调
2011	0.3209	0.0104	0.1657	0.3490	0.2404	中度失调
2012	0.3896	0.0055	0.1975	0.2340	0.2150	中度失调
2013	0.4066	0.0088	0.2077	0.2886	0.2448	中度失调
2014	0.4873	0.0097	0.2485	0.2761	0.2619	中度失调
2015	0.5147	0.0079	0.2613	0.2448	0.2529	中度失调
2016	0.6043	0.0173	0.3108	0.3288	0.3197	轻度失调
2017	0.5679	0.0132	0.2905	0.2977	0.2941	中度失调

表 4.43   甘肃省陇南市人才环境与人才数量耦合协调指数及等级划分

年份	$f(x)$	$g(y)$	综合评价值	耦合度	耦合协调度	耦合协调等级
2002	0.0630	0.0059	0.0345	0.5611	0.1391	严重失调
2003	0.0718	0.0062	0.0390	0.5411	0.1453	严重失调
2004	0.0617	0.0134	0.0375	0.7649	0.1694	严重失调
2005	0.0848	0.0616	0.0732	0.9874	0.2688	中度失调
2006	0.2280	0.0006	0.1143	0.1032	0.1086	严重失调
2007	0.1547	0.0032	0.0790	0.2835	0.1496	严重失调
2008	0.1675	0.0007	0.0841	0.1328	0.1057	严重失调
2009	0.2958	0.0007	0.1483	0.0955	0.1190	严重失调
2010	0.2125	0.0120	0.1122	0.4495	0.2246	中度失调
2011	0.2591	0.0089	0.1340	0.3586	0.2192	中度失调
2012	0.2909	0.0090	0.1499	0.3404	0.2259	中度失调
2013	0.3401	0.0104	0.1753	0.3391	0.2438	中度失调
2014	0.5573	0.0135	0.2854	0.3038	0.2944	中度失调
2015	0.5690	0.0115	0.2902	0.2786	0.2844	中度失调
2016	0.6506	0.0210	0.3358	0.3478	0.3418	轻度失调
2017	0.5704	0.0251	0.2977	0.4015	0.3457	轻度失调

（1）根据表 4.31 ~ 表 4.43，从整体上看，这些城市的耦合协调度不容乐观，均出现失调的现象，耦合协调度呈波动上升，极其不稳定。

从表 4.31 可知，重庆市人才环境的综合评价值从 2002 年的 0.0534 增长到了 2017 年的 0.8366，增长了 78.32 个百分点，增速明显。人才数量综合评价值从 2002 年的 0.0005 增长到 2017 年的 0.0552，增长幅度较小。纵观这 16 年的变化，近年来重庆市的人才环境和人才数量综合指数增率较大，追其原因离不开政府政策的不断调整和完善。在 2000 年时，重庆市人民政府为了落实党中央、国务院实施西部大开发战略部署，决定进一步改善和优化本市的人才环境，坚持"用好现有人才、引进急需人才、留住关键人才、培养适用人才、储备未来人才"的方针，建立和运用好的政策、服务、环境等一系列人才开发机制，促使更多人才集聚于此。2017 年重庆为引进人才，实施"鸿雁计划"，提供引进福利，增强人才定居于此的意愿。从重庆市两大产业的综合评价值变化的情况来看，人才环境和人才数量磨合得越来越好，人才数量也在不断地提升。从 2002 年的 0.0270 增长到 2017 年的 0.4459，增长了 15.51 倍。人才环境和人才数量系统迅猛增长，说明重庆市的人才环境和数量处于上升期，政府应抓住机会向前发展。

从表 4.32 的数据分析显示，兰州人才环境的综合评价值从 2002 年的 0.0773 增长到 2017 年的 0.5973，与重庆市相比较略显优势；人才数量综合评价值 2002 年是 0.0091，2017 年比 2002 年增加 0.0306。由表 4.33 可知，嘉峪关市的人才环境综合评价值从 2002 年的 0.0565 增长到 2017 年的 0.4600；人才数量综合评价值从 2002 年的 0.0004 到 2017 年的 0.0083，这 16 年增幅微乎其微，说明该市应该重视对人才环境方面的提升。由表 4.34 可知，金昌市的人才环境综合评价值在 2002 年时是 0.0450，2017 年增长到 0.5475；人才数量综合评价值从 2002 年的 0.0089 增长到 2017 年的 0.0222。白银市的人才环境综合评价值从 2002 年的 0.0188 增长到 2017 年的 0.7664，2017 年与 2002 年相比增加了 0.7476，增加迅速；人才数量综合评价值从 2002 的 0.0054 增长到 2017 年的 0.0200（见表 4.35）。天水市 2002 年的人才环境综合评价值为 0.1506，2007 年增长到 0.6933（见表 4.36）。武威市的人才环境综合评价值从 2002 年的 0.0551 增长到 2017 年的 0.5987；人才数量综合评价值从 2002 年的 0.0279 增长到 2017 年的 0.0347（见表 4.37）。张掖市的人才环境综合评价值从 2002 年的 0.0361 增长到 2017 年的 0.7218；人才数量综合评价值从 2002 年的 0.0008 增长到 2017 年的 0.0341，其间呈波动增长的趋势（见表 4.38）。平凉市的人才环境综合评价值从 2002 年 0.0497 增长到了 2017 年的 0.7823，呈现出飞速增长的趋势；人才数量综合评价值从 2002 年的 0.0080 减少到 2017 年的 0.0057，与人才环境综合评价值呈负相关（见表 4.39）。酒泉市在 2002 年时，人才环境综合评价值为 0.0839，2017 年增长到 0.6879，增速显著；人才数量从 2002 年的 0.0035 增长到 2017 年的 0.0219，增幅较小（见表 4.40）。庆阳市的人才环境综合评价值在 2002 年时为 0.1289，2017 年相较 2002 年增长了 0.5812；人才数量综合评价值从 2002 年的 0.0008 增长到了 2017 年的 0.0428（见表 4.41）。定西市的人才环境数量综合评价值从 2002 年的 0.0687 增长到 2017 年的 0.5679；人才数量综合评价值从 2002 年的 0.0021 增长到了 2017 年的 0.0132，增加速度甚缓（见表 4.42）。陇南市的人才环境综合评价指数从 2002 年的 0.0630 增长到 2017 年的 0.5704，与定西市的增速相差无几；人才数量的综合评价值从 2002 年的 0.0059 增长到 2017 年的 0.0251（见表 4.43）。总的来说，甘肃省各大城市的人才环境、人才数量呈现上升趋势，只有个别城市出现了下降的趋势，出现这一问题值得政府相关部门反思。

从甘肃省各城市两大系统的综合评价值的变化情况看，各城市的人才环境和人才数量耦合协调变化趋势各不相同。兰州市从 2002 年的 0.0432 增长到 2017 年的 0.3185，增长了大约 6.37 倍，这说明省会城市的发展潜力巨大。嘉峪关市从 2002 年的 0.0285 变化到了 2017 年的 0.2342，相比之下增长了 0.2057。金昌市从 2002 年的 0.0270 增长到 2017 年的 0.2849，大约增长了 9.55 倍，呈飞速增长的趋势，说明该市的人才环境和人才数量发展较好，提升空间巨大。白银市从 2002 年的 0.0121 增长到 2017 年的 0.3932，其间呈现波动上升的趋势。天水市从 2002 年的 0.0965 增长到 2017 年的 0.3562，呈现螺旋式的上升趋势。武威市在 2002 年时综合评价值为 0.0415，2017 年比 2002 年增长了 0.2752。张掖市从 2002 年的 0.0185 增长到了 2017 年的 0.3779，增速明显，表明该市的人才环境发展得越来越好，吸引了更多的人才定居于此。平凉市从 2002 年的 0.0288 增长到 2017 年的 0.3940，大约增长了 12.68 倍，可看出平凉市的人才环境发展前景较为乐观。酒泉市从 2002 年的 0.0437 增长到 2017 年的 0.3549，其间呈现波浪式的上升趋势。庆阳市从 2002 年 0.0648 增长到 2017 年的 0.3764。定西市从 2002 年 0.0354 增长到 2017 年的 0.2905，与其他城市相比其增速较为缓慢。陇南市从 2002 年的 0.0345 增长到 2017 年的 0.2977，其间呈现波浪式的上升趋势，说明陇南市的人才环境、人才数量具有不稳定性，政府部门需改善人才环境，提升服务质量，增强人才选择本市的意愿。

（2）从表 4.31 ~ 表 4.43 还可以看出，重庆市和甘肃省的 12 个城市的人才环境和人才数量的耦合协调等级主要历经了极度失调、严重失调、中度失调、轻度失调、濒临失调五个阶段，各个城市的人才环境和人才数量的契合度较低。因此，各地方政府应制定相应的人才政策，进一步引进更多优秀的人才为城市的综合实力发展作出贡献。

重庆市 2009 年前，人才环境和人才数量耦合协调度处于逐年上升的状态，政府从创新人才分配政策、改善人才生活待遇、完善人才服务功能、优化人才成长的环境等方面入手，不断改善和提升重庆市人才环境，力求人才数量的提升。2009 年以后，人才环境和人才数量两大系统的耦合度不断融合，从轻微失调转向濒临失调这个临界点，16 年来重庆市这两大系统一直处于失调状态，人才数量不尽如人意。党的十九大后，重庆市加快人才强市的建设，提出"近悦远来"的目标，打响人才品牌，着力搭建人才平台，提供干事创业舞台，加快了人才集聚的步伐。

兰州市在 2014 年前，人才环境和人才数量的耦合协调度处于极度失调的状态，2014 年以后处于严重失调的状态，说明兰州市的人才环境与人才数量不匹配。嘉峪关市在 2002 ~ 2019 年中耦合协调度以波动的方式上升，人才环境和人才数量的发展情况起伏不定。金昌市的耦合协调度从 2002 年的 0.1415 增长到 2017 年的 0.3322，处于失调的状态，说明金昌市政府应加强人才环境的建设。白银市在 2012 ~ 2014 年处于濒临失调的阶段，2014 年以后耦合协调度等级开始出现下降的趋势，白银市的人才机制没有健全，留住人才和吸引人才方面的能力较弱。天水市的耦合协调度绝大多数在 0.2～0.4 徘徊不定，耦合协调度增长速度慢，究其原因在于该市的人才环境不足以吸引人才。武威市耦合协调度在 2009 年以前低于 0.2（2005 年除外），在 2019 年以后高于 0.2，虽然还是处于失调的阶段，但武威市的人均 GDP 处于上升阶段，这意味着该市的发展潜力巨大。张掖市、平凉市、酒泉市、庆阳市、定西市、陇南市这六大城市的耦合协调度都呈现上升趋势，但人才环境还有待加强。综上分析可知，人才环境城市等级越高，人才环境与人才集聚耦合协调度就越高。

4.3　本章小结

本章采用内容分析、主成分分析等方法构建了人才环境指标体系，检验了模型的信度和效度。采用熵值法确定了指标体系权重，在此基础上测算出 2002～2017 年西部典型城市各项人才环境指数。进一步采用协调度和障碍度模型分析了西部典型城市人才环境发展协调度及主要影响因子，为人才环境优化制定精准政策提供理论基础。最后，采用灰色关联分析、耦合协调度分析验证了人才环境对人才集聚的影响。本章主要研究发现如下：

（1）人才环境指标模型包括经济就业环境、创新研发环境、公共政策环境和生活居住环境四个维度一共 17 项指标，该理论模型具有较好的信度和效度。

（2）西部人才环境指数低于东部地区，与中部地区不相上下，2002～2017 年各项指数增长高于东部地区，但低于中部地区，总体而言西部城市人才环境竞争力不足。分省份看，内蒙古各城市人才环境指数整体较高，云南各城市人才环境指数整体较低，而四川、甘肃、广西、陕西等省份不同城市人才环境指数差异较大。分城市看，省会（首府）和经济强市的人才环境指数更高，而重庆作为西部地区唯一一个直辖市，各项人才环境指数在西部地区排名均非常靠前。

（3）西部人才环境发展协调度增长较快，但多数城市仍处于较低水平及以下的协调程度。人才环境协调度的阻碍因子从强到弱依次为创新研发环境、生活居住环境、经济就业环境和公共政策环境，而人均科学事业费支出、人均绿地面积、高等院校数量、人均教育支出和人均公交客运次数等是人才环境协调建设的重点指标。

（4）重庆市人才环境和人才数量的灰色关联度较高，其中影响程度最高、最强的是第二三产业占 GDP 比重、高等院校数量、人均电信业务、人均公交客运次数；甘肃省从总体来看灰色关联度不低于重庆，影响程度较高的指标是第二三产业占 GDP 比重、高等院校数量、每万人拥有病床数、人均绿地面积。

（5）2002～2017 年重庆和甘肃省 12 个城市的人才环境和人才数量综合评价指数总体呈现上升趋势，但是增长速度较缓，平凉市的人才数量综合评价指数有下降的趋势。重庆和甘肃人才环境与人才集聚两大系统的耦合协调度变化微弱，波动不大，一直处于失调状态，即两省市的人才环境和人才数量协调度仍有待提升。

第5章　西部城市人才需求现状分析

本章在文献分析和实地调研的基础上，以西部企业员工为调查对象，首先运用因子分析法建立人才需求结构模型，并描述企业人才需求满足现状，以及对需求满足在不同单位、职位、工作以及人口学类型上的差异分析，其次采用层次回归分析法研究需求满足对不同类别企业人才流动意愿的影响，最后探究人才环境与人才需求对人才集聚的共同作用机制，以及社会网络在其中所起的调节效应。

5.1　人才需求结构模型的构建与现状评价

5.1.1　指标选取与探索性因子分析

笔者通过文献分析与调研座谈两种途径获取企业人才需求指标，首先对人才需求相关研究著作、核心期刊论文和报告等进行内容分析，并通过德尔菲方法初步筛选指标；其次通过开展与企业代表座谈会、参与聆听政府人才集聚工作会议、电话访谈等方式，获取人才集聚相关文件资料、了解企业人才吸引和稳定的现状与问题。在此基础上最终确定《企业人才需求调查问卷》，问卷包括个人基本信息、需求满足现状、职业流动意愿以及人才发展环境整体评价等部分，详见附录6。本研究向西部99家企业一共1517名员工发放调查问卷，回收有效问卷1446份，有效回收率95.3%，样本基本信息见表5.1。

表5.1　　　　　　　　　　　　问卷调查样本信息

变量	类别	频数	百分比（%）
性别	男	745	51.9
	女	691	48.1

变量	类别	频数	百分比（%）
年龄	25 岁及以下	250	17.3
	26～30 岁	449	31.1
	31～35 岁	349	24.2
	36～40 岁	222	15.4
	41～50 岁	150	10.4
	51 岁及以上	24	1.7
学历（含在职）	高中（中专、职高、中技）及以下	208	14.4
	大学专科（高职、高专、高技）	404	27.9
	大学本科	670	46.3
	硕士研究生	152	10.5
	博士研究生	12	0.8
人才户口所在地	工作所在地城市	1168	81.6
	其他城市	263	18.4
人才所在单位性质	国有企业（含国有控股）	511	35.5
	民营企业	476	33.1
	外资企业	143	9.9
	合资企业	281	19.5
	其他	28	1.9
人才类型	经营管理类	752	52.8
	专业技术类	358	25.1
	技能操作类	138	9.7
	其他	177	12.4
是否享受当地特殊人才政策待遇	是	43	3.0
	否	1399	97.0
到 J 区企业工作的方式	通过特殊人才政策引进	17	1.2
	企业招聘引入	1117	77.6
	猎头公司等人才介绍机构引入	40	2.8
	企业内部员工推荐进入	145	10.1
	人事外包机构引入	12	0.8
	其他	108	7.5

续表

变量	类别	频数	百分比（%）
工作年限	1 年以内	290	20.1
	1~3 年	448	31.1
	4~5 年	286	19.9
	6 年及以上	416	28.9
全年工资收入（税前）	3 万元及以下	142	9.9
	3.1 万~8 万元	803	55.8
	8.1 万~12 万元	296	20.6
	12.1 万~20 万元	142	9.9
	20.1 万~30 万元	33	2.3
	30.1 万元及以上	15	1.0

回收问卷按照时间先后顺序分为两部分，分别用于探索性因子分析和验证性因子分析。采用 SPSS 22.0 统计软件对其中的 723 份调查数据进行探索性因子分析，因子分析结果 KMO = 0.931，Bartlett 球形检验值为 10873.052，$p < 0.000$，表明样本适合进行因子分析。通过主成分分析和方差最大正交旋转，删除载荷量小于 0.40 的项目，提取特征根值大于 1 的 4 个因子，累积方差贡献率达 66.798%，因素分析的检验结果见图 5.1。

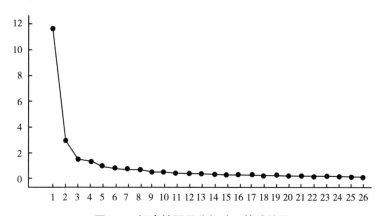

图 5.1　探索性因子分析碎石检验结果

人才需求结构模型包括 4 个因子，共 18 个条目。根据内容分别将因子命名为：（1）产业发展需求。它包括了所从事产业的从业人员普遍收入高、所从事产业聚集了很多优秀人才、所从事产业发展潜力大、所从事产业内就业机会多等 4 个条目，该因子方差贡献率为 44.849%。（2）公共服务需求。它包括工作所在区域经济发展水平高、工作所在区域未来发展潜力强、工作所在区域公共服务与设施良好、工作所在区域环境质量和居住条件好等4个条目，该因子方差贡献率为11.357%。（3）事业成长需求。它包括人际关系良好、能获得工作成就感、所在单位发展前景广阔、所在单位工作环境和条件良好、所在单位重视创新研发、所在单位管理规范科学等6个条目，该因子方差贡献率为5.610%。（4）基本生存需求。它包括薪酬待遇高、住房条件好、工作稳定、工作地点离家近等4个条目，该因子方差贡献率为4.981%。人才需求结构模型各因子及因子载荷量见表5.2。

表5.2　　　　　　　　　　人才需求因子结构及载荷量

Items	F1	F2	F3	F4
1. 薪酬待遇高				0.794
2. 住房条件好				0.480
3. 工作稳定				0.621
4. 工作地点离家近				0.452
5. 人际关系良好			0.635	
6. 能获得工作成就感			0.756	
7. 所在单位发展前景广阔			0.698	
8. 所在单位工作环境和条件良好			0.624	
9. 所在单位重视创新研发			0.487	
10. 所在单位管理规范科学			0.619	
11. 工作所在区域经济发展水平高		0.515		
12. 工作所在区域未来发展潜力强		0.406		
13. 工作所在区域公共服务与设施良好		0.504		
14. 工作所在区域环境质量和居住条件好		0.588		
15. 所从事产业从业人员普遍收入高	0.733			
16. 所从事产业聚集了很多优秀人才	0.817			
17. 所从事产业发展潜力大	0.816			
18. 所从事产业内就业机会多	0.735			
19. 特征根值	11.661	2.953	1.459	1.295
20. 方差贡献率（%）	44.849	11.357	5.610	4.981

5.1.2　信度检验

人才需求问卷的信度检验结果见表5.3，可以看出，问卷的内部一致性信度为 0.966，分半信度为 0.896，满足信度系数的最低要求。总体而言，指标体系的信度较高，问卷满足作为调查工具的基本条件。

表 5.3　　　　　　　　　问卷内部一致性信度和分半信度

项目	F1	F2	F3	F4	总问卷
Cronbachα 系数	0.940	0.930	0.945	0.741	0.966
分半信度	0.917	0.915	0.930	0.720	0.896

5.1.3　效度检验

5.1.3.1　内容效度

在构建指标体系的过程中，笔者参考了人才环境需求相关文献研究成果，结合多次举行的企业领导、人力资源部负责人以及员工本人的访谈信息，在此基础上根据专家意见对条目进行鉴定，完成条目的删除、合并和编码，形成了最终的指标体系。因此，这些过程能在一定程度上保证指标体系比较全面、准确地反映人才需求的内涵，可以认为指标体系具有较好的内容效度。

5.1.3.2　结构效度

问卷各维度得分之间的两两相关系数见表 5.4。可见，各因子之间均显著相关，相关系数在 0.433 ~ 0.784 之间，为低到中度的正相关，这表明各因子测量的内容既方向一致，又各有差异，不能互相代替。各因子与总问卷得分相关在 0.704 ~ 0.907 之间，表明各因子与总问卷测试的概念一致。

表 5.4　　　　　　　　人才需求问卷各因子与总问卷的相关矩阵

因子	F1	F2	F3	F4	Ft
F1	1				
F2	0.784 **	1			
F3	0.641 **	0.735 **	1		
F4	0.474 **	0.489 **	0.433 **	1	
Ft	0.865 **	0.907 **	0.856 **	0.704 **	1

注：* 表示 $p < 0.05$，** 表示 $p < 0.01$。

采用 AMOS 22.0 统计软件对另一半 723 份问卷数据进行验证性因素分析，拟合度检验结果见表 5.5。从中可以看出，用于检验结构效度的常见指标拟合度卡方检验小于 5，RMSEA = 0.078 < 0.08，RMR = 0.033 < 0.05，以及可参考

的其他指标如 GFI、CFI、NFI 均超过 0.90，上述指标均达到标准，指标结构效度可以接受。验证性因子分析路径分析图及路径系数见图 5.2。

表 5.5 验证性因素分析拟合度检验结果

χ^2	df	χ^2/df	RMSEA	RMR	NFI	CFI	GFI	IFI	RFI	TLI
579.172	129	4.490	0.078	0.033	0.921	0.937	0.893	0.937	0.906	0.937

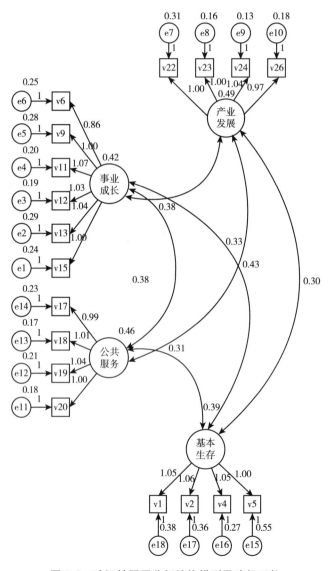

图 5.2 验证性因子分析结构模型及路径系数

5.1.4　西部企业人才需求满足现状分析

5.1.4.1　人才需求与满足的匹配

人才需求具体指标的重视程度和满足程度分析结果见表 5.6。从表 5.6 可见，重要程度得分高于 4 分及以上的条目有所从事产业发展潜力大、人际关系良好、能获得工作成就感、所在单位发展前景广阔、所在单位工作环境和条件良好、所在单位管理规范科学、薪酬待遇高、工作稳定等 8 个条目，而满足程度得分全部条目均在 4 分以下，人际关系 3.77 分最高，薪酬待遇 2.98 分最低。这一结果说明事业成长需求包含条目普遍受重视，各维度人才需求的满足程度均较低。

表 5.6　　　　　　　　　人才需求各项指标重要程度与满足程度分析

维度	条目	重要程度	满足程度
		M ± SD	
产业发展需求	所从事产业从业人员普遍收入高	3.91 ± 0.89	3.02 ± 0.87
	所从事产业聚集了很多优秀人才	3.88 ± 0.89	3.23 ± 0.82
	所从事产业发展潜力大	4.00 ± 0.84	3.33 ± 0.80
	所从事产业内就业机会多	3.88 ± 0.83	3.26 ± 0.77
公共服务需求	工作所在区域经济发展水平高	3.82 ± 0.91	3.32 ± 0.84
	工作所在区域未来发展潜力强	3.93 ± 0.88	3.46 ± 0.90
	工作所在区域教育、医疗、交通等设施良好	3.93 ± 0.89	3.17 ± 0.93
	工作所在区域环境质量和居住条件好	3.89 ± 0.89	3.26 ± 0.87
事业成长需求	人际关系良好	4.16 ± 0.82	3.77 ± 0.81
	能获得工作成就感	4.14 ± 0.86	3.34 ± 0.80
	所在单位发展前景广阔	4.25 ± 0.81	3.46 ± 0.87
	所在单位工作环境和条件良好	4.11 ± 0.81	3.55 ± 0.85
	所在单位重视创新研发	3.90 ± 0.91	3.38 ± 0.92
	所在单位管理规范科学	4.04 ± 0.83	3.37 ± 0.85
基本生存需求	薪酬待遇高	4.32 ± 0.90	2.98 ± 0.94
	住房条件好	3.91 ± 0.97	3.02 ± 0.91
	工作稳定	4.13 ± 0.86	3.49 ± 0.81
	工作地点离家近	3.88 ± 1.00	3.09 ± 1.19

　　根据重要程度和满足程度两个维度构建人才需求四象限图，结果见图5.3。图5.3中，第一象限是高重要高满足的"激励优势区"，包括人际关系、工作成就感、企业发展前景、企业工作条件、企业管理规范和工作稳定等条目，体现了企业当前人才集聚环境的优势；第二象限是低重要高满足的"稳步建设区"，包括产业发展潜力、区域未来发展潜力、区域经济发展水平、企业重视研发等条目，体现了企业人才集聚环境的亮点；第三象限是低重要低满足的"工作突破区"，包括产业同行收入、产业人才集聚、产业内就业机会、区域公共服务设施、区域环境质量、住房条件和工作地点等条目，体现了企业人才集聚环境的优化方向；第四象限是高重要低满足的"重点改进区"，主要是薪酬待遇，体现了企业人才集聚环境的改进重点。总体而言，事业成长需求的重视程度和满足程度得分高于平均分的条目较多，说明在人才需求各维度中，西部企业的事业成长需求具有相对比较优势。

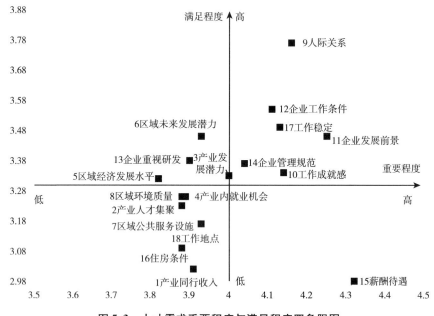

图5.3　人才需求重要程度与满足程度四象限图

　　综上可知，西部企业人才需求呈现出以下规律：第一，内部需求的重要程度普遍高于外部需求。重要程度高的指标多为人际关系、工作成就感、企业发展前景、企业工作条件、企业管理规范和工作稳定等关乎事业发展和个人成长的内部需求，重要程度低的指标多为区域经济发展水平、区域发展潜力、区域公共服务设施、区域环境质量等外部需求，表明内部需求的满足对人才更具有吸引力，有利于人才队伍的稳定。第二，薪酬福利等核心需求的满足程度较差。薪酬待遇的满足程度得分（2.98）明显低于均值（3.31）。访谈中，有集团企业代表明确表示，"企业最紧缺的金融复合型人才引进后，由于薪酬待遇得不到满足，很难长久留住，企业引才留才乏力"。

人才需求现状分析对人才环境建设的启示是：第一，用人单位是人才激励的关键主体。处于或接近激励因素区（高重要）的指标多与用人单位有关，比如企业发展前景、工作成就感、管理规范、工作稳定等。第二，工作和生活保障等因素是人才集聚的重点。处于工作突破区（低重要低满足）的指标多为保障性质，比如工作地点离家近、住房条件、区域公共服务设施等。人才访谈中，有技能人才表示，"要生活稳定，养得起娃儿，供得起房贷才能谈下一步"。有经营管理人才表示，"对于外来人才，建议落实每年带薪假期，兼顾亲情解决后顾之忧，才能全心投入工作"。第三，区域产业等环境因素作用发挥不明显。区域需要和产业需要的指标多分布在二、三象限的保健因素区（低重要），对人才吸引和稳定的激励作用没有得到有效发挥。座谈中企业代表也谈及，"区域人才政策的利用效果不明显，需重点引进的高层次人才需要的研发平台，区域自身产业的研发成熟度还不够"。

5.1.4.2　人才需求满足程度的差异性分析

分别检验单位类型、职位类型、工作类型以及人口学类型等因素人才需求满足程度的差异。

表 5.7 展示了国有企业（N = 507）、民营企业（N = 476）、外资企业（N = 143）和合资企业（N = 281）等不同类型企业职工对人才环境现状评价的差异。从中可见，不同类型企业职工在公共服务需求、事业成长需求和基本生存需求等维度上的满足程度存在较大差异。事后检验结果如下：国有企业职工对公共服务需求的满足程度高于民营企业和外资企业，这可能跟国有企业的发展与公共服务环境关系最为紧密有关；民营企业职工对事业成长需求的满足程度高于国有企业和外资企业，说明民营企业为职工提供了相对更广阔的事业成长空间，这有可能是民营企业实现人才集聚的重要筹码；对基本生存需求的现状评价，民营企业职工显著高于国有企业和外资企业，而外资企业职工显著高于合资企业，说明民营企业和外资企业的职工基本生存需求的满足程度相对较高。综上可知，不同类型单位的人才环境各有优劣，国有企业的人才环境优势在于公共服务环境，民营企业在事业成长需求和基本生存需求上具有相对优势，外资企业在基本生存需求上同样具有相对优势。

表 5.7 不同单位类型需求满足程度差异比较

维度	（1）国有企业	（2）民营企业	（3）外资企业	（4）合资企业	F 值	事后检验
	M ± SD					
总现状	3.30 ± 0.57	3.31 ± 0.60	3.25 ± 0.55	3.23 ± 0.51	1.055	—
产业发展	3.21 ± 0.70	3.22 ± 0.71	3.20 ± 0.66	3.20 ± 0.61	0.136	—
公共服务	3.43 ± 0.75	3.22 ± 0.77	3.29 ± 0.69	3.24 ± 0.66	6.078 ***	（1）>（2）； （1）>（3）； （1）>（4）
事业成长	3.45 ± 0.64	3.54 ± 0.68	3.36 ± 0.63	3.48 ± 0.61	3.688 **	（1）<（2）； （3）<（2）
基本生存	3.09 ± 0.65	3.25 ± 0.69	3.17 ± 0.60	3.01 ± 0.63	6.640 ***	（1）<（2）； （3）<（2）； （3）>（4）

注：* 表示10%水平显著，** 表示5%水平显著，*** 表示1%水平显著。

表 5.8 展示了经营管理类（N = 752）、专业技术类（N = 354）和技能操作类（N = 138）等不同类型企业职工对人才环境现状评价的差异。从中可见，不同类型职工在公共服务需求、事业成长需求和基本生存需求的满足程度存在显著差异。事后检验结果表明：经营管理类和技能操作类人才对基本生存需求的满足程度显著高于专业技术类人才，说明企业专业技术类人才普遍在薪酬待遇等方面没有得到满足；经营管理类人才和专业技术类人才对事业成长需求的满足程度显著高于技能操作类人才，说明技能操作类人才普遍在单位工作条件、工作稳定性等方面的需要没有得到满足；与经营管理类及技能操作类人才相比，专业技术类人才对公共服务需求的满足程度显著更高，说明前两类人才对区域经济发展、公共服务设施等方面的需要没有得到满足。综上可知，不同类型企业人才的需求满足程度存在差异，应采取有针对性的引才策略，如通过加快区域发展水平和提高公共服务满意度，吸引经营管理类人才和技能操作类人才；通过改善企业内部微观管理，为技能操作类人才提供更好的事业成长平台；通过改善薪酬待遇，保障专业技术类人才的基本生活需要。

表 5.8 不同类型人才需求满足程度差异比较

维度	（1）经营管理类	（2）专业技术类	（3）技能操作类	F 值	事后检验
	M ± SD				
总现状	3.31 ± 0.57	3.29 ± 0.57	3.21 ± 0.63	1.580	—
产业发展	3.22 ± 0.66	3.23 ± 0.71	3.14 ± 0.75	0.504	

维度	(1) 经营管理类	(2) 专业技术类	(3) 技能操作类	F 值	事后检验
	M ± SD				
公共服务	3.29 ± 0.75	3.39 ± 0.73	3.22 ± 0.79	3.480 **	(1) < (2)；(2) > (3)
事业成长	3.51 ± 0.64	3.50 ± 0.62	3.34 ± 0.71	4.481 **	(1) > (3)；(2) > (3)
基本生存	3.21 ± 0.69	3.03 ± 0.63	3.16 ± 0.64	8.447 ***	(1) > (2)；(3) > (2)

注：* 表示 10% 水平显著，** 表示 5% 水平显著，*** 表示 1% 水平显著。

表 5.9 展示了高中及以下（N = 208）、大学专科（N = 403）、大学本科（N = 670）和研究生以上（N = 161）等不同学历人才需求满足程度的差异。从中可以看出，不同学历的人才对整体需求、产业发展需求、公共服务需求和事业成长需求的满足程度存在显著差异，而对基本生存需求的满足程度不存在显著差异。事后检验的具体结果如下：高中及以下学历的企业职工对整体需求、产业发展需求、公共服务需求和事业成长需求的满足程度，均显著低于专科学历以上职工；而专科学历职工对整体需求、产业发展需求和公共服务需求的满足程度，均显著低于大学本科及以上学历的职工；大学本科学历的企业职工对公共服务需求的满足程度，显著低于研究生及以上学历的职工。综上可知，随着企业人才学历的提高，人才需求的满足程度也越高，这体现了人力资本的价值回报，具有一定程度的合理性。值得注意的是，不同学历的人才基本生存需求的满足程度不存在显著差异，说明企业在薪酬待遇等物质条件上对高学历人才不具备较好的吸引力。

表 5.9　　　　　　　　　　不同学历人才需求满足程度差异比较

维度	(1) 高中及以下	(2) 大学专科	(3) 大学本科	(4) 研究生	F 值	事后检验
	M ± SD					
总现状	3.15 ± 0.61	3.25 ± 0.56	3.33 ± 0.56	3.37 ± 0.59	6.444 ***	(1) < (2)、(3)、(4)；(2) < (3)、(4)
产业发展	3.03 ± 0.65	3.18 ± 0.68	3.27 ± 0.69	3.31 ± 0.71	7.423 ***	(1) < (2)、(3)、(4)；(2) < (3)、(4)

续表

维度	(1) 高中及以下	(2) 大学专科	(3) 大学本科	(4) 研究生	F 值	事后检验
	M ± SD					
公共服务	3.09 ± 0.78	3.21 ± 0.76	3.38 ± 0.71	3.54 ± 0.70	15.947***	(1) < (2)、(3)、(4)；(2) < (3)、(4)；(3) < (4)
事业成长	3.33 ± 0.69	3.53 ± 0.62	3.50 ± 0.64	3.47 ± 0.70	4.425***	(1) < (2)、(3)、(4)
基本生存	3.15 ± 0.67	3.10 ± 0.65	3.15 ± 0.66	3.15 ± 0.72	0.471	—

注：* 表示 10% 水平显著，** 表示 5% 水平显著，*** 表示 1% 水平显著。

表 5.10 展示了不同类别和层次人才需求满足程度的差异，其中经营管理类人才分为高层经营管理者（指经营领导班子成员，N = 39）、中层经营管理者（指部门中层领导，N = 169）和基层经营管理者（指部门主管和一般行政人员，N = 521），专业技术人才分为高级专业技术人才（指获得高级职称证书，N = 35）、中级专业技术人才（指获得中级职称证书，N = 99）和初级专业技术人才（指获初级职称证书，N = 212），技能操作类人才分为高级技能人才（指高级技师，N = 3）、中级技能人才（指技师，N = 20）和初级技能人才（指高级工、中级工和初级工，N = 113）。事后检验结果为：（1）经营管理类不同层次人才在各项需求指标的满足程度均存在显著差异，具体而言，高层经营管理类人才对环境总体现状、产业发展需求、公共服务需求和事业成长需求的满足程度，均显著低于中层和基层经营管理类人才，中层经营管理类人才的基本生存需求的满足程度，显著高于高层和基层经营管理类人才，表明在高层次经营管理类人才集聚方面，企业的人才环境吸引力还远远达不到人才预期心理需求；（2）专业技术类不同层次人才对各项需求指标的满足程度均不存在显著差异，表明企业各个层次专业技术类人才需求的满足程度均较高；（3）技能操作类不同层次人才对环境总体现状、公共服务需求和事业成长需求的满足程度存在显著差异，具体而言，主要是中级技能人才在上述三个方面的满足程度显著低于初级技能人才，表明企业需要在这些方面改善中级技能人才的环境现状。综上可知，对于不同层次的人才，环境需求各项指标的满足程度存在差异，企业应根据人才类别、人才层次，合理满足人才对环境的需求，达到增强人才环境吸引力的目的。

表 5.10　　　　　　　不同类别和层次人才需求满足程度差异比较

人才类别	维度	（1）高层	（2）中层	（3）基层	F 值	事后检验
		M ± SD				
经营管理类	总现状	3.00 ± 0.64	3.36 ± 0.53	3.31 ± 0.57	6.531 ***	（1）<（2）、（3）
	产业发展	2.84 ± 0.81	3.22 ± 0.63	3.25 ± 0.66	6.966 ***	（1）<（2）、（3）
	公共服务	2.91 ± 0.77	3.29 ± 0.70	3.32 ± 0.75	5.866 ***	（1）<（2）、（3）
	事业成长	3.21 ± 0.70	3.56 ± 0.59	3.52 ± 0.65	4.983 ***	（1）<（2）、（3）
	基本生存	3.03 ± 0.64	3.39 ± 0.66	3.16 ± 0.69	8.368 ***	（2）>（1）、（3）
专业技术类	总现状	3.45 ± 0.57	3.27 ± 0.60	3.29 ± 0.55	1.389	—
	产业发展	3.40 ± 0.83	3.14 ± 0.66	3.26 ± 0.71	1.977	—
	公共服务	3.58 ± 0.64	3.38 ± 0.71	3.39 ± 0.74	1.137	—
	事业成长	3.65 ± 0.69	3.48 ± 0.71	3.49 ± 0.56	1.143	—
	基本生存	3.15 ± 0.63	3.04 ± 0.68	3.00 ± 0.60	0.849	—
技能操作类	总现状	3.15 ± 0.45	2.92 ± 0.69	3.28 ± 0.61	3.019 *	（2）<（3）
	产业发展	3.25 ± 0.66	2.85 ± 0.84	3.20 ± 0.73	1.916	—
	公共服务	3.00 ± 1.00	2.76 ± 0.89	3.33 ± 0.71	5.181 ***	（2）<（3）
	事业成长	3.33 ± 0.44	3.01 ± 0.77	3.41 ± 0.70	2.713 *	（2）<（3）
	基本生存	3.00 ± 0.25	3.05 ± 0.73	3.19 ± 0.64	0.532	—

注：* 表示10%水平显著，** 表示5%水平显著，*** 表示1%水平显著。

5.2　企业人才需求满足对人才流动意愿的影响

5.2.1　总体分析

通过问题"您是否愿意长期留在当前单位工作"来量化职业流动意愿，得分越高表明职业流动意愿越强烈。将职业流动意愿作为因变量，构建多层回归分析模型来探究人才环境各个维度对职业流动意愿的影响。具体而言，第一层回归方程包括了性别、年龄、企业性质、行业等变量作为控制变量，第二层回归方程在前面的基础上，增加了人才需求各个维度的现状评价作为自变量，第三层回归方程继续增加了人才需求各个维度的交互项，以考察人才需求对职业流动意愿的调节效应。回归结果见表5.11。

表 5.11　　　　职业流动意愿对人才需求满意度的多层线性回归结果

项目	M1	M2	M3
性别	0.046 *	0.033	0.033
31~40 岁	− 0.089 ***	− 0.043 *	− 0.039
41~50 岁	− 0.136 ***	− 0.092 ***	− 0.090 ***
50 岁以上	− 0.058 **	− 0.067 ***	− 0.064 ***
大学专科	0.027	0.078 **	0.074 **
大学本科	− 0.042	0.034	0.030
研究生	0.033	0.079 ***	0.077 **
是否本地户籍	− 0.044	− 0.028	− 0.030
是否享受特殊人才政策待遇	− 0.018	− 0.021	− 0.020
1~5 年工龄	0.157 ***	0.079 ***	0.076 **
5 年以上工龄	0.142 ***	0.057 *	0.053
民营企业	− 0.028	0.017	0.018
外资企业	0.007	0.020	0.019
合资企业	0.049	0.070 ***	0.071 ***
基本生存满足（X1）		− 0.081 ***	− 0.484 ***
事业成长满足（X2）		− 0.346 ***	0.043
公共服务满足（X3）		− 0.007	0.155
产业发展满足（X4）		− 0.165 ***	− 0.325
X1 × X2			0.024
X1 × X3			0.168
X1 × X4			0.509 *
X2 × X3			− 0.505
X2 × X4			− 0.303
X3 × X4			0.086
F 检验	4.325 ***	137.965 ***	2.334 **
Adjusted R²	0.033	0.307	0.311

注：* 表示 10% 水平显著，** 表示 5% 水平显著，*** 表示 1% 水平显著。

模型一（M1）显示了各控制变量对职业流动意愿的影响。性别对职业流动意愿的影响表现为男性比女性的职业流动意愿显著提高；年龄对职业流动意愿的影响表现为与 30 岁以下的年轻职员相比，其他年龄段的职员职业流动意愿显著降低；工作年限对职业流动意愿的影响表现为与入职 1 年以内的职员相比，入职年限更长的职员职业流动意愿显著降低；学历、是否当地户籍、是否享受地方政府的人才政策以及企业性质等对职业流动意愿影响不显著。

模型二（M2）显示了人才需求对职业流动意愿的影响。具体而言，基本生存需求、事业成长需求和产业发展需求对职业流动意愿起到显著的负向影响，即基本生存需求、事业成长需求和产业发展需求的改善有利于降低职业流动意愿，并且事业成长需求的影响作用最大。公共服务需求满足对职业流动意愿虽然也有负向影响，但影响并不显著。上述结果表明，对现有人才的留任，用人单位的事业成长需求最为重要，同时也需要改善基本生存需求，而政府的主要作用应该在于改善产业发展需求。

模型三（M3）显示了人才需求交互项对职业流动意愿的影响。基本生存需求与产业发展需求的交互项正向影响了职业流动意愿。这与预期设想的不同，并不是人才环境越优越，人才队伍的稳定性就越好。当产业发展需求和基本生存需求同时较好时，人才的职业流动意愿反而增强了。这可能正是区域内标杆产业进行人才抢夺大战的真实反映，面对众多物质待遇丰厚的单位，人才的离职意愿往往变得更强烈。这意味着西部地区政府可能要适当约束区域内领先产业的恶性竞争，控制人才流动保持在合理的范围。

5.2.2　不同类型人才需求满足对职业流动意愿的影响

前面分析发现，职业流动意愿的影响因素可能因人才类别而不同，因此分别以经营管理类、专业技术类和技能操作类人才为研究对象，分析三类不同人才职业流动意愿的影响因素。

（1）表 5.12 的因变量为经营管理类人才的职业流动意愿。

表 5.12　经营管理类人才职业流动意愿对人才需求满意度多层线性回归结果

项目	M1	M2	M3
性别	0.094 **	0.064 **	0.058 *
31～40 岁	− 0.097 **	− 0.027	− 0.023
41～50 岁	− 0.151 ***	− 0.070 *	− 0.066 *
50 岁以上	− 0.035	− 0.041	− 0.039
大学专科	0.112	0.176 ***	0.162 ***
大学本科	− 0.049	0.089	0.074
研究生	0.072	0.105 **	0.095 **

项目	M1	M2	M3
是否本地户籍	− 0. 149 ***	− 0. 093 ***	− 0. 100 ***
是否享受特殊人才政策待遇	− 0. 032	− 0. 034	− 0. 029
1 ~ 5 年工龄	0. 073	0. 034	0. 035
5 年以上工龄	0. 065	0. 013	0. 015
民营企业	− 0. 107 **	− 0. 023	− 0. 010
外资企业	− 0. 018	− 0. 027	− 0. 024
合资企业	− 0. 039	0. 015	0. 014
基本生存满足（X1）		− 0. 025	− 0. 577 **
事业成长满足（X2）		− 0. 393 ***	0. 067
公共服务满足（X3）		− 0. 050	− 0. 138
产业发展满足（X4）		− 0. 150 ***	− 0. 040
X1 × X2			− 0. 052
X1 × X3			0. 354
X1 × X4			0. 626
X2 × X3			− 0. 119
X2 × X4			− 0. 729
X3 × X4			− 0. 065
F 检验	4. 454 ***	77. 245 ***	1. 421
Adjusted R^2	0. 064	0. 348	0. 351

注：＊表示 10% 水平显著，＊＊表示 5% 水平显著，＊＊＊表示 1% 水平显著。

模型一（M1）显示了各控制变量对经营管理类人才职业流动意愿的影响。性别对职业流动意愿的影响表现为男性比女性的职业流动意愿显著提高；年龄对职业流动意愿的影响表现为与 30 岁以下的年轻职员相比，31 ~ 50 岁年龄段的职员职业流动意愿显著降低，而 50 岁以上年龄段的职员职业流动意愿不存在显著影响，这可能与经营管理类工作往往在 31 ~ 50 岁年龄段事业正处在上升期有关，因而职业稳定性相对其他年龄段而言更高；本地户籍职员比外地户籍职员的职业流动意愿更低，可见经营管理类人才的职业流动与人才的地缘关系较为紧密；民营企业职员比国有企业职员的职业流动意愿更低，这可能与民营企业经营管理类人才普遍待遇较好有关，说明国有企业在对经营管理类人才的竞争力不如民营企业；学历、工作年限以及是否享受地方政府的人才政策等对职业流动意愿影响不显著。

模型二（M2）显示了人才环境对经营管理类人员职业流动意愿的影响。事业成长需求和产业发展需求对经营管理类人才的职业流动意愿起到显著的负向影响，其中事业成长需求的影响作用更大。基本生存需求和公共服务需求对人才职业流动意愿虽然也有负向影响，但影响并不显著。这一分析结果表明，对于经营管理类人才而言，最重要的是企业要提供事业成长空间，政府则应致力于促进产业发展。

模型三（M3）显示了人才环境交互项对经营管理类人员职业流动意愿的影响。可以发现，不同环境指标的交互项对经营管理类人才的职业流动意愿影响不显著，说明人才环境各项指标的影响作用是独立的。

（2）表 5.13 的因变量为专业技术类人才的职业流动意愿。

表 5.13　　专业技术类人才职业流动意愿对人才需求满意度多层线性回归结果

项目	M1	M2	M3
性别	− 0.086	− 0.026	− 0.030
31～40 岁	− 0.003	0.005	0.020
41～50 岁	− 0.120 *	− 0.156 ***	− 0.137 **
50 岁以上	− 0.077	− 0.070	− 0.070
大学专科	− 0.014	− 0.076	− 0.045
大学本科	0.003	− 0.088	− 0.027
研究生	0.039	0.011	0.067
是否本地户籍	0.121 **	0.088 *	0.092 *
是否享受特殊人才政策待遇	0.033	0.040	0.050
1～5 年工龄	0.260 ***	0.132 **	0.125 **
5 年以上工龄	0.267 ***	0.143 **	0.139 **
民营企业	0.123 **	0.077	0.060
外资企业	0.142 **	0.115 **	0.113 **
合资企业	0.166 ***	0.129 **	0.138 **
基本生存满足（X1）		− 0.135 **	− 0.285
事业成长满足（X2）		− 0.244 ***	0.791 **
公共服务满足（X3）		0.019	− 0.105
产业发展满足（X4）		− 0.175 **	− 0.594
X1 × X2			− 0.471

项目	M1	M2	M3
X1 × X3			0.179
X1 × X4			0.606
X2 × X3			− 0.861
X2 × X4			− 0.866
X3 × X4			1.086
F 检验	3.099 ***	23.137 ***	1.289
Adjusted R²	0.078	0.271	0.275

注：＊表示10%水平显著，＊＊表示5%水平显著，＊＊＊表示1%水平显著。

　　模型一（M1）显示了各控制变量对专业技术类人才职业流动意愿的影响。年龄对职业流动意愿的影响表现为与30岁以下的年轻职员相比，41～50岁年龄段的职员职业流动意愿显著降低，这可能是因为41～50岁是专业技术人员职业黄金期有关，因而职业稳定性相对其他年龄段而言更高；本地户籍职员比外地户籍职员的职业流动意愿更高，说明本地户籍的专业技术人员反而职业流动意愿更强烈，这与经营管理类人才形成了鲜明的反差；工作年限对职业流动意愿的影响表现为与工作年限1年以内的相比，工作年限时间越长的专业技术人员，职业流动意愿越强烈；企业性质对职业流动意愿的影响表现为，与国有企业相比，民营企业、外资企业和合资企业等性质的企业专业技术人员职业流动意愿更高，说明国有企业对专业技术类人才的竞争力要强于其他性质的企业；性别、学历以及是否享受地方政府的人才政策等对职业流动意愿影响不显著。

　　模型二（M2）显示了人才环境对专业技术人员职业流动意愿的影响。基本生存需求、事业成长需求和产业发展需求对专业技术类人才的职业流动意愿均起到显著的负向影响，其中事业成长需求的影响作用更大。公共服务需求对人才职业流动意愿具有正向影响，但影响并不显著，说明区域经济社会发展越好，专业技术人员的职业流动意愿一定程度上会越强烈。这一分析结果表明，对于专业技术类人才而言，最重要的是企业要满足基本生存需要，提供事业成长空间，政府同样应致力于促进产业发展。

　　模型三（M3）显示了人才环境交互项对专业技术人员职业流动意愿的影响。可以发现，不同环境指标的交互项对经营管理类人才的职业流动意愿影响不显著，说明人才环境各项指标对专业技术人员的职业流动意愿影响作用是独立的。

（3）表 5.14 的因变量为技能操作类人才的职业流动意愿。

表 5.14　　技能操作类人才职业流动意愿对人才需求满意度多层线性回归结果

项目	M1	M2	M3
性别	0.174 *	0.047	0.043
31~40 岁	− 0.114	− 0.041	− 0.025
41~50 岁	− 0.153	− 0.090	− 0.096
50 岁以上	0.172 *	0.119	0.131
大学专科	0.038	0.057	0.068
大学本科	0.002	− 0.039	− 0.024
研究生	− 0.055	− 0.111	− 0.088
是否本地户籍	− 0.043	− 0.070	− 0.065
是否享受特殊人才政策待遇	− 0.108	− 0.104	− 0.107
1~5 年工龄	0.315 **	0.169	0.189
5 年以上工龄	0.320 **	0.126	0.125
民营企业	− 0.171	− 0.225 *	− 0.173
外资企业	− 0.020	0.018	0.063
合资企业	0.009	0.079	0.106
基本生存满足（X1）		− 0.146	− 0.302
事业成长满足（X2）		− 0.523 *	− 1.296 *
公共服务满足（X3）		0.095	1.442 *
产业发展满足（X4）		− 0.009	− 0.385
X1 × X2			0.062
X1 × X3			− 1.243
X1 × X4			1.528
X2 × X3			0.635
X2 × X4			0.898
X3 × X4			− 1.945 *
F 检验	1.407	14.328 ***	1.343
Adjusted R^2	0.040	0.330	0.342

注：* 表示 10% 水平显著，** 表示 5% 水平显著，*** 表示 1% 水平显著。

模型一（M1）显示了各控制变量对专业技术类人才职业流动意愿的影响。男性员工比女性员工的职业流动意愿更强烈；年龄对职业流动意愿的影响表现为与 30 岁以下的年轻职员相比，50 岁以上年龄段的职员职业流动意愿显著增强；工作年限对职业流动意愿的影响表现为与工作年限 1 年以内的相比，工作年限时间越长的技能操作类人员，职业流动意愿越强烈；学历、户籍、企业性质以及是否享受地方政府的人才政策等对职业流动意愿影响不显著。

模型二（M2）显示了人才环境对技能操作类人员职业流动意愿的影响。事业成长需求对技能操作类人才的职业流动意愿起到显著的负向影响，说明事业成长需求的满足有利于降低技能操作类人才的职业流动意愿。基本生存需求和产业发展需求对人才职业流动意愿具有负向影响，但影响并不显著，公共服务需求对人才职业流动意愿具有正向影响，但影响同样不显著。这一分析结果表明，对于技能操作类人才而言，最重要的是企业要提供事业成长空间。

模型三（M3）显示了人才环境交互项对技能操作类人员职业流动意愿的影响。可以发现，公共服务需求与产业发展需求的交互项负向影响了职业流动意愿。这与预期设想一致，当产业发展需求和公共服务需求同时较好得到满足时，人才的职业流动意愿会随之下降。这意味着西部地区政府应大力促进区域和产业的发展，提升人才环境对技能操作类人才的吸引力。

5.2.3 不同层次人才需求满足对职业流动意愿的影响

职业流动意愿的影响因素还可能因人才层次而不同，因此需分析三种人才层次职业流动意愿的影响因素。

（1）表 5.15 的因变量为高级人才的职业流动意愿。

表 5.15　高层次人才职业流动意愿对人才需求满意度多层线性回归结果

项目	M1	M2	M3
性别	− 0. 113	− 0. 192 *	− 0. 208 *
31 ~ 40 岁	− 0. 012	− 0. 063	0. 059
41 ~ 50 岁	− 0. 212	− 0. 086	0. 004
50 岁以上	0. 023	− 0. 171	0. 004
大学专科	0. 210	− 0. 184	− 0. 211
大学本科	− 0. 027	− 0. 068	0. 001
研究生	0. 176	0. 024	0. 073
是否本地户籍	− 0. 214 *	− 0. 154	− 0. 091
是否享受特殊人才政策待遇	− 0. 037	− 0. 210 *	− 0. 202 *
1 ~ 5 年工龄	0. 125	0. 080	− 0. 040

续表

项目	M1	M2	M3
5 年以上工龄	0.286 *	0.089	−0.027
民营企业	0.124	0.315 *	0.390 **
外资企业	−0.107	−0.104	−0.030
合资企业	0.042	0.165	0.171
基本生存满足（X1）		0.004	0.248
事业成长满足（X2）		−0.742 ***	1.747
公共服务满足（X3）		0.243	−2.566
产业发展满足（X4）		−0.049	0.804
X1 × X2			−1.754
X1 × X3			2.894
X1 × X4			−1.559
X2 × X3			−0.919
X2 × X4			−2.036
X3 × X4			2.712 *
F 检验	2.308 **	7.274 ***	1.602
Adjusted R^2	0.190	0.418	0.451

注：* 表示 10% 水平显著，** 表示 5% 水平显著，*** 表示 1% 水平显著。

模型一（M1）显示了各控制变量对高级人才职业流动意愿的影响。本地户籍比外地户籍的职业流动意愿显著降低，说明本地户口有利于稳定高级人才队伍；工作年限对职业流动意愿的影响表现为与工作年限 1 年以内的相比，工作年限时间 5 年以上的高级人才，职业流动意愿更强烈；性别、年龄、学历、企业性质以及是否享受地方政府的人才政策等对职业流动意愿影响不显著。

模型二（M2）显示了人才环境对高级人才职业流动意愿的影响。事业成长需求对高级人才的职业流动意愿起到显著的负向影响，说明事业成长需求的满足对于高级人才队伍的稳定非常关键。基本生存需求、区域发展环境和产业发展需求对高级人才职业流动意愿的影响均不显著。

模型三（M3）显示了人才环境交互项对高级人才职业流动意愿的影响。研究发现，公共服务需求与产业发展需求的交互项正向影响职业流动意愿。说明当产业发展需求和公共服务需求同时较好得到满足时，高级人才的职业流动意愿会上升。这意味着西部地区企业要重点依靠事业成长提高对高级人才的吸引力，从而避免掉入高级人才跳槽陷阱。

（2）表5.16的因变量为中级人才的职业流动意愿。

表5.16　　　中级人才职业流动意愿对人才需求满意度多层线性回归结果

项目	M1	M2	M3
性别	0.007	0.006	0.003
31~40岁	-0.135*	-0.067	-0.074
41~50岁	-0.204***	-0.149**	-0.140**
50岁以上	-0.012	-0.002	0.008
大学专科	-0.124	0.048	0.043
大学本科	-0.146	0.036	0.034
研究生	-0.009	0.134*	0.137*
是否本地户籍	-0.068	-0.056	-0.055
是否享受特殊人才政策待遇	-0.055	-0.038	-0.043
1~5年工龄	0.023	0.059	0.042
5年以上工龄	0.075	0.078	0.048
民营企业	-0.036	0.014	0.018
外资企业	-0.033	0.038	0.023
合资企业	0.075	0.090*	0.078
基本生存满足（X1）		-0.074	-0.466*
事业成长满足（X2）		-0.301***	0.070
公共服务满足（X3）		0.028	1.181***
产业发展满足（X4）		-0.241***	-0.874**
X1×X2			-1.190**
X1×X3			0.273
X1×X4			1.714***
X2×X3			-0.572
X2×X4			1.026
X3×X4			-1.797**
F检验	1.101	27.969***	4.925***
Adjusted R^2	0.004	0.266	0.319

注：*表示10%水平显著，**表示5%水平显著，***表示1%水平显著。

模型一（M1）显示了各控制变量对中级人才职业流动意愿的影响。年龄对职业流动意愿的影响表现为与30岁以下的年轻职员相比，31~50岁年龄段的职员职业流动意愿显著降低，而50岁以上年龄段的职员职业流动意愿不存在显著影响；性别、学历、户籍、工作年限、企业性质以及是否享受地方政府的人才政策等对职业流动意愿影响不显著。

模型二（M2）显示了人才环境对中级人才职业流动意愿的影响。事业成长需求和产业发展需求对中级人才的职业流动意愿起到显著的负向影响，其中事业成长需求的影响最大。基本生存需求和公共服务需求对中级人才职业流动意愿的影响均不显著。

模型三（M3）显示了人才环境交互项对中级人才职业流动意愿的影响。研究发现，基本生存需求与事业成长需求的交互项，以及公共服务需求与产业发展需求的交互项，均显著负向影响中级人才职业流动意愿。说明对于中级人才而言，从微观环境来说，同时满足基本生存需求和良好事业成长需求，更能提高人才队伍稳定性；而从宏观环境来说，公共服务需求和产业发展需求的同时满足，同样能够提高人才队伍稳定性。需要注意的是，基本生存需求与产业发展需求的交互项显著正向影响职业流动性，说明基本生存需求得不到满足，会削弱产业发展需求对中级人才职业流动意愿的负向影响。也就是说，良好的产业发展需求对中级人才队伍的稳定作用，会因为基本生存需求未得到满足，效果受到削弱。上述分析表明，人才环境对中级人才职业流动意愿起到整体作用，既可能因为某些方面环境的改善而对人才集聚起到显著效果，也可能因为某一方面环境不佳，人才集聚的效果大打折扣。

（3）表 5.17 的因变量为初级人才的职业流动意愿。

表 5.17　　初级人才职业流动意愿对人才需求满意度多层线性回归结果

项目	M1	M2	M3
性别	0.080 **	0.047	0.044
31～40 岁	− 0.046	− 0.003	− 0.001
41～50 岁	− 0.106 ***	− 0.060 *	− 0.065 **
50 岁以上	− 0.026	− 0.040	− 0.044
大学专科	0.041	0.043	0.044
大学本科	− 0.059	− 0.022	− 0.025
研究生	0.006	0.026	0.025
是否本地户籍	− 0.042	− 0.041	− 0.041
是否享受特殊人才政策待遇	− 0.018	− 0.013	− 0.019
1～5 年工龄	0.162 ***	0.067 *	0.073 *
5 年以上工龄	0.123 ***	0.048	0.051

续表

项目	M1	M2	M3
民营企业	− 0.062	0.003	0.000
外资企业	0.024	0.021	0.026
合资企业	0.012	0.043	0.042
基本生存满足（X1）		− 0.084 **	− 0.529 **
事业成长满足（X2）		− 0.368 ***	− 0.402 *
公共服务满足（X3）		− 0.036	− 0.134
产业发展满足（X4）		− 0.123 **	0.151
X1 × X2			0.469
X1 × X3			0.262
X1 × X4			0.007
X2 × X3			0.001
X2 × X4			− 0.409
X3 × X4			− 0.087
F 检验	2.929 ***	84.100 ***	0.828
Adjusted R^2	0.031	0.310	0.310

注：* 表示10%水平显著，** 表示5%水平显著，*** 表示1%水平显著。

模型一（M1）显示了各控制变量对初级人才职业流动意愿的影响。其中，男性的职业流动意愿显著高于女性；年龄对职业流动意愿的影响表现为与30岁以下的年轻职员相比，41~50岁年龄段的职员职业流动意愿显著降低，而31~40岁和50岁以上年龄段的职员职业流动意愿不存在显著影响；工作年限对职员职业流动意愿的影响表现为与1年以内工作年限相比，工作年限时间越长职业流动意愿越低，这可能与工作年限长仍然属于初级人才有关，另谋出路也是情有可原；学历、户籍、企业性质以及是否享受地方政府的人才政策等对职业流动意愿影响不显著。

模型二（M2）显示了人才环境对初级人才职业流动意愿的影响。基本生存需求、事业成长需求和产业发展需求对初级人才的职业流动意愿均起到显著的负向影响，其中事业成长需求的影响最大，可见，不管哪种层次的人才都将事业成长空间视为最重要的激励因素。公共服务需求对初级人才职业流动意愿的影响不显著。

模型三（M3）显示了人才环境交互项对初级人才职业流动意愿的影响。研究发现，各项人才环境交互项对职业流动意愿影响均不显著，说明人才环境对初级人才职业流动意愿的影响是独立的。

5.3　人才需求与人才环境对人才集聚的共同影响

5.3.1　人才环境与人才需求的重要性排序

通过"当初您选择来当前单位，吸引您的主要因素是什么"和"在什么情况下，您会愿意长期留在当前单位工作"两个问题来调查人才环境的外部竞争力和内部吸引力，从而初步探明人才环境与人才集聚的关系。结果显示（见表5.18），针对"当初您选择来当前单位，吸引您的主要因素是什么？"这一问题，经过对回答进行人工编码，发现排序最多的前五项分别是工作比较稳定（33.98%）、企业发展前景广阔（32.94%）、工作地点离家近（29.61%）、区域未来发展潜力强（27.32%）以及企业工作环境和条件好（20.11%），这表明企业单位吸引外部人才的环境由宏观和微观多方面因素构成。一方面是企业要提升竞争力以吸引和留住人才，访谈也发现，"良好、优质的发展前景最能吸引到热血青年团体"，受区域和企业前景吸引而来的人才更愿意长期留在当前工作单位发展；另一方面是政府和社会多方力量应共同参与提供保障。座谈中企业代表提到，"企业最需要的人才，政府并没有相关政策可以对应"，"政府针对专门人才虽然有一事一报的政策，但是手续有点复杂"。

表 5.18　　　　　　　　人才环境外部竞争力和内部吸引力分析

当初您选择来当前单位，吸引您的主要因素是什么			在什么情况下，您会愿意长期留在当前单位工作		
环境指标编码	频数	百分比（%）	环境指标编码	频数	百分比（%）
工作比较稳定	490	33.98	薪酬待遇高	1032	71.57
企业发展前景广阔	475	32.94	工作福利好	653	45.28
工作地点离家近	427	29.61	工作稳定	572	39.67
工作所在区域未来发展潜力强	394	27.32	上级赏识或重用	335	23.23
企业工作环境和条件好	290	20.11	能发挥自己才能	316	21.91
企业知名度和美誉度高	239	16.57	能获得工作成就感	307	21.29
经济发展水平高	208	14.42	人际关系良好	263	18.24
薪酬待遇高	202	14.01	企业发展前景广阔	252	17.48
工作福利好	170	11.79	企业工作环境和条件良好	134	9.29

续表

当初您选择来当前单位，吸引您的主要因素是什么			在什么情况下，您会愿意长期留在当前单位工作		
环境指标编码	频数	百分比（%）	环境指标编码	频数	百分比（%）
人才政策有吸引力	130	9.02	企业管理规范科学	81	5.62
企业管理规范科学	127	8.81	企业比较重视创新研发	47	3.26
公共服务设施好	103	7.14	企业知名度和美誉度比较高	27	1.87
其他	71	4.92	其他	18	1.25

针对"在什么情况下，您会愿意长期留在当前单位工作"这一问题的调查结果显示，排序最多的前五项分别是薪酬待遇高（71.57%）、工作福利好（45.28%）、工作稳定（39.67%）、上级赏识或重用（23.23%）以及能发挥自己才能（21.91%），这一结果表明留住内部人才的环境主要由微观因素构成，事业发展是人才稳定的重要支点，因此，需要用人单位重视人才事业发展平台建设，不断通过提高薪酬待遇，提供事业发展空间，留住现有人才队伍。

此外，还可以看出，绝大多数人将薪酬待遇和工作福利等物质条件作为长期留任的条件，说明人才流失的关键因素仍然是薪酬福利。通过"如果其他企业在原有薪酬水平上增加多少，你会选择跳槽"这一问题调查发现，3.40%的人当加薪5%时愿意选择跳槽，13.38%的人当加薪10%时愿意选择跳槽，25.03%的人当加薪20%时愿意选择跳槽，37.24%的人当加薪30%时愿意选择跳槽。这意味着只要有其他用人单位加薪30%，可能跳槽的人将达到79.06%。企业座谈中有代表提到，"国企由于薪酬总额控制，且薪酬结构调整，使现在到手的工资也不高，很难留住人才"。还有集团企业代表明确表示，"企业最紧缺的金融复合型人才引进后，由于薪酬待遇得不到满足，很难长久留住，企业引才留才乏力"。因此，薪酬待遇不高可能成为西部地区企业留住现有人才的主要短板。

除了薪酬物质待遇之外，人才环境的外部竞争力和内部吸引力其他各项指标中，并没有出现选择非常集中的指标，说明人才环境的影响力对不同类别的人才可能不一致，因此需要进一步研究各项环境指标对不同类型人才的影响程度。如在访谈中，大多数高层管理者表示，"当初来到××新区就职，是看到了新区在全国的地位和未来的发展潜力，自己所在单位发展潜力大"，这就说明区域发展潜力对高层经营管理者的吸引力较大，薪酬待遇的重要性也要区分不同类别不同层次的人才。

5.3.2　人才环境与人才需求对人才集聚的影响机制

研究设计因变量为人才任职单位内集聚和区域内集聚，采用问题"您是否愿意长期留在当前单位工作"来调查任职单位内集聚意愿，问题"假如您要离开当前所在单位，您会考虑的工作地点是什么地方"来调查区域内集聚意愿。自变量为人才环境和人才需求满足程度，调节变量为社会网络强度，采用是否在籍贯所在地就业、是否在求学所在地就业两个问题来衡量。向四川、重庆、云南、贵州等地企业调查 376 人，得到上述变量的描述性分析结果如表 5.19 所示。

表 5.19　　　　　　　　　　　主要变量描述性分析

变量名称	均值	标准差	最大值	最小值
流动意愿	1.95	0.90	5	1
流动方向	1.40	0.67	3	1
经济就业环境	3.43	0.77	5	1
创新创业环境	3.32	0.75	5	1
公共政策环境	3.43	0.75	5	1
生活配套环境	3.52	0.76	5	1
产业发展需求	3.38	0.73	5	1
公共服务需求	3.48	0.70	5	1
事业成长需求	3.48	0.70	5	1
基本生存需求	3.26	0.67	5	1
籍贯所在地就业	0.53	0.50	1	0
求学所在地就业	0.47	0.50	1	0

5.3.2.1　人才任职单位内集聚

根据问题"您是否愿意长期留在当前单位工作"来调查企业内集聚意愿，将其作为因变量进行回归分析，结果如表 5.20 所示。

表 5.20　　　　　职业流动意愿对人才环境和人才需求回归分析结果

项目	模型一	模型二	模型三	模型四
性别	0.013	0.047	0.040	0.032
26~30 岁	0.500	0.436	0.623 **	0.666 **
31~40 岁	0.260	0.208	0.435	0.479 *

项目	模型一	模型二	模型三	模型四
41~50岁	0.493	0.426	0.572 **	0.633 **
大学本科	0.377 **	0.328 **	0.269 **	0.238 *
硕士研究生	0.363 *	0.331 *	0.244	0.244
博士研究生	0.394	0.483	0.526	0.544
工作年限1~3年	0.311 **	0.259 **	0.138	0.160
工作年限4~5年	0.592 ***	0.565 ***	0.286 *	0.315 *
工作年限6年及以上	0.439 **	0.409 **	0.230	0.259 *
年收入3.1万~8万元	-0.388 *	-0.273	-0.189	-0.163
年收入8.1万~12万元	-0.698 ***	-0.565 ***	-0.356 *	-0.339 *
年收入12.1万~20万元	-0.733 ***	-0.539 **	-0.280	-0.268
年收入20.1万~30万元	-0.735 **	-0.612 **	-0.323	-0.326
年收入30.1万元以上	-0.659 **	-0.482 *	-0.220	-0.278
籍贯所在地就业（M1）	0.006	0.001	0.024	0.389
求学所在地就业（M2）	-0.119	-0.140	-0.154 *	-0.426
经济就业环境		-0.246 **	-0.098	-0.115
创新创业环境		-0.230 **	-0.121	-0.082
公共政策环境		-0.021	0.068	0.041
生活配套环境		0.092	0.135	0.127
产业发展需求			-0.016	-0.082
公共服务需求			0.063	0.074
事业成长需求			-0.631 ***	-0.446 ***
基本生存需求			-0.123	-0.217 *
产业发展需求×M1				0.384 **
公共服务需求×M1				-0.025
事业成长需求×M1				-0.539 ***
基本生存需求×M1				0.087
产业发展需求×M2				-0.259
公共服务需求×M2				0.042
事业成长需求×M2				0.202
基本生存需求×M2				0.087
M1×M2				0.041
F检验	1.74 *		8.17 ***	6.39 ***
Adjusted R^2	0.03		0.32	0.33

注：* 表示10%水平显著，** 表示5%水平显著，*** 表示1%水平显著。

　　表5.20中，模型一显示了控制变量对职业流动意愿的影响。从学历看，本科和硕士学历的人才流动意愿显著高于专科学历的，博士学历与专科学历的流动意愿不存在显著差异；从工作年限看，与工作年限1年以内的人才相比，其他工作年限的职业流动意愿显著更高；从收入看，与年收入3万元以下的人才相比，其他年收入的职业流动意愿显著越低；此外，性别、年龄、籍贯所在地就业、求学所在地就业等因素对职业流动意愿的影响不显著。模型二在控制变量的基础上，增加了人才环境自变量。结果表明，经济就业环境和创新创业环境越好，职业流动意愿显著越低；但公共政策环境和生活配套环境对职业流动意愿影响不显著。模型三进一步增加了人才需求变量。结果表明，事业成长需求满足程度越高，职业流动意愿显著越低，但产业发展需求、公共服务需求和基本生存需求对职业流动的影响不显著。还可以看出，在回归方程中加入人才需求变量后，经济就业环境和创新创业环境对职业流动意愿的影响变得不再显著，说明事业成长需求在经济就业环境、创新创业环境对职业流动意愿的影响中起完全中介作用。模型四增加了籍贯所在地就业、求学所在地就业与人才环境和人才需求的交互项。结果表明，籍贯所在地就业显著正向调节了产业发展需求与职业流动意愿的关系，负向调节了事业成长需求与职业流动意愿的关系，但对人才环境与职业流动意愿的调节作用不显著；求学所在地就业对人才需求与职业流动意愿的关系调节作用不显著。

　　图5.4显示了籍贯所在地就业对人才需求与职业流动意愿之间关系的调节作用。籍贯所在地就业显著正向调节了产业发展需求满足与职业流动意愿的关系，即当企业人才在籍贯所在地就业时，产业发展需求满足程度越高，职业流动意愿也越高，而当企业人才在非籍贯所在地就业时，产业发展需求满足对职业流动意愿的影响会下降。

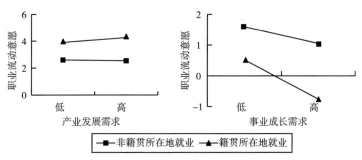

图5.4　籍贯所在地就业对人才需求与职业流动意愿关系的调节效应

　　籍贯所在地就业显著负向调节了事业成长需求与职业流动意愿之间的关系，即当企业人才在籍贯所在地就业时，事业成长需求满足程度对职业流动意愿的负向影响会增强，而当企业人才在非籍贯所在地就业时，事业成长需求满足对职业流动意愿的负向影响会减小。

综上分析可知：（1）人才环境各个维度中，经济就业环境和创新创业环境显著负向影响了职业流动意愿，而公共政策环境和生活配套环境对职业流动意愿的影响不显著。以往研究表明，地区的经济与就业（Borjas，1987）、创新创业环境（宋克勤，2006）对人才流入均存在显著影响，这与本研究结论相一致。但本研究发现，与经济就业环境和创新创业环境相比，公共政策环境和生活配套环境对职业流动意愿的影响较小，这说明对于西部现有企业人才而言，公共政策环境和生活配套环境对人才外流的拉力较小，而经济就业环境和创新创业环境的拉力较大，应当成为重点建设的环境。（2）人才需求各个维度中，事业成长需求显著负向影响了职业流动意愿，而产业发展需求、公共服务需求和基本生存需求对职业流动意愿的影响不显著。并且，经济就业环境和创新创业环境对职业流动的影响，以事业成长需求作为完全中介作用。从已有研究成果看，越来越多的学者认为，职业发展因素比经济因素对人才职业流动的影响更明显（Stigler，1983；龙奋杰，2006），本研究同样发现，事业发展需求的满足不仅对防止人才外流产生重要影响，而且也在环境对人才吸引力中起完全中介作用，因此事业需求满足是西部地区吸引人才的重要手段。（3）籍贯所在地就业显著正向调节了产业发展需求与职业流动的关系，负向调节了事业成长需求与职业流动的关系。这可能与社会资本的使用意愿有关，有研究表明，关系人向职业求助者提供社会资本时，会考虑收益和风险两个方面（边燕杰，2019）。同理，职业求助者在使用社会资本时，也会考虑收入和风险两方面因素。社会网络之所以正向调节产业发展需求与职业流动的关系，原因是当产业发展需求满足较高时，意味着产业内提供的工作机会较多，这时动用社会资本换一份新工作，获得的收益可能远远高于离职带来的风险，因此拥有社会网络将会导致职业流动意愿提高，反之，社会资本少则导致职业流动意愿降低。而当事业发展需求满足较高时，离职重新找一份工作的风险会高于当前工作的收益，社会网络的作用不再是用于职业流动，而是用于稳固现有职业，因此拥有社会网络会降低职业流动意愿。（4）求学所在地就业对人才需求与职业流动意愿的调节作用不显著。这说明求学所在地就业拥有的同学关系，可能更多的是一种强关系，相互之间无法提供差异化信息和帮助，因此对职业流动的影响并不显著。

5.3.2.2 人才区域内集聚

根据问题"假如您要离开当前所在单位，您会考虑的工作地点是什么地方"来调查流动方向,将其作为因变量进行回归分析,结果见表5.21。

表 5.21　　　　职业流动方向对人才环境和人才需求回归分析结果

项目	模型一	模型二	模型三
性别	2.874 ***	2.749 ***	2.682 ***
26~30 岁	0.563	0.526	0.597
31~40 岁	1.297	1.239	1.555
41~50 岁	1.06	0.922	0.963
大学本科	1.123	1.121	1.096
硕士研究生	1.35	1.278	1.197
博士研究生	0.073 *	0.053 *	0.027 *
工作年限 1~3 年	1.472	1.537	1.376
工作年限 4~5 年	3.694 **	3.581 **	3.046 *
工作年限 6 年及以上	1.009	1.056	0.947
年收入 3.1 万~8 万元	0.724	0.728	0.876
年收入 8.1 万~12 万元	0.819	0.762	0.959
年收入 12.1 万~20 万元	1.266	1.198	1.567
年收入 20.1 万~30 万元	16.119 **	14.665 **	19.25 **
年收入 30.1 万元以上	0.545	0.522	0.704
籍贯所在地就业（M1）	1.856 **	1.816 **	1.856 **
求学所在地就业（M2）	3.674 ***	3.754 ***	3.848 ***
经济就业环境	0.908	0.834	0.814
创新创业环境	1.311	1.243	1.141
公共政策环境	1.082	1.046	1.156
生活配套环境	1.140	1.001	1.029
产业发展需求		1.077	1.115
公共服务需求		1.152	1.519
事业成长需求		0.917	0.485
基本生存需求		1.518	3.089 **
产业发展需求 × M1			0.593
公共服务需求 × M1			1.46
事业成长需求 × M1			3.379 *
基本生存需求 × M1			0.351
产业发展需求 × M2			1.738

续表

项目	模型一	模型二	模型三
公共服务需求×M2			0.322
事业成长需求×M2			1.062
基本生存需求×M2			0.639
M1×M2			0.336
−2Loglikelihood	362.54	358.69	344.46
H−L Test	p = 0.043	p = 0.015	p = 0.108

注：＊表示10%水平显著，＊＊表示5%水平显著，＊＊＊表示1%水平显著。

由表 5.21 可以看出，只有模型三拟合较好。从模型三可知，从性别看，女性的职业流动方向为当地的概率是男性的 2.68 倍；从学历看，博士研究生人才职业流动方向为当地的概率是大学专科人才的 0.027 倍；从工作年限看，工作年限 4~5 年的人才职业流动方向为当地的概率是工作年限 1 年以下的 3.05 倍；从收入看，年收入 20.1 万~30 万元的职业流动方向为当地的概率是年收入 3 万元以下的 19.25 倍；从社会网络看，在籍贯所在地就业的人才职业流动方向为当地的概率是在非籍贯所在地就业的 1.86 倍，在求学所在地就业的人才职业流动方向为当地的概率是在非求学所在地就业的 3.85 倍；从人才需求看，基本生存需求满足程度每增加 1 个单位，职业流动方向为当地的概率增加 3.09 倍。此外，交互项检验结果发现，在籍贯所在地就业正向调节了事业成长需求与职业流动方向的关系，即籍贯所在地就业与非籍贯所在地就业相比，事业成长需求满足每增加 1 个单位，职业流动方向为当地的概率增加 3.38 倍。上述结果表明，人才环境对企业人才职业流动方向不能起显著影响，但基本生存需求满足能显著提高人才留在当地，且对于当地籍贯人才而言这一效应更加明显。

5.4 本章小结

（1）本章构建了人才需求结构模型，该模型包括基本生存需求、事业成长需求、公共服务需求和产业发展需求四个维度，共 18 项人才需求指标。人才需求问卷具有良好的信度和效度，可以作为测度人才需求的工具。

（2）对企业人才需求满足程度的差异性分析表明，不同人口学变量、不同企业类型、不同工作类型、不同类别和层次人才的需求满足程度均存在各自差异。国有企业的公共服务需求、民营企业的事业成长需求和基本生存需求，外资企业的基本生存需求各自具有相对优势；经营管理类人才和技能操作类人才的基本生存需求、经营管理类人才和专业技术类人才的事业成长需求、专业技术类人才的公共服务需求满足程度较高；学历越高，各种需求维度的满足程度越高。

（3）本章检验了人才需求满足与职业流动意愿之间的关系，发现对于不同类别不同层次的人才，不同维度需求满足的作用存在较大差异，作用比较一致的是事业成长环境，对降低人才职业流动意愿作用最大。研究还发现，不同的需求维度对职业流动意愿往往不是起独立作用，而是共同发挥整体作用，既有可能相互促进，也有可能相互抵消，这为企业人才环境的整体建设提供了理论依据。

（4）本章发现，经济就业环境和创新创业环境优越，显著降低人才职业流动意愿，事业成长需求在这一关系中起完全中介作用。基本生存需求显著影响人才职业流动方向，基本生存需求满足越低，人才外流风险越高。

（5）本章还发现，籍贯所在地就业显著正向调节产业发展需求与职业流动意愿的关系，即当在籍贯所在地就业时，产业发展需求满足越高，职业流动意愿越强，反之则越弱。籍贯所在地就业还正向调节事业成长需求与职业流动方向的关系，即当在籍贯所在地就业，事业成长需求满足较高时，职业流动方向为当地的概率显著高于流失到外地。

第6章 人才环境、人才需求对人才集聚影响的机理分析

前面几章分析了人才环境、人才需求对人才流动意愿的影响。本章从人才居留意愿的角度，分析人才环境、人才需求对人才集聚的影响机理，为后面的人才环境、人才需求对人才集聚的实证研究提供理论基础。

6.1 人才环境对人才集聚的影响

人才环境对人才集聚的影响的经典理论解释可溯源到博格（Bogue）1959年提出的"推拉理论"。该理论比较了人才流出地和流入地的经济发展水平、科研环境、教育水平、生活便利程度、社会氛围等因素，得到的结论是：比较优势则将对人才产生向内的拉力，比较劣势将对人才产生向外的推力。即：当推力大于拉力时，人才便流出；拉力大于推力时，人才便流入。近年来，人才环境对人才集聚的实证分析大都采用了该理论框架。不少研究深入分析了人才环境对人才集聚的影响，发现经济环境（张美丽，2018）、创新环境（霍丽霞，2019）、生活环境（颜青，2019；周振江，2020）、制度环境（李士梅，2020）、自然环境（李光龙，2020）均显著正向影响人才集聚。

经济环境是一个城市人才环境的根本核心竞争力，东部沿海城市人才集聚与其高水平的经济发展程度分不开（曹威麟，2015）。经济环境对人才的吸引力包括经济发展水平和经济结构两个方面：一方面，城市的经济发展水平较高时，会推动城市经济制度的优化，从而提高人力资本的边际收益，因而更容易对人才产生强大的拉力，形成人才集聚；另一方面，城市人才集聚度的提高，促进了城市产业集聚，带来了规模经济、技术进步、知识创新、溢出效应以及工资优势等，这些因素反过来又促进了城市的人才集聚。因此，经济环境对城市人才集聚能够产生正向作用，并且人口规模越大的城市，影响可能就越大。因此，本书提出以下研究假设：

H1a：城市经济环境对人才集聚可能产生正向影响作用。

创新环境反映了一个城市在科学研究、教育事业等方面的支出。研究表明，高等教育资源的投入显著促进人口集聚（杜文路，2021），对创新研发的巨大投入，不但可以直接促进人才集聚，同时创新研发投入将持续提高城市的知识积累、产业升级、人力资本水平，以及促进经济增长水平和发展质量，这些因素同样对更多人才产生巨大的拉力作用，进一步提升城市人才集聚，从而实现良性循环。因此，创新环境对人才集聚会产生正向影响。因此，本书提出以下研究假设：

H1b：城市创新环境对人才集聚可能产生正向影响作用。

生活环境反映了城市的基础生活设施和公共服务水平，包括道路设施和公共交通设施、商场数量、医院数量、学校数量、通信系统等硬件设施方面，以及人文环境、教育水平、社会氛围等软件设施方面，这些因素不仅影响着人们日常生活的吃、穿、住、行，而且也将深刻影响下一代人的成长。生活环境对人才集聚的作用最为关键（刘兵，2013），因此，人才在选择城市定居时，生活环境必将会作为优先考虑的方面，良好的城市生活环境将对人才产生强大的拉力作用。因此，本书提出以下研究假设：

H1c：城市生活环境对人才集聚可能产生正向影响作用。

自然环境从另一个方面反映了城市对人才的吸引力，研究发现，城市舒适性对人才集聚有较强的解释力（何金廖，2021）。随着现代人对健康生活越来越重视，空气质量好、环境污染少的地区对人才的吸引力持续提升。但是，目前许多城市自然环境污染严重，沙尘暴、雾霾等肉眼可见的大气污染以及看不见的水污染和土壤污染等问题突出，严重影响城市居民的身体健康，这些因素对人才产生外向的推力，人们倾向于选择自然条件优美的城市定居。然而，对于缺少就业机会的小规模城市而言，仅有自然环境的优势还难以对人才产生足够的拉力，相反，如果大城市能够改善自然环境，那么有可能对人才产生巨大的拉力。因此，自然环境对人才集聚也能产生一定的正向影响，而且在规模较大的城市表现得更为明显。因此，本书提出以下研究假设：

H1d：城市自然环境对人才集聚可能产生正向影响作用。

人才政策环境是城市促进人才集聚普遍采用的手段之一。研究发现，人才政策显著促进区域内的人才集聚，且对周边地区存在作用不同的溢出效应（李慊，2021）。人才政策可以覆盖人才事业与生活的方方面面，对人才具有最直接的吸引力。一方面，人才政策可以是发展性政策，通过工作设计、人际关系处理、成果转化认定等，提高事业对人才的吸引力，从而对人才产生拉力。另一方面，通过配置制度、解决随迁家属工作和学习等一系列福利性政策，保障人才的基本生活，进而对人才产生吸引力。不仅如此，人才政策还可以有效弥补其他方面人才环境的短板，如城市房价过高对人才本应产生向外的推力，但是人才政策通过提供住房、住房补贴等方式可以抵消房价过高的负面影响。因此，人才政策不仅对人才集聚会产生最直接的正向影响，还会有效调节其他人才环境对人才集聚的影响，对有利于促进人才集聚的环境起到增强效应，而对于有碍于人才集聚的环境起到抵消效应。因此，本书提出以下研究假设。

H1e：城市政策环境对人才集聚可能产生正向影响作用。

H1f：城市人才政策环境正向调节了经济、创新、生活和自然环境对人才集聚的影响，即当人才政策环境较好时，经济、创新、生活和自然环境对人才集聚的正向影响更大；反之，则影响较小。

近年来随着研究的深入，学术界对人才环境与人才集聚的关系进行了更为细致的分析。相关研究发现，人才对环境的偏好与城市规模密切相关，并且人才对城市基本公共服务（童玉芬，2015；侯慧丽，2016；刘乃全，2017；林李月，2019）、就业与收入（张可可，2019）、住房（古恒宇，2020）等偏好在不同城市规模间存在差异。不同规模的城市人才对环境的偏好不同，本质上是因为城市人才环境有的方面对人才产生拉力，有的方面却产生推力，而最终人才根据自身需要进行理性选择的结果。

规模较大的城市通常经济发展水平较高，拥有更好的生活基础设施，能提供更好的公共服务和事业发展机会、收入水平较高等优点，但也存在生活开销大、节奏快等不足，以及各种"城市病"等问题。而规模较小的城市虽然经济发展水平低，但生活成本较低、节奏较慢。人们根据自身需要，有的被大城市人才环境的优点所吸引，从而定居大城市，有的则偏爱小城市慢节奏生活方式。总体来说，规模大的城市人才环境更具有竞争力，更有可能对人才集聚产生积极的影响，而小城市人才环境对人才集聚的吸引力相对较低。

基于以上分析，提出下列研究假设：

H2a：城市规模越大，经济环境对人才集聚的影响可能越大；反之则影响越小。

H2b：城市规模越大，创新环境对人才集聚的影响可能越大；反之则影响越小。

H2c：城市规模越大，政策环境对人才集聚的影响可能越大；反之则影响越小。

H2d：城市规模越大，生活环境对人才集聚的影响可能越大；反之则影响越小。

H2e：城市规模越大，自然环境对人才集聚的影响可能越大；反之则影响越小。

此外，中小城市人才环境对人才集聚的影响还可能受到城市区位因素的影响。根据美国发展经济学家托达罗的预期收入成本理论，理性经济人的迁移决策依据是预期收入与成本的衡量，如果两个城市地理位置相邻，意味着迁移成本较低，而其中一个城市人才环境更具竞争力，则说明迁入的收益更高，那么人才更有可能迁入人才环境较好的城市。因此，如果中小城市与大城市相邻，虽然有一部分人才会流入大城市，但同时也可能受到大城市人才集聚的正外部性影响，中小城市可以吸引周边远离大城市地区的人才流入，从而提高当地人才环境对人才集聚的作用。据此，本书提出以下研究假设：

H3a：当中小城市邻近大城市时，经济环境对中小城市人才集聚的影响可能更大。

H3b：当中小城市邻近大城市时，创新环境对中小城市人才集聚的影响可能更大。

H3c：当中小城市邻近大城市时，政策环境对中小城市人才集聚的影响可能更大。

H3d：当中小城市邻近大城市时，生活环境对中小城市人才集聚的影响可能更大。

H3e：当中小城市邻近大城市时，自然环境对中小城市人才集聚的影响可能更大。

6.2　人才需求对人才集聚的影响

人才流动通常是人才作为理性人作出的行为选择，最终都是为了满足自身的需要。人才需求的满足将对人才直接产生拉力，不满足则会产生推力。有研究表明，各种各样的人才需求都将对人才集聚产生影响，例如就业需求、公共服务需求等（朱宇，2004）。

就业需求对人才会产生最直接的拉力作用，一份稳定的工作意味着能够在城市立稳脚跟，有利于人才在城市定居。从就业质量来看，正规就业与非正规就业对人才的吸引力差别巨大，非正规就业在收入待遇、职业稳定性、职业发展前景、社会地位等方面都无法得到保障，因而正规就业对人才的拉力作用要大于非正规就业。就业需求对人才集聚的影响还可能在城市规模上存在异质性，这是由于规模较大的城市正规就业的机会更多，对劳动者权益的保障力度大，因此正规就业对人才集聚的影响可能更大；而规模较小的城市就业机会少，劳动保障相关制度不完善，因此正规就业对人才集聚的影响较小。因此，本书提出以下研究假设：

H4a1：就业需求满足对人才集聚可能产生正向影响作用。

H4a2：城市规模越大，就业需求对人才集聚的影响越大；反之则越小。

住房需求是人才需求的重要方面，随着西部地区城市化进程加快，商品房价格不断升高，解决住房问题是人才的一项急迫需求。现实生活中，有许多流动人口在城市租房，面临着住房面积小、拥挤、房屋生活设施配套不齐全、治安条件差等问题。如果在城市能够买得起房，对人才在城市定居是一个重要拉力因素；反之，买房困难很可能对人才产生外向的推力，因此住房需求满足对人才集聚有正向影响。此外，城市规模越大，人才面临的买房压力显然更大，因此在规模大的城市住房需求如果得以满足，将会对人才定居的作用更大。因此，本书提出以下研究假设：

H4b1：住房需求满足对人才集聚可能产生正向影响作用。

H4b2：城市规模越大，住房需求对人才集聚的影响越大；反之则越小。

经济收入可以用于维系日常生活开支，是人才集聚的重要驱动因素。人才流动最重要的目的之一，便是获得比原来更高的经济收入。发展经济学家刘易斯的二元经济理论模型提出，只要非农业生产部门支付的工资高于农业生产活动，劳动者获得的收益能补偿迁移带来的各种成本，那么农业劳动力就会流入非农业部门。因此，收入因素是劳动力流动最原始的利益驱动，对城市人才集聚产生不可估量的作用。从城市规模看，由于大城市的生活支出更大，因而收入需求满足可能对人才集聚的影响更大。因此，本书提出以下研究假设：

H4c1：收入需求满足对人才集聚可能产生正向影响作用。

H4c2：城市规模越大，收入需求对人才集聚的影响越大；反之则越小。

良好的生活环境为人才提供了基本的生活保障，满足人才的安全需要和归属感，因而生活需求同样会影响人才居留意愿（马丽，2015）。重视家庭生活是中国人根深蒂固的传统观念，子女教育、配偶随迁和就业、老人赡养等生活问题，都是人才流动重要考虑因素，因而生活需求满足对于人才集聚会产生正向作用。而城市规模越大，考虑到竞争和拥挤加剧，获得良好的教育服务、养老服务的可能性越低，因而规模越大的城市，生活需求的满足对人才集聚产生的拉力作用更大。因此，本书提出以下研究假设：

H4d1：生活需求满足对人才集聚可能产生正向影响作用。

H4d2：城市规模越大，生活需求对人才集聚的影响越大；反之则越小。

人才需求的满足，显然有利于促进人才与当地社会融合。就业、住房、收入以及生活需求的满足会直接增进人才对城市的心理认同，让人才对城市具有归属感，而正规就业能有效帮助人才建立本地社会网络，认识更多当地户籍的同事和朋友，生活需求满足意味着家属随迁，会增进自己是本地人的认知，从而降低社会排斥感。因此，人才需求满足能够促进社会融合。

有研究发现，社会性因素通常被认为对人的行为会产生直接影响，尤其社会融合的作用不可忽视。社会网络对人才流动存在联系性路径和认知性路径两种影响方式；联系性路径强调社会联系无论是强联系还是弱联系，都对人才流动产生正向影响；认知性路径强调知识背景、文化背景和专业能力评价所形成的认知一致性，同样正向影响人才流动（徐茜，2020）。本地社会网络将使得迁移者更准确获取当地的劳动力市场信息，从而更容易促进迁移决策；心理认同和社会排斥感则能够提高人才的城市归属感和生活幸福感，从而有利于促进人才在城市长久居留。因此，人才需求有可能通过促进社会融合，进而正向影响人才的城市居留意愿。因此，本书提出以下假设：

H5a：社会排斥感可能在人才需求对人才集聚的影响中起到中介作用。

H5b：本地社会关系网络可能在人才需求对人才集聚的影响中起到中介作用。

H5c：心理认同可能在人才需求对人才集聚的影响中起到中介作用。

6.3 人才环境与人才需求对人才集聚交互影响的机理分析

美国学者勒温提出了场动力理论，认为个人能力与个人条件与其所处的环境直接影响个人行为，个人行为与个人能力、条件、环境之间存在着一种类似物理学中的场强函数关系。基于此，他提出了个人与环境关系的公式，即 $B = f(p, e)$。其中 B 表示行为，p 和 e 分别表示个人和环境因素，这一公式阐述了个人和环境共同对行为产生影响。有部分关于人才集聚的研究开始关注环境特征和个体特征两个方面的影响（毛献峰，2019；周海锋，2020）。人才环境与人才需求可能出现错配或未配等问题。还有研究分析了上海"海归"青年教师引进供给与需求匹配，发现政策供给与个体需求之间存在错配和未配，如研究生招生资格政策供给大于个人需求，而科研合作氛围、科研启动经费、人才计划支持、科研项目申请支持、国际学术交流机会、个人可自由支配时间等政策供给小于个人需求（朱军文，2019）。因此，只有做到人才环境与人才需求适配，才能对人才集聚发挥更大的促进作用。

人才环境对人才流动提供了外部动力，而人才需求则是人才流动的内部动力，根据"场"理论，二者共同对人才居留意愿产生影响。人才环境对人才需求与人才集聚的关系可能起到正向调节作用，即：相比之下人才环境较好的城市，人才需求的满足对居留意愿的正向促进会更明显。其原因在于，人才环境在更大范围为人才提供了外部条件，人才可以享受到环境优越带来的正外部性，因此人才需求的满足会显著提升居留意愿；反过来，人才环境如果较差，即便人才需求得到满足，人才也有可能因为外部环境的约束，而选择流入环境更好的城市，即俗话所说的人往高处走。

基于上述分析，本书提出以下假设：

H6a：城市经济环境可能正向调节人才需求满足对人才集聚的影响。当经济环境越好时，人才需求满足对人才集聚的影响越大；反之则越小。

H6b：城市创新环境可能正向调节人才需求满足对人才集聚的影响。当创新环境越好时，人才需求满足对人才集聚的影响越大；反之则越小。

H6c：城市政策环境可能正向调节人才需求满足对人才集聚的影响。当政策环境越好时，人才需求满足对人才集聚的影响越大；反之则越小。

H6d：城市生活环境可能正向调节人才需求满足对人才集聚的影响。当生活环境越好时，人才需求满足对人才集聚的影响越大；反之则越小。

H6e：城市自然环境可能正向调节人才需求满足对人才集聚的影响。当自然环境越好时，人才需求满足对人才集聚的影响越大；反之则越小。

综上所述，图6.1展示了上述机理分析。总体而言，主要的研究假设包括：人才需求通过影响社会融合，进而对人才集聚产生正向影响；人才集聚除了受个体层面人才需求的影响之外，还受到城市层面人才环境因素的影响，且人才环境对人才需求与人才集聚的关系存在跨层次的正向调节作用。

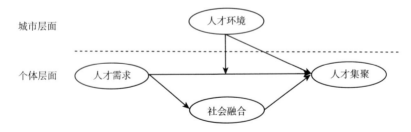

图6.1　人才环境与人才需求对人才集聚的作用路径

6.4　本章小结

本章基于推拉理论的分析框架，首先分析了经济、创新、政策、生活和自然环境对人才集聚的正向影响，并对城市规模间的异质性进行了分析，提出随着城市规模越大，人才环境对人才集聚的影响越大。其次分析了就业、收入、生活、住房需求对人才集聚的正向影响，建立了人才需求→社会融合→人才集聚的解释机制，并提出了不同城市规模的影响差异，即城市规模越大，人才需求对人才集聚的影响越大。最后基于勒温的场动力理论，提出了影响人才集聚的两层次影响因素模型，并分析了人才环境对人才需求与人才集聚关系可能存在的跨层次正向调节作用，即随着人才环境越好，人才需求满足对人才集聚的影响越大。

第 7 章 西部城市人才环境对人才集聚的影响

城市人才环境对人才集聚的重要影响不言而喻，长期以来许多相关研究的结果证实了这一点（徐茜，2010；樊丹，2015；曹威麟，2016；霍丽霞，2019）。随着相关研究的深入，对城市规模因素的差异性分析逐渐变多。大多数研究发现，随着城市规模改变，人才集聚的主要影响因素也在变化。已有相关研究主要围绕公共服务和住房两个方面。（1）关注公共服务对人才集聚影响的城市差异。童玉芬（2015）分析了流动人口对于超大城市的偏好，发现超大城市公共服务是人口流入的重要原因；侯慧丽（2016）发现城市规模会影响流动人口获得公共服务的可能性，城市规模越大，参加养老保险对流动人口留居的影响效用越大；刘乃全（2017）发现大型城市的流动人口更容易获取城市公共服务且留城意愿较强，并认为原因有两方面，一是大城市公共服务供给质量和水平高，二是大城市公共服务对于流动人口有更强的吸引力；林李月（2019）的研究表明，基本公共服务对不同城市规模人口流动意愿影响存在差异，即大城市公共服务能够显著降低人口流动意愿，中小城市这一效应并不明显。（2）关注住房因素对人才集聚影响的城市差异。张可可（2019）分析了就业与住房等因素对居留意愿的影响，发现受教育程度、收入对大城市高学历流动人口居留意愿的影响更大；就业单位性质则对中小城市高学历流动人口居留意愿影响显著，对大城市影响不显著；房价对大城市高学历流动人口居留意愿的影响呈倒 U 形，对中小城市影响不显著等。古恒宇（2020）等人研究发现，随着城市规模的增加，流动人口居留意愿先升后降，并从公共服务水平和房价挤出效应等方面进行了原因分析。

人才集聚还会受到城市之间空间距离的影响，因此，有文献从相邻城市人才集聚的外部性入手，研究人才集聚的影响因素。如王珍珍（2018）研究发现城市规模对人力资本外部性的影响存在双重门槛；刘玉成（2019）研究发现地区科技创新能力提升通过空间溢出效应，将同时有助于本地区和邻近地区的科技人才集聚。在已有研究的基础上，本章主要实证研究西部城市人才环境对人才集聚的影响效应，从人才保留的角度界定人才集聚的内涵，结合本书第 3 章对西部城市人才环境的测度，构建有序多元 Probit 回归模型分析人才环境对人才集聚的影响，并从城市规模和城市区位两方面分别进行异质性分析。

7.1　人才环境对人才集聚影响的实证模型设定

7.1.1　数据来源、变量测量与描述性统计

本章使用的核心变量包括人才环境和人才集聚两方面。有学者指出，人才集聚是人才受各种因素影响在空间上不断集中的现象，区域间的人才竞争，不仅取决于吸引人才的能力，更取决于保留人才的能力（翁清雄，2014）。同时，从已有文献来看，大多数研究关注如何提升区域的人才吸引力，而关注如何提升区域内人才的根植意愿研究相对较少。为此，本书将因变量人才集聚的操作性定义界定为：从人才保留的视角上，人才集聚的内涵指人才在城市的根植意愿。对人才集聚的微观测量数据主要来自 2017 年全国流动人口卫生计生动态监测调查。据《中国流动人口发展报告 2017》，2016 年我国流动人口规模为 2.45亿，占总人口的 17.72%。从这一意义上说流动人口是人才争夺的重点，因此本书选用这一数据库较为合理。该调查采用多层、多阶段、与规模呈比例的PPS 方法进行抽样，覆盖了我国 31 个省区市，涵盖 16 万多个体样本，具有较高的代表性。进一步对西部地区年龄 60 岁以下且受教育年限在大专及以上的样本进行筛选后，最后得到有效个体样本 7957 例。结合调查问卷中的相关问题，因变量对应的两个调查题项分别为："今后一段时间，您是否打算继续留在本地"，受访者在"是、否及不知道"三个选项内作出判断，将回答为否的赋值为 0；"如果您打算留在本地，预计自己将在本地留多久"，受访者在"1 ~ 2年、3 ~ 5 年、6 ~ 10 年、10 年以上、定居及没想好"六个选项中作出判断，删除回答没想好的样本，将前五项回答分别赋值为 1、2、3、4、5，赋值越高表示流动意愿越弱。

自变量人才环境数据主要来源于地方统计年鉴和人才政策文件。通过因子分析和最大熵值法计算得到人才环境指数，本书第 3 章已对相关过程进行了详细分析。此外，协变量的选取依据了相关文献研究结论以及研究实践经验（宋月萍，2012；李琴，2020；于潇，2021）。同时，结合流动人口卫生计生动态监测调查具体内容，选择的个体层面协变量包括：年龄、学历、收入、家庭规模、户口性质、职业类型，城市层面协变量为城市登记失业率。变量的描述性统计

结果见表7.1。

表7.1 变量描述性统计结果

变量名称	变量赋值	均值	最小值	最大值
被解释变量				
流动意愿	0 = 5 年以下，1 = 6 ~ 10 年，2 = 10 年以上，3 = 定居	2.094	0	3
解释变量				
经济就业环境	连续变量，本书第3章计算得出的环境指数	0.077	0.004	0.255
创新研发环境	连续变量，本书第3章计算得出的环境指数	0.041	0.001	0.175
人才政策环境	连续变量，本书第3章计算得出的环境指数	0.047	0.002	0.155
生活居住环境	连续变量，本书第3章计算得出的环境指数	0.086	0.002	0.185
自然生态环境	连续变量，本书第3章计算得出的环境指数	0.035	0.004	0.055
控制变量				
年龄	连续变量，受访者的年龄（岁）	30.83	18	60
户口性质	1 = 农业，2 = 非农业	1.46	1	2
学历	1 = 大学专科，2 = 大学本科，3 = 研究生	1.40	1	3
收入	平均每月总收入，连续变量	7345.63	120	60000
家庭规模	家庭成员人数，连续变量	2.81	1	10
职业类型	1 = 专业技术及办事人员（包括"国家机关、党群组织、企事业单位负责人"、专业技术人员、公务员、办事人员和有关人员），2 = 商业服务业人员（包括经商、餐饮、家政、保洁、保安、装修、快递、"其他商业、服务业人员"），3 = 农业及产业工人（包括"农林牧渔、水利业生产人员"、生产、运输、建筑，"其他生产、运输设备操作人员及有关人员"），4 = 无固定职业及其他	1.85	1	4
登记失业率	登记失业人数占从业人员与登记失业人数比	0.05	0.01	0.29

7.1.2 实证模型设定

由于对因变量的测度为排序数据，采用普通最小二乘法（OLS）估计不适用。有序 Probit 模型适用于专门处理因变量为排序数据的情况，因此回归分析采用有序 Probit 的实证方法，设定的基准回归方程如下：

$$migration_{ij} = \alpha_0 + \alpha_1 \, envir_j + \beta \, X_{ij} + \gamma \, Z_j + \varepsilon_{ij} \tag{7.1}$$

式（7.1）中，*migration* 代表流动意愿，*i* 表示个人，*j* 表示所在城市。$envir_j$ 表示城市环境，X_{ij} 表示个人层面的控制变量，Z_j 表示城市层面的控制变量，ε 代表随机误差项。

已有研究发现，不同维度的人才环境对人才集聚的影响并不是孤立的，而是有可能存在相互作用。例如，沿海经济发达地区人口流动意愿更容易受空气污染的影响（孙中伟，2018），公共服务环境正向调节就业与定居意愿的关系（胡斌红，2020），提高公共服务水平能够降低高房价对人才流动意愿的影响（周颖刚，2019），城市人才环境的不同方面可能会对人才集聚共同产生影响。因此，为进一步考察人才环境对人才集聚的交互影响，特别是人才政策环境与其他维度人才环境的共同作用，本书在基准回归方程的基础上，构建人才政策环境与其他人才环境的交互项，从而检验不同类型人才环境如何共同对人才集聚产生影响，由此得到扩展的方程模型如下：

$$migration_{ij} = \alpha'_0 + \alpha'_1 envir_j + \alpha_2\, envir_{jm} \times envir_{jn} + \beta'\, X_{ij} + \gamma'\, Z_j + \varepsilon'_{ij} \quad (7.2)$$

式（7.2）中，$envir_{jm}$ 和 $envir_{jm}$ 分别表示不同维度人才环境，其他符号意义与基准回归方程相同。

7.2　人才环境对人才集聚影响的实证分析

7.2.1　有序 Probit 回归结果

根据实证模型进行有序 Probit 回归分析，结果如表 7.2 所示。其中，模型 1 是仅加入控制变量的回归结果，模型 2 是加入核心解释变量的回归结果，模型 3 是加入交互项后的回归结果。排序选择模型中估计系数不能被解释成对因变量的边际影响，而只能从系数的符号上进行判断，如果系数符号为正，表明自变量取值越大导致因变量发生的概率越大，否则越小。

表 7.2　　　　　　　　　　　　　有序 **Probit** 模型的估计结果

变量	模型 1		模型 2		模型 3	
	系数	标准误	系数	标准误	系数	标准误
经济就业环境	2.058 ***	0.660	2.215 ***	0.735	2.472 ***	0.743
创新研发环境	2.775 **	1.251	4.392 ***	1.459	5.465 ***	1.279
人才政策环境	5.460 ***	1.264	4.472 ***	1.497	3.298 ***	1.230

续表

变量		模型 1		模型 2		模型 3	
		系数	标准误	系数	标准误	系数	标准误
生活居住环境		1.313	0.995	0.679	1.162	0.096	6.609
自然生态环境		−17.022***	3.077	−10.053***	3.588	−9.072	6.096
年龄				0.015***	0.005	0.015***	0.005
非农业户口				0.211***	0.068	0.218***	0.068
学历	本科			0.044	0.069	0.029	0.069
	研究生			−0.081	0.225	−0.088	0.226
收入				0.001***	0.000	0.001***	0.000
家庭规模				0.258***	0.030	0.252***	0.030
职业类型	商业服务业人员			−0.273***	0.073	−0.285***	0.074
	农业及产业工人			−0.392***	0.102	−0.421***	0.102
	无固定职业及其他			0.074	0.134	0.055	0.140
登记失业率				−2.465***	0.853	−1.531*	0.902
经济×政策						2.436***	0.670
研发×政策						0.440**	0.173
居住×政策						0.417	0.527
自然×政策						2.113***	0.435
N		5441		4264		4264	
Pseudo R²		0.006		0.043		0.049	

注：*、**、*** 分别表示在 10%、5% 和 1% 的水平上显著。其中，哑变量学历以大学专科为参照对象，职业类型以专业技术及办事人员为参照对象，户口性质以农业户口为参照对象。

回归结果中控制变量系数的符号及显著性与其他以往研究结论基本一致。年龄、收入、家庭规模均正向影响人才集聚，相比农业户口，非农业户口人才集聚意愿更强，这些研究结果与李琴（2020）、陈正（2021）等研究结果相一致。学历与人才集聚关系不显著，这与陈正（2021）等的研究存在差异，可能的原因是陈正（2021）等的研究中学历包括了未上过学、小学、初中、高中、大学专科、大学本科以及研究生，而本研究界定人才的定义时将学历要求在大学专科以上，这类对象都有较高的人力资本和学习能力，能够在城市扎根并安居乐业，因此集聚意愿不存在明显差异。相比专业技术及办事人员，商业服业人员、农业及产业工人的集聚更弱，这与李琴（2020）等人的研究是一致的，原因是专业技术及办事人员通常有专业技术，收入也更高，因此留居意愿更强。城市登记失业率显著负向影响人才集聚，这与古恒宇（2019）等人的研究是一致的，城市失业率的增加对人才而言意味着获得工作的机会下降，无法获得稳定的收入来源，因而会导致城市的人才流失。

从模型 1 的回归结果可发现，人才环境的不同方面对人才集聚影响方向存在差异。其中，经济就业环境、创新研发环境、人才政策环境显著正向影响了人才集聚，自然生态环境显著负向影响了人才集聚，而生活居住环境对人才集聚影响不显著。模型 2 加入控制变量进行回归分析表明，虽然人才环境各个维度的系数有一定改变，但方向仍然和模型 1 保持一致。模型 3 在模型 2 的基础上再加入人才政策环境与其他各维度人才环境的交互项之后，从回归结果可以看出，生活居住环境和自然生态环境对人才集聚的影响均不显著，而经济就业环境、人才政策环境和创新研发环境显著正向影响了人才集聚，即假设 H1a、H1b、H1d 得到了验证，但假设 H1c、H1e 未得到验证。导致上述结果可能的原因是，经济发展水平是城市发展的基础，也是人才基本生存需求的根本保障，人才政策环境和创新研发环境往往影响人才事业需求的满足，因此，上述人才环境指标均正向影响了人才集聚。但生活居住环境和自然生态环境并未直接明显影响到人才基本需要的满足，属于优化而非优先考虑的指标，人才在城市的根植愿意不容易受其直接的影响，因此未对人才集聚产生明显影响。这一结果说明推拉理论中的拉力因素，在人才的认知心理中存在着重要程度各不相同的排序。经济性因素和政策因素如城市经济环境、创新环境、人才政策环境等，对人才集聚形成了强有力的拉力，但非经济性因素如生活环境和自然生态环境的重要性相对较低，对人才集聚的拉力作用较弱。

从交互项的系数来看，除生活居住环境之外，人才政策环境显著正向调节了经济就业环境、创新研发环境以及自然生态环境对人才集聚的影响，说明城市人才政策环境越好，其他维度人才环境对人才集聚的正向影响越大，即除了生活环境以外，假设 H1f 得到了验证。这一结果表明，推拉理论中的拉力因素对人才集聚的影响是整体作用效应，即城市的人才政策环境一方面对人才集聚有直接拉力效应，另一方面又增强了其他环境对人才的拉力效应，因而西部城市应精准有效利用人才政策工具，促进当地人才集聚。

7.2.2　人才环境对人才集聚的边际影响分析

为进一步探究人才环境各个维度对人才城市居留意愿不同等级选择概率的

边际影响，对有序 Probit 回归模型 3 做了相应的边际效应分析，并列出核心解释变量对人才集聚影响的边际效应，如表 7.3 所示。从中可见，生活居住环境和自然生态环境对人才集聚的边际影响整体不显著，而经济就业环境、创新研发环境和人才政策环境对人才集聚的边际影响均为显著。

表 7.3   **人才环境对人才集聚影响的边际效应**

解释变量	城市居留意愿			
	5 年以下	6～10 年	10 年以上	定居
经济就业环境	0.361 *** (0.106)	0.055 *** (0.009)	0.065 *** (0.011)	0.481 *** (0.081)
创新研发环境	0.443 *** (0.070)	0.371 *** (0.109)	0.443 *** (0.129)	0.258 *** (0.033)
人才政策环境	0.652 *** (0.144)	0.706 *** (0.252)	0.845 *** (0.301)	0.203 *** (0.058)
生活居住环境	0.253 (0.210)	0.038 (0.167)	0.046 (0.200)	0.338 (0.468)
自然生态环境	0.152 (0.112)	0.266 (0.254)	0.318 (0.195)	0.336 (0.345)

注：*、**、*** 分别表示在 10%、5% 和 1% 的水平上显著。

经济就业环境对人才集聚的边际影响表明，当其他变量保持不变时，经济就业环境指数每增加 1 个单位，人才的城市居留意愿为 5 年以下的概率就会增加 36.1%，居留意愿为 6～10 年的概率会增加 5.5%，居留意愿为 10 年以上的概率会增加 6.5%，居住意愿为定居的概率会增加 48.1%。以上结果意味着，经济就业环境将显著提升人才的城市居留意愿，尤其是对居留意愿在 5 年以下和定居的效果更加明显。

创新研发环境对人才集聚的边际影响表明，当其他变量保持不变时，创新研发环境指数每增加 1 个单位，人才的城市居留意愿为 5 年以下的概率会增加 44.3%，居留意愿为 6～10 年的概率会增加 37.1%，居留意愿为 10 年以上的概率会增加 44.3%，居留意愿为定居的概率会增加 25.8%。可以说，创新研发环境将显著提升人才的城市居留意愿，并且对任意居留意愿程度的效果都较为明显。

人才政策环境对人才集聚的边际影响表明，当其他变量保持不变时，人才政策环境指数每增加 1 个单位，人才的城市居留意愿为 5 年以下的概率会增加 65.2%，居留意愿为 6～10 年的概率会增加 70.6%，居留意愿为 10 年以上的概率会增加 84.5%，居留意愿为定居的概率会增加 20.3%。因此，人才政策环境将显著提升人才的城市居留意愿，尤其对增进人才中短期居留意愿的效果较为明显。

7.3　人才环境对人才集聚影响的异质性分析

在验证人才环境对人才集聚存在正向影响效应的基础上，本书还考虑到城市规模会影响人口流动意愿（林李月，2019；童玉芬，2015；侯慧丽，2016；刘乃全，2017；古恒宇，2020；张可可，2019；王珍珍，2018）。同时，城市区位因素同样会影响人口流动，中心城市对周边城市人才集聚的影响是"虹吸效应"和"空间溢出效应"的综合作用，中心城市可能通过优势的收入和高端医疗设施吸引周边城市的人才，但也能通过优质义务教育、高等教育、科研集聚发挥出"空间溢出效应"，促进周边城市的人才集聚水平（刘晖，2018）。也有研究表明，地区科技创新能力提升通过空间溢出效应，将同时有助于本地区和邻近地区的科技人才集聚（刘玉成，2019）。因此，本节从城市规模以及城市区位条件两个维度考察人才环境对人才集聚影响效应的异质性。

7.3.1　基于城市规模的分样本检验

7.3.1.1　不同城市规模的分样本回归分析结果

基于城市规模的分组检验结果如表 7.4 所示。从中可以看出，人才环境的不同维度对不同规模城市人才集聚影响的方向存在差异。李琬（2015）等的研究证实，农民市民化过程中，偏好大城市的更重视就业机会，偏好中等城市更重视公共服务，说明随着城市规模的改变，城市吸引人口流入的特征存在差异，本研究的发现也证实了这一点。

表 7.4　　　　　　　　　　　城市规模异质性分析结果

变量	小城市（模型 1）		中等城市（模型 2）		大城市及以上（模型 3）	
	系数	标准误	系数	标准误	系数	标准误
经济就业环境	8.366***	1.948	4.463***	0.602	3.069***	1.113
创新研发环境	16.972**	7.530	11.993**	5.536	4.098**	1.790
人才政策环境	18.889	17.520	2.589***	0.554	5.580*	2.876

续表

变量		小城市（模型1）		中等城市（模型2）		大城市及以上（模型3）	
		系数	标准误	系数	标准误	系数	标准误
生活居住环境		2.621**	1.282	2.641	0.769	2.368	1.669
自然生态环境		-10.416	7.369	3.260	2.486	11.882*	6.899
年龄		0.010	0.010	0.037*	0.022	0.025***	0.007
非农业户口		0.020	0.152	0.380	0.290	0.277***	0.081
学历	本科	-0.118	0.151	0.044	0.069	0.101	0.082
	研究生	-0.873**	0.429	-0.081	0.225	0.317	0.294
收入		0.001	0.001	0.001*	0.000	0.001***	0.000
家庭规模		0.146**	0.063	0.330***	0.124	0.291***	0.037
职业类型	商业服务业人员	-0.551***	0.159	-0.312	0.320	-0.219**	0.088
	农业及产业工人	-0.375*	0.226	-1.508***	0.405	-0.294**	0.122
	无固定职业及其他	-0.328	0.347	-0.866	0.558	0.183	0.162
登记失业率		1.232	1.684	-3.652***	0.923	-4.418***	1.150
经济×政策		2.427	3.214	2.667***	1.205	2.827***	1.011
研发×政策		17.824**	8.092	1.655**	0.157	1.746***	0.320
居住×政策		0.321*	0.187	6.422***	1.570	4.106***	0.839
自然×政策		5.708	9.169	6.322***	2.032	4.586***	1.205
N		866		296		3102	
Pseudo R^2		0.058		0.105		0.048	

注：*、**、*** 分别表示在10%、5%和1%的水平上显著。其中，哑变量学历以大学专科为参照对象，职业类型以专业技术及办事人员为参照对象，户口性质以农业户口为参照对象。

从回归结果中的控制变量来看，其系数和符号也因城市规模而改变。具体而言，首先，无论是在何种规模的城市，影响人才集聚的变量都包括收入、家庭规模和职业性质，前两个变量均显著正向影响人才集聚，而职业性质作为哑变量，以专业技术及办事人员作为参照对象，商业服务业人员在大城市和小城市的居留意愿显著更低，农业及产业工人在各种城市的居留意愿均显著更低，无固定职业者则不存在显著差异。其次，仅在大中城市影响人才集聚而在小城市影响不显著的变量包括年龄和城市登记失业率，年龄正向影响人才集聚，而城市登记失业率负向影响人才集聚。再其次，仅在大城市影响人才集聚而在中小城市影响不显著的变量是户口性质，以农业户口作为参照对象，非农业户口比农业户口在大城市的居留意愿显著更高。最后，仅在小城市影响人才集聚而在大中城市影响不显著的变量是学历，研究生在小城市的居留意愿显著低于大学专科。

　　具体而言，经济就业环境、创新研发环境的系数均各自在1%和5%的水平下显著为正，这表明无论城市规模如何，经济就业环境和创新研发环境都能显著正向影响人才集聚。人才政策环境分别在1%和10%的水平上显著正向影响大中城市的人才集聚，但对小城市的影响不显著，可能的原因是人才政策环境需要强力的财政支出，而小城市的人才政策环境处于相对比较劣势，这也符合我国近几年主要发生在大城市的人才政策力度不断升级的现象。生活居住环境在5%的水平上正向影响小城市的人才集聚，但对大中城市影响不显著，这可能是因为大中城市的生活配套设施已经相对完善，对人才居留意愿的影响较小，但小城市在这方面还存在一定的短板，因而通过改善生活居住环境能够吸引人才居留。自然生态环境对中小城市的人才集聚影响不显著，但在10%的水平上显著正向影响大城市，可能的原因是，大城市比中小城市的自然生态环境较差，人才"用脚投票"迁入了自然生态环境更好的城市，因而糟糕的自然生态环境对大城市的人才居留有一定的"挤出"效应。崔颖（2017）、罗勇根（2019）、王砾（2020）等学者的研究均发现，空气污染会造成人才从区域内流失。还有学者发现雾霾污染对大城市的经济发展质量造成的负面影响，要显著高于小城市，且随着时间的推移，负面影响越来越大（陈诗一，2018），这与本研究的结论是相一致的，意味着大城市自然生态环境优化对人才集聚的正向影响作用巨大。

　　从交互项的系数符号来看，人才政策环境在1%的水平上正向调节了大中城市经济就业环境对人才集聚的影响，但对小城市的调节效应不显著；人才政策环境在5%的水平上正向调节了中小城市创新研发环境对人才集聚的影响，而对大城市的正向调节显著性水平达到1%；人才政策环境在10%的水平上正向调节了小城市生活居住环境对人才集聚的影响，在1%的水平上正向调节了大中城市的影响；人才政策环境在1%的水平上正向调节了大中城市自然生态环境对人才集聚的影响，但对小城市的调节效应不显著。总体而言，对于大中城市，人才政策环境能够正向调节经济就业环境、创新研发环境、生活居住环境和自然生态环境与人才集聚的关系，从而共同积极影响人才居留意愿；但是，对于小城市，人才政策环境只正向调节创新研发环境和生活居住环境，两者共同对人才居留产生积极的影响。这一发现的启示是，人才政策环境对人才集聚的影响不是孤立的，而是与人才环境其他指标共同对人才集聚产生影响，并且应根据城市规模的改变因地制宜地进行调整。

图7.1直观地示意了小城市人才政策对创新研发环境、生活居住环境与人才集聚关系的正向调节作用。从中可见，当小城市的人才政策环境较好时，创新研发环境、生活居住环境对人才集聚的正向影响作用变大，反之则影响作用变小。这一结果说明，小城市在利用人才政策环境吸引人才时，若能够同时对创新研发环境和生活居住环境进行优化，则会增强人才环境整体对人才集聚的促进作用。

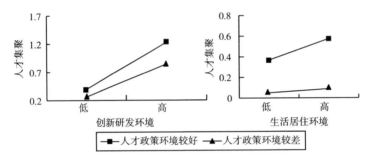

图 7.1　小城市人才政策对人才环境与人才集聚关系的调节作用

图7.2和图7.3直观地示意了中等城市和大城市人才政策环境对经济就业环境、创新研发环境、生活居住环境、自然生态环境与人才集聚关系之间的调节作用。从中可见，当大中城市的人才政策环境较好时，经济就业环境、创新研发环境、生活居住环境、自然生态环境对人才集聚的正向影响作用变大，反之则影响变小。有研究分析了深圳金融人才集聚现象，发现城市金融行业环境是吸引金融人才的根本性因素，本质上就是经济就业环境对人才的正向影响，而城市人才政策会对二者起调节作用（刘军，2015），这与本研究发现大城市的人才政策正向调节经济就业与人才集聚是一致的。这一结果的可能原因是，人才政策主要包括了福利性政策和发展性政策，福利性政策通过户籍福利、住房福利、生活福利等，对人才的生活产生直接影响，发展性政策通过资金激励、创业门槛、成果转化奖励、职称评定、人力资本存量投资等（陈莎利，2009），对人才的事业产生直接影响。因此，当人才政策环境较好时，其他维度的人才环境对人才的吸引力会增大。同时，由于大中城市的人才政策环境比小城市更有竞争力，因而小城市的人才政策环境所起的作用相对较小，而大中城市的人才政策环境起的作用更突出，这也意味着大中城市更应该注重人才环境的整体建设。

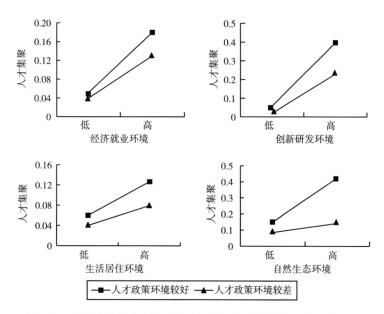

图 7.2　中等城市人才政策对人才环境与人才集聚关系的调节作用

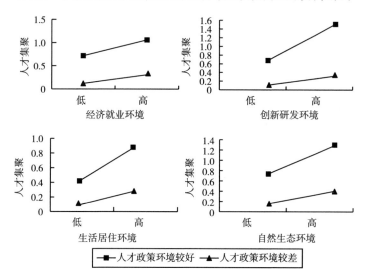

图 7.3　大城市人才政策对人才环境与人才政策的调节作用

7.3.1.2　不同城市规模人才环境对人才集聚影响的边际效应分析

为探究不同城市规模人才环境对人才集聚的边际影响，对表 7.4 中的 3 个模型进行边际效应分析。

由表 7.5 可知，小城市经济就业环境、创新研发环境和生活居住环境对人才集聚的边际影响显著，人才政策环境和自然生态环境的边际影响不显著。经济就业环境的边际影响分析显示，当其他变量保持不变时，经济就业环境指数每增加 1 个单位，人才的城市居留意愿为 5 年以下的概率就会增加 18.0%，居留意愿为 6～10 年的概率会增加 11.8%，居留意愿为 10 年以上的概率会增加 11.7%，居住意愿为定居的概率会增加 41.6%。创新研发环境的边际影响结果显示，当其他变量保持不变时，创新研发环境指数每增加 1 个单位，人才的城市居留意愿为 5 年以下的概率会增加 79.1%，居留意愿为 6～10 年的概率会增加 17.9%，居留意愿为 10 年以上的概率会增加 17.8%，居留意愿为定居的概率会增加 21.5%。生活居住环境的边际影响结果显示，当其他变量保持不变时，生活居住环境指数每增加 1 个单位，人才的城市居留意愿为 5 年以下的概率会增加 12.1%，居留意愿为 6～10 年的概率会增加 1.2%，居留意愿为 10 年以上的概率会增加 1.2%，居留意愿为定居的概率会增加 14.5%。

表 7.5　　　　　　　　小城市人才环境对人才集聚影响的边际效应

解释变量	城市居留意愿			
	5 年以下	6～10 年	10 年以上	定居
经济就业环境	0.180 *** (0.048)	0.118 *** (0.038)	0.117 *** (0.038)	0.416 *** (0.118)
创新研发环境	0.791 *** (0.063)	0.179 *** (0.067)	0.178 *** (0.068)	0.215 *** (0.075)
人才政策环境	0.054 (0.154)	0.054 (0.154)	0.053 (0.150)	0.065 (0.186)
生活居住环境	0.121 ** (0.060)	0.012 (0.083)	0.012 (0.084)	0.145 *** (0.039)
自然生态环境	0.035 (0.043)	0.036 (0.043)	0.036 (0.053)	0.042 (0.051)

注：*、**、*** 分别表示在 10%、5% 和 1% 的水平上显著。

总而言之，小城市经济就业环境、创新研发环境和生活居住环境对居留意愿的边际影响均为先减后增，但经济就业环境对长期居留意愿的边际影响较大，创新研发环境对短期居留意愿的边际影响较大，而生活居住环境对长期和短期居留意愿的边际影响较大。

从表 7.6 可知，中等城市经济就业环境、创新研发环境和人才政策环境对人才集聚的边际影响显著，生活居住环境和自然生态环境的边际影响不显著。

经济就业环境的边际影响分析显示，当其他变量保持不变时，经济就业环境指数每增加 1 个单位，人才的城市居留意愿为 5 年以下的概率就会增加 32.2%，居留意愿为 6 ~ 10 年的概率会增加 6.2%，居留意愿为 10 年以上的概率会增加 8.8%，居住意愿为定居的概率会增加 6.7%。创新研发环境的边际影响分析显示，当其他变量保持不变时，创新研发环境指数每增加 1 个单位，人才的城市居留意愿为 5 年以下的概率会增加 48.4%，居留意愿为 6 ~ 10 年的概率会增加 5.8%，居留意愿为 10 年以上的概率会增加 8.1%，居留意愿为定居的概率会增加 6.2%。人才政策环境的边际影响分析显示，当其他变量保持不变时，人才政策环境指数每增加 1 个单位，人才的城市居留意愿为 5 年以下的概率会增加 15.8%，居留意愿为 6 ~ 10 年的概率会增加 18.8%，居留意愿为 10 年以上的概率会增加 26.6%，居留意愿为定居的概率会增加 20.4%。

表 7.6　　　　　　中等城市人才环境对人才集聚影响的边际效应

解释变量	城市居留意愿			
	5 年以下	6 ~ 10 年	10 年以上	定居
经济就业环境	0.322 *** (0.090)	0.062 *** (0.017)	0.088 *** (0.015)	0.067 *** (0.012)
创新研发环境	0.484 *** (0.052)	0.058 *** (0.018)	0.081 *** (0.009)	0.062 *** (0.006)
人才政策环境	0.158 *** (0.056)	0.188 *** (0.072)	0.266 *** (0.019)	0.204 *** (0.027)
生活居住环境	0.025 (0.045)	0.029 (0.053)	0.041 (0.076)	0.032 (0.058)
自然生态环境	0.188 (0.413)	0.223 (0.493)	0.316 (0.696)	0.242 (0.531)

注：*、**、*** 分别表示在 10%、5% 和 1% 的水平上显著。

基于以上分析结果，中等城市经济就业环境和创新研发环境对居留意愿的边际影响逐渐递减，即经济就业环境和创新研发环境对短期居留意愿的边际影响较大；而人才政策环境对居留意愿的边际影响先增后减，即人才政策环境对中期居留意愿的边际影响较大。

从表 7.7 可知，大城市经济就业环境、创新研发环境、人才政策环境和自然生态环境均对人才集聚的边际影响显著，生活居住环境的边际影响不显著。经济就业环境的边际影响分析显示，当其他变量保持不变时，经济就业环境指数每增加 1 个单位，人才的城市居留意愿为 5 年以下的概率就会增加 33.6%，居留意愿为 6～10 年的概率会增加 5.8%，居留意愿为 10 年以上的概率会增加 6.8%，居住意愿为定居的概率会增加 46.2%。创新研发环境的边际影响分析显示，当其他变量保持不变时，创新研发环境指数每增加 1 个单位，人才的城市居留意愿为 5 年以下的概率会增加 84.7%，居留意愿为 6～10 年的概率会增加 14.6%，居留意愿为 10 年以上的概率会增加 17.1%，居留意愿为定居的概率会增加 11.6%。人才政策环境的边际影响分析显示，当其他变量保持不变时，人才政策环境指数每增加 1 个单位，人才的城市居留意愿为 5 年以下的概率会增加 37.2%，居留意愿为 6～10 年的概率会增加 6.4%，居留意愿为 10 年以上的概率会增加 7.5%，居留意愿为定居的概率会增加 5.1%。自然生态环境的边际影响分析显示，当其他变量保持不变时，自然生态环境指数每增加 1 个单位，人才的城市居留意愿为 5 年以下的概率会增加 6.1%，居留意愿为 6～10 年的概率会增加 10.5%，居留意愿为 10 年以上的概率会增加 12.2%，居留意愿为定居的概率会增加 8.4%。

表 7.7　　　　　　　　　　大城市人才环境对人才集聚影响的边际效应

解释变量	城市居留意愿			
	5 年以下	6～10 年	10 年以上	定居
经济就业环境	0.336 *** (0.072)	0.058 *** (0.019)	0.068 *** (0.025)	0.462 *** (0.017)
创新研发环境	0.847 *** (0.147)	0.146 *** (0.027)	0.171 *** (0.031)	0.116 *** (0.020)
人才政策环境	0.372 *** (0.041)	0.064 ** (0.032)	0.075 (0.084)	0.051 (0.057)
生活居住环境	0.055 (0.044)	0.094 (0.061)	0.011 (0.015)	0.075 (0.053)
自然生态环境	0.061 *** (0.025)	0.105 *** (0.034)	0.122 *** (0.021)	0.084 *** (0.024)

注：*、**、*** 分别表示在 10%、5% 和 1% 的水平上显著。

整体来看，对于大城市而言，经济就业环境对城市居留意愿的边际影响先减后增，即经济就业环境对短期和长期居留意愿的边际影响较大；创新研发环境和人才政策环境对城市居留意愿的边际影响逐渐递减，即创新研发环境和人才政策环境对短期居留意愿的边际影响较大；自然生态环境对城市居住意愿的边际影响先增后减，即自然生态环境对中期居留意愿的边际影响较大。

综上可知，对于小城市、中等城市和大城市而言，经济就业环境指数每提升 1 个单位，居留意愿在 5 年以下的概率分别增加 18.0%、32.2% 和 33.6%，6~10 年的概率分别增加 11.8%、6.2% 和 5.8%，10 年以上的概率分别增加 11.7%、8.8% 和 6.8%，定居的概率分别增加 41.6%、6.7% 和 46.2%。因此，当居留意愿为 5 年以下时，随着城市规模越大，经济就业环境对人才集聚的影响越大，研究假设 H2a 得到了验证；而当居留意愿为定居时，随着城市规模越大，经济就业环境对人才集聚的影响先降后增，研究假设 H2a 部分得到了验证；但当居留意愿为 6~10 年和 10 年以上时，随着城市规模越大，经济就业环境对人才集聚的影响反而越小，研究假设 H2a 没有得到验证。

创新研发环境指数每提升 1 个单位，小城市、中等城市和大城市居留意愿在 5 年以下的概率分别增加 79.1%、48.4% 和 84.7%，6~10 年的概率分别增加 17.9%、5.8% 和 14.6%，10 年以上的概率分别增加 17.8%、8.1% 和 17.1%，定居的概率分别增加 21.5%、6.2% 和 11.6%。可以看出，大城市和小城市的创新研发环境对人才集聚的影响均高于中等城市，因此研究假设 H2b 部分得到验证。

生活居住环境在大中城市对人才集聚影响不显著，但对于小城市而言，生活居住环境指数每提升 1 个单位，人才的城市居留意愿为 5 年以下的概率会增加 12.1%，居留意愿为 6~10 年的概率会增加 1.2%，居留意愿为 10 年以上的概率会增加 1.2%，居留意愿为定居的概率会增加 14.5%，说明随着城市规模变大，生活居住环境对人才集聚的影响反而变小，因此研究假设 H2d 未得到验证。

自然生态环境在中小城市对人才集聚的影响不显著，但对于大城市而言，自然生态环境指数每提升 1 个单位，居留意愿为 5 年以下、6~10 年、10 年以上以及定居的概率分别增加 6.1%、10.5%、12.2% 和 8.4%，说明随着城市规模变大，自然生态环境对人才集聚的影响也变大，因此研究假设 H2e 得到验证。

人才政策在小城市对人才集聚的影响不显著，但对于中等城市和大城市而言，人才政策环境指数每增加 1 个单位，人才的城市居留意愿为 5 年以下的概率分别增加 15.8% 和 37.2%，居留意愿为 6~10 年的概率分别增加 18.8% 和 6.4%，居留意愿为 10 年以上的概率分别增加 26.6% 和 7.5%，居留意愿为定居的概率分别增加 20.4% 和 5.1%。这一结果说明，当居留意愿为 5 年以下时，研究假设 H2c 得到验证；但当居留意愿为 5 年以上时，研究假设 H2c 未得到验证。

根据推拉理论可知，城市的拉力因素有利于促进人才集聚，本研究结果整体而言验证了推拉理论同样适用于普通人才队伍。然而上述分析进一步表明，人才环境对人才集聚的拉力效应，还与城市规模和居留意愿有关。其中，创新研发环境、生活居住环境和自然生态环境对人才集聚的影响与城市规模有关，即随着城市规模变大，自然生态环境对人才集聚的影响变大，生活居住环境对人才集聚的影响变小，创新研发环境对人才集聚的影响则先变小后增大。造成这一结果的原因可能是，大城市往往事业发展平台更好，但自然环境污染也相对较严重，因此大城市的创新研发环境和自然生态环境对人才的吸引力更强。但是，在生活居住环境方面，虽然与小城市相比，大城市的生活居住环境整体较为优越，但人均拥有基础设施却没有明显优势，且有些公共服务的获得更为困难，因此对人才的吸引力反而不如小城市。

经济就业环境和人才政策环境对人才集聚的影响则与城市规模和居留意愿均密切相关。随着城市规模变大，当城市居留意愿较短时，经济就业环境、人才政策环境对人才集聚的影响变大；但当城市居留意愿为中长期时，影响反而变小。造成这一结果的原因可能是，从短期来看，大城市提供的就业机会、人才政策能够迅速促进人才集聚。但随着时间推移，大城市生活成本高、看病难、交通拥堵等一系列问题，会削弱就业机会和人才政策的作用。同理，从长期来看，小城市因为相对低的生活成本，就业机会和人才政策对人才集聚的影响反而变大。上述分析表明，在运用推拉理论分析城市人才集聚的拉力因素时，不能一概而论，而是要分别考虑城市规模和人才居留意愿的影响。

7.3.2　基于城市区位的分样本检验

为检验西部中心城市对周边城市人才环境与人才集聚关系的影响，按照是否与省会（首府）相邻以及是否与大城市相邻两个标准划分组别，对城市区位因素进行分组检验，结果如表 7.8 所示。从中可见，城市区位因素不仅影响了人才环境与人才集聚的关系，而且省会（首府）和大城市对周边城市的影响还存在差异。有研究认为，城市规模对人力资本外部性的影响存在双重门槛，规模过小或过大会造成"集聚效应"不足和"拥挤效应"过度，均不利于城市人力资本积累（王珍珍，2018），这一观点与本研究结果是一致的。

表 7.8	城市区位异质性分析结果			
变量	相邻省会（首府）		相邻大城市	
	是（模型 1）	否（模型 2）	是（模型 3）	否（模型 4）
经济就业环境	9.553 *** (3.444)	2.154 * (1.166)	7.207 ** (3.012)	3.350 *** (0.830)

续表

变量		相邻省会（首府）		相邻大城市	
		是（模型 1）	否（模型 2）	是（模型 3）	否（模型 4）
创新研发环境		6.890 ***	2.549	4.631 **	5.331
		(2.570)	(1.659)	(1.940)	(8.620)
人才政策环境		5.609	5.188	6.855 *	4.371
		(4.384)	(4.413)	(3.681)	(2.669)
生活居住环境		4.292 **	1.410	2.983 **	1.914
		(1.136)	(1.791)	(1.331)	(1.524)
自然生态环境		1.857	2.697 **	2.602 **	1.611
		(1.211)	(1.368)	(1.041)	(1.660)
年龄		-0.017	0.002	0.019	0.012
		(0.015)	(0.011)	(0.014)	(0.013)
非农业户口		0.278	0.022	0.287	-0.032
		(0.209)	(0.161)	(0.190)	(0.180)
学历	本科	-0.204	-0.192	-0.142	-0.176
		(0.206)	(0.159)	(0.189)	(0.175)
	研究生	-0.527	-1.354	-0.357	-1.657 ***
		(0.613)	(0.481)	(0.530)	(0.555)
收入		0.001	0.001	0.001 *	0.001
		(0.001)	(0.001)	(0.001)	(0.001)
家庭规模		0.131	0.214 ***	0.150 *	0.168 **
		(0.090)	(0.068)	(0.083)	(0.075)
职业类型	商业服务业人员	-0.015	-0.620 ***	-0.083	-0.786 ***
		(0.220)	(0.171)	(0.206)	(0.189)
	农业及产业工人	-0.604 **	-0.775 ***	-0.717 ***	-0.700 ***
		(0.280)	(0.233)	(0.259)	(0.261)
	无固定职业	-0.451	-0.507	-0.639	-0.283
		(0.481)	(0.333)	(0.445)	(0.372)
登记失业率		-2.010	3.715 *	-4.104 *	5.408 **
		(3.314)	(2.056)	(2.428)	(2.144)
经济×政策		4.447 ***	1.573	3.603	2.171 *
		(0.604)	(0.991)	(5.936)	(1.214)

续表

变量	相邻省会（首府）		相邻大城市	
	是（模型1）	否（模型2）	是（模型3）	否（模型4）
研发×政策	0.757 (0.636)	1.077 (0.659)	2.297 (6.092)	1.564 * (0.824)
居住×政策	1.748 (5.362)	6.751 ** (3.101)	0.288 (5.063)	2.016 (5.083)
自然×政策	2.819 (4.676)	2.625 (1.788)	3.610 (4.580)	3.468 (3.472)
N	506	831	592	671
Pseudo R^2	0.100	0.048	0.086	0.053

注：*、**、***分别表示在10%、5%和1%的水平上显著。其中，哑变量学历以大学专科为参照对象，职业类型以专业技术及办事人员为参照对象，户口性质以农业户口为参照对象。

模型1和模型2按照是否为相邻省会（首府）城市进行分组，从回归结果可知：首先，从核心解释变量的系数符号来看，在相邻省会（首府）城市组，经济就业环境和创新研发环境均在1%的水平上显著正向影响人才集聚，生活居住环境在5%的水平上显著正向影响人才集聚，人才政策环境和自然生态环境均影响不显著；在非相邻省会（首府）城市组，经济就业环境在10%的水平、自然生态环境在5%的水平上分别显著正向影响人才集聚，人才政策环境、创新研发环境和生活居住环境的影响均不显著。其次，从交互项的系数符号来看，在相邻省会（首府）城市组，人才政策环境在1%的水平上显著正向调节了经济就业环境与人才集聚的关系，而对创新研发环境、生活居住环境和自然生态环境的调节作用不显著；在非相邻省会（首府）城市组，人才政策环境在5%的水平上显著正向调节了生活居住环境对人才集聚的影响，而对经济就业环境、创新研发环境和自然生态环境的调节作用均不显著。

模型3和模型4按照是否与大城市相邻进行分组，从结果可知：首先，从核心解释变量的系数符号来看，在相邻大城市组，经济就业环境、创新研发环境和自然生态环境均在5%的水平上显著正向影响人才集聚，人才政策环境在10%的水平上显著正向影响人才集聚，生活居住环境的影响不显著；在非相邻大城市组，经济就业环境在1%的水平上显著正向影响人才集聚，而创新研发环境、人才政策环境、生活居住环境和自然生态环境均影响不显著。可以看出，邻近大城市的地区，人才环境对人才集聚均影响更大，因此研究假设H3a、H3b、H3c、H3d和H3e均得到了验证，说明人才环境产生的拉力效应与城市地理位置因素密切相关。其次，从交互项的系数符号来看，在相邻大城市组，人才政策环境对其他各维度人才环境与人才集聚关系的调节作用均不显著；在非相邻大城市组，人才政策环境在 10% 的水平上显著正向调节了经济就业环境、创新研发环境与人才集聚的关系，而对生活居住环境和自然生态环境的调节作用不显著。

综上可知：第一，经济就业环境显著正向影响人才集聚，且不会因城市区位因素而变化，说明城市人才集聚最根本的保障是经济就业水平。第二，人才环境其他指标对人才集聚的影响，与城市区位因素有密切联系。其中，创新研发环境、生活居住环境在相邻省会（首府）或相邻大城市的地区显著正向影响人才集聚，而在非相邻地区则影响不显著，这说明只有在邻近中心城市的地区，优化创新研发环境和生活居住才能促进人才集聚，而缺少中心城市辐射的地区，创新研发环境和生活居住环境的优化不会提高人才集聚。因此，要实现创新研发环境和生活居住环境对人才集聚的影响，前提条件是受益于中心城市的"溢出效应"。第三，人才政策环境仅在相邻大城市的地区显著正向影响人才集聚，在非相邻大城市的地区影响不显著，说明人才政策环境同样需要毗邻大城市才能发挥人才集聚的功能。第四，自然生态环境在非相邻省会（首府）地区和相邻大城市地区显著正向影响人才集聚，而在相邻省会（首府）和非相邻大城市地区影响不显著，这说明自然生态环境对人才集聚的影响条件较为严苛：既要受益于省会（首府）城市的"挤出效应"，从而导致人才倾向于选择自然生态环境好的城市；同时又要受益于大城市的"溢出效应"，只有邻近大城市的地区才能依靠自然生态环境吸引人才居留，远离省会（首府）和大城市的地区很难通过自然生态环境达到吸引人才定居的目的。

有研究表明，人口迁移遵循距离邻近性原则，即距离对迁移具有很强的抑制作用，近距离不仅意味着更低的迁移交通成本，还有更低的心理成本和更可靠的劳动力市场信息（李琬，2015）。本研究发现，大城市对周边地区的人才集聚更多的是产生"溢出效应"，即周边城市通过优化创新研发环境、生活居住环境和人才政策环境，能够显著促进当地人才集聚，但这仅在与中心城市邻近的地区作用显著，间接地证明了人才迁移遵循了距离邻近性原则，即只有邻近中心城市的地区，上述人才环境才对人才集聚发挥作用，而远离中心城市的地区则作用较小。同时，本研究还发现经济就业环境对人才集聚的正向影响，与城市的区位因素无关，说明只要城市的经济就业环境较好，其人才集聚受距离制约的负面影响就较小。此外，本研究还发现自然生态环境对人才集聚的正向影响中，人才迁移遵循的是中等距离原则，即在非相邻省会（首府）但与大城市相邻的地区作用显著，说明距离中心城市中等距离的地区，自然生态环境对人才集聚的影响才更加明显。

7.4　本章小结

本章利用 2017 年全国流动人口卫生计生动态监测调查数据，从人才保留的视角对人才集聚进行了操作性定义界定与测量，结合本书第 3 章人才环境的测量数据，采用有序 Probit 回归模型进行实证分析。结果发现：

（1）西部城市人才环境的不同指标维度对人才集聚的影响存在差异。其中，经济就业环境、人才政策环境和创新研发环境显著正向影响了人才集聚，但生活居住环境和自然生态环境对人才集聚的影响却不显著。人才环境对人才集聚的边际影响分析表明，居住意愿为 5 年以下、6~10 年、10 年以上以及定居的概率变化分别为：经济就业环境指数每提升 1 个单位，相对应的概率分别增加 36.1%、5.5%、6.5% 和 48.1%；创新研发环境指数每提升 1 个单位，相对应的概率分别增加 44.3%、37.1%、44.3% 和 25.8%；人才政策环境指数每提升 1 个单位，相对应的概率分别增加 65.2%、70.6%、84.5% 和 20.3%。人才政策环境的调节效应检验结果表明，人才政策环境显著正向调节经济就业环境、创新研发环境、自然生态环境与人才集聚的关系，但对生活居住环境与人才集聚的关系调节效应不显著。

（2）随着城市规模的改变，人才环境的不同指标维度对人才集聚的影响也发生相应的变化。具体表现为：无论城市规模如何，经济就业环境和创新研发环境均显著正向影响人才集聚；人才政策环境仅显著正向影响大中城市的人才集聚；生活居住环境仅显著正向影响小城市的人才集聚；自然生态环境仅显著正向影响了大城市的人才集聚。

小城市人才环境对人才集聚的边际影响分析表明，居住意愿为 5 年以下、6~10 年、10 年以上以及定居的概率变化分别为：经济就业环境指数每提升 1 个单位，相对应的概率分别增加 18.0%、11.8%、11.7% 和 41.6%；创新研发环境指数每提升 1 个单位，相对应的概率分别增加 79.1%、17.9%、17.8% 和 21.5%；生活居住环境指数每提升 1 个单位，相对应的概率分别增加 12.1%、1.2%、1.2% 和 14.5%。

中等城市人才环境对人才集聚的边际影响分析表明，居住意愿为 5 年以下、6~10 年、10 年以上以及定居的概率变化分别为：经济就业环境指数每提升 1 个单位，相对应的概率分别增加 32.2%、6.2%、8.8% 和 6.7%；创新研发环境指数每提升 1 个单位，相对应的概率分别增加 48.4%、5.8%、8.1% 和 6.2%；人才政策环境指数每提升 1 个单位，相对应的概率分别增加 15.8%、

18.8%、26.6%和20.4%。

大城市人才环境对人才集聚的边际影响分析表明，居住意愿为5年以下、6~10年、10年以上以及定居的概率变化分别为：经济就业环境指数每提升1个单位，相对应的概率分别增加33.6%、5.8%、6.8%和46.2%；创新研发环境指数每提升1个单位，相对应的概率分别增加84.7%、14.6%、17.1%和11.6%；人才政策环境指数每提升1个单位，相对应的概率分别增加37.2%、6.4%、7.5%和5.1%；自然生态环境指数每提升1个单位，相对应的概率分别增加6.1%、10.5%、12.2%和8.4%。

分城市规模对人才政策环境的调节效应检验结果表明，人才政策环境对于任何城市规模下创新研发环境、生活居住环境和人才集聚的关系均起到显著的正向调节作用，但对经济就业环境、自然生态环境与人才集聚关系的调节作用则仅在大中城市显著。

（3）中小城市人才环境对人才集聚的影响，还与地区是否与大城市相邻有关。按照是否与省会（首府）相邻、是否与大城市相邻进行组别划分，第一个组别的差异性检验结果发现：经济就业环境在相邻省会（首府）或非相邻省会（首府）的城市中均显著正向影响人才集聚，创新研发环境、生活居住环境仅在相邻省会（首府）的城市中显著正向影响人才集聚，自然生态环境仅在非相邻省会（首府）的城市中显著正向影响人才集聚，而人才政策环境在相邻省会（首府）或非相邻省会（首府）的城市中对人才集聚的影响均为不显著。人才政策环境的调节作用检验表明，人才政策环境分别显著正向调节了相邻省会（首府）的城市经济就业环境、非相邻省会（首府）的城市生活居住环境与人才集聚的关系。第二个组别的差异性检验结果发现：经济就业环境在任何城市区位下均显著正向影响人才集聚，创新研发环境、人才政策环境和自然生态环境仅在与大城市相邻的城市中显著正向影响人才集聚，而生活居住环境在任何城市区位下对人才集聚的影响均不显著。人才政策环境的调节作用表明，人才政策环境仅在非相邻大城市的城市中，显著正向调节了经济就业环境、创新研发环境与人才集聚的关系，而对生活居住环境和自然生态环境与人才集聚关系的调节作用均为不显著。

第8章 西部城市人才需求对人才集聚的影响

从人才保留的角度看城市人才集聚，则人才微观个体的需求满足十分重要。研究表明，要想促进人才在城市长久居留，必须满足其在就业、社会保障、住房、子女上学等方面的需求（朱宇，2004）。学术界围绕人才需求类型的研究取得了丰富的成果。李宝斌等（2013）研究认为，高校教师个体需求包括成就需求、物质生活需求、学术发展需求、愉悦生活需求和安全感需求。张立伟等（2020）研究了海外中国科研人才的需求模型，发现人才需求包括科研激励因子、工作保健因子、家庭生活保障因子和语言旅游文化因子四个维度。李志等（2020）研究发现，对于基层公务员而言，基础需要是优势需要，发展需要并不突出。

随着研究的深入，学术界开始探讨人才需求如何对职业流动产生影响。研究表明，随着城市规模的改变，人才的居留意愿也不同，特大城市的新生代流动人口离城意愿最高，其次是中小城市，最低的是大城市（盛亦男，2017）。因此，许多研究在分析人才需求对人才流动的影响时，城市规模都被作为一个重要的调节因素。有的侧重于城市规模门槛的研究，例如只有当城市规模达到100万人以上时，增加公共服务供给才能显著促进人才流入，否则难以吸引人才流入（董亚宁，2021）；有的对不同城市规模进行了比较分析，对于一线城市而言，住房、收入在迁居决策中发挥重要作用，而对于非一线城市，则是社会关系网络因素和制度融合因素起到了重要影响（朱浩，2020）。此外，还有的研究认为城市规模与人才流动之间是非线性关系。例如，研究发现随着城市等级的下降，人口回流的意愿呈现先降后升的U形格局（古恒宇，2019）；和其他城市相比，一线和二线城市经济更发达，城市居民观念更开放包容，对流动人口的社会融入有显著的正向作用，但随着房价的提高，生活成本和经济压力的提高使得这种效应减弱（王毅杰，2020）。张莉等（2017）的研究也发现了高房价城市对劳动力的拉力作用，但是当房价高于一定阈值时，高房价推高的生活成本会对劳动力迁移产生推力作用。

在已有研究的基础上，本章主要实证研究西部城市人才需求对人才集聚的影响，分析社会融合因素在二者之间所起中介效应，并进一步对城市规模进行相关的异质性分析。

8.1　人才需求对人才集聚影响的实证模型设定

8.1.1　数据来源、变量测量与描述性统计

本章使用的核心变量包括人才需求和人才集聚两方面，因变量人才集聚的操作性定义及测量与本书第 7 章相同，即从人才保留的视角上，将人才集聚的内涵界定为人才在城市的根植意愿。自变量人才需求是个体对于客观事物的内在要求，需求的满足程度直接影响个体行为（李硕，2016），结合调查问卷中的相关问题，人才需求的相关调查题项如下：借鉴杨凡等（2018）的做法，从正规就业和非正规就业来测量就业需求满足程度，就业身份为"雇主"或"自营劳动者"以及就业身份为"雇员"且未签订劳动合同的视为非正规就业，将其赋值为 0，而将有固定雇主且签订劳动合同的雇员视为正规就业，将其赋值为 1；经济收入需求满足的测量包括收入太低、子女教育费用、家人有病缺钱治等 3 个条目，家庭生活需求满足的测量包括子女上学问题、生活不习惯、老人赡养、子女照看、配偶生活孤单等 5 个条目，住房需求满足对应的调查问题是买不起房子，计分方式 1 表示有对应条目的困难，2 表示没有对应条目的困难，得分越高表明人才需求的满足程度越高。中介变量社会融入是指外来人口全方面融入当地社会，向当地居民转变的过程（童星，2008）。借鉴孙力强（2017）对社会融合的维度划分，本书从社会排斥感、本地关系网络和心理认同等方面考察社会融合度，其中社会排斥感对应的问题是：我感觉本地人看不起外地人；心理认同对应的问题是：我觉得我已经是本地人了。上述两题受访者的回答包括完全不同意、不同意、基本同意和完全同意，对应的赋值分别是 1、2、3、4。本地关系网络对应的问题是：业余时间在本地和谁来往最多，将回答为本地人的赋值为 1，将回答为同乡或很少与人来往的赋值为 0。相关数据来源为 2017 年全国流动人口卫生计生动态监测调查，有效调查的个体样本数为 7957 例，变量的描述性统计结果见表 8.1。

表 8.1 变量描述性统计结果

变量名称	变量赋值	均值	最小值	最大值
被解释变量				
流动意愿	0＝5年以下，1＝6－10年，2＝10年以上，3＝定居	2.094	0	3
解释变量				
经济需求	1＝否，2＝是	5.46	3	6
就业需求	0＝非正规就业，1＝正规就业	0.746	0	1
生活需求	1＝否，2＝是	9.46	5	10
住房需求	1＝否，2＝是	1.76	1	2
社会排斥	1＝完全不同意，2＝不同意，3＝基本同意，4＝完全同意	1.75	1	4
本地关系	1＝本地人，0＝非本地人	0.55	0	1
心理认同	1＝完全不同意，2＝不同意，3＝基本同意，4＝完全同意	3.20	1	4
控制变量				
年龄	连续变量，受访者的年龄（岁）	30.83	18	60
户口性质	1＝农业，2＝非农业	1.46	1	2
学历	1＝大学专科，2＝大学本科，3＝研究生	1.40	1	3
收入	平均每月总收入，连续变量	7345.63	120	60000
家庭规模	家庭成员人数，连续变量	2.81	1	10
职业类型	1＝专业技术及办事人员（包括"国家机关、党群组织、企事业单位负责人"、专业技术人员、公务员、办事人员和有关人员），2＝商业服务业人员（包括经商、餐饮、家政、保洁、保安、装修、快递、"其他商业、服务业人员"），3＝农业及产业工人（包括"农林牧渔、水利业生产人员"、生产、运输、建筑，"其他生产、运输设备操作人员及有关人员"），4＝无固定职业及其他	1.85	1	4

8.1.2 实证模型设定

由于因变量人才集聚的测度为定序数据，因而回归分析采用有序 Probit 的实证方法，设定的基准回归方程如下：

$$migration = \alpha_0 + \alpha_1 demand_j + \alpha_2 income * income + \beta X + \varepsilon \qquad (8.1)$$

其中，$migration$ 代表流动意愿，$demand$ 表示人才需求的满足程度，j 表示人才需求的不同维度，X 表示控制变量，ε 代表随机误差项。根据以往研究发现，经济因素对人口留居意愿的影响呈现倒 U 形曲线，即中等收入的人群居留意愿要高于低收入和高收入人群（孟兆敏，2011）。因此，在上述基准回归方程中加入经济需求的平方项，用于检验收入满足情况对人才集聚的影响。

此外有研究发现，随着收入的提高，经济因素对居留的影响不再显著，而社会性因素将成为影响居留意愿的主导因素（孟兆敏，2011；刘涛，2019）。为此，有学者已经证实社会融合因素是人口居留意愿的重要影响因素（邹静，2017；韩正，2017；于潇，2021）。因此，结合这一研究经验，本书将社会融合作为人才需求对人才集聚影响的中介变量，检验社会融合在不同类型的人才需求对人才集聚影响中所起的作用。进一步的研究发现，社会融合的不同方面对居留意愿的影响程度存在差异。例如，有学者从社会排斥和当地社会关系等方面进行分析，发现社会排斥感显著负向影响外来人口的留居意愿，而由于当地户籍的社会网络能够帮助形成城市归属感，因而拥有更多本地户籍朋友能够显著正向影响居留意愿（孙力强，2017；李浩楠，2019）。但是，也有研究提出了不同看法，认为社会参与对居留的影响较弱，这是由于流动人口更依赖于亲缘关系和地缘关系构成的社会网络（卢小君，2012）。因此，本研究将从社会排斥、本地关系网络和心理认同三个方面检验社会融合对人才集聚的影响。综上构建如下所示的回归方程：

$$migration = \delta + \eta X + \gamma integration + \zeta \qquad (8.2)$$
$$migration = \alpha'_0 + \alpha'_1 demand + \beta' X + \gamma' integration + \varepsilon' \qquad (8.3)$$

式（8.2）和式（8.3）中的 $integration$ 表示社会融合。其中，在式（8.2）中若系数 γ 表现显著，则说明社会融合显著影响了人才集聚。在式（8.3）中加入社会融合变量之后，若 α'_1 变得不再显著，表明社会融合在人才需求与人才集聚之间起完全中介作用，若 α'_1 仍然显著，则表明社会融合起到部分中介作用。

8.2　人才需求对人才集聚影响的实证分析

8.2.1　有序 Probit 回归结果

有序 Probit 回归分析结果如表 8.2 所示。首先分别检验核心解释变量和中介变量各自对因变量的影响，发现结果均为显著。模型 1 为仅加入控制变量和核心解释变量的回归结果，模型 2 ~ 模型 4 分别是加入社会排斥、本地关系网络和心理认同变量的回归结果，分别用于检验上述变量在人才需求与人才集聚之间所起的中介效应。

表 8.2 有序 Probit 模型的估计结果

变量		模型 1	模型 2	模型 3	模型 4
经济需求		1.011 ** (0.469)	1.018 ** (0.469)	0.913 * (0.473)	1.146 ** (0.482)
经济需求平方		-0.125 *** (0.046)	-0.126 *** (0.046)	-0.116 ** (0.047)	-0.139 *** (0.048)
就业需求		0.146 ** (0.067)	0.144 ** (0.067)	0.109 (0.068)	0.141 ** (0.069)
生活需求		0.115 *** (0.040)	0.114 *** (0.040)	0.096 ** (0.040)	0.046 (0.041)
住房需求		0.333 *** (0.073)	0.334 *** (0.073)	0.319 *** (0.073)	0.281 *** (0.075)
年龄		0.009 ** (0.004)	0.009 ** (0.004)	0.009 ** (0.004)	0.002 (0.004)
非农业户口		0.195 *** (0.057)	0.194 *** (0.057)	0.172 *** (0.057)	0.126 ** (0.059)
学历	本科	0.081 (0.058)	0.080 (0.058)	0.077 (0.059)	0.060 (0.060)
	研究生	0.261 (0.203)	0.257 (0.203)	0.225 (0.204)	0.305 (0.207)
收入		0.001 *** (0.001)	0.001 *** (0.001)	0.001 *** (0.001)	0.001 *** (0.001)
家庭规模		0.230 *** (0.026)	0.229 *** (0.026)	0.221 *** (0.026)	0.212 *** (0.026)
职业类型	商业服务业人员	-0.135 ** (0.069)	-0.132 * (0.069)	-0.117 * (0.069)	-0.105 (0.070)
	农业及产业工人	-0.387 *** (0.085)	-0.384 *** (0.085)	-0.346 *** (0.086)	-0.323 *** (0.087)
	无固定职业	0.197 (0.122)	0.202 * (0.122)	0.216 * (0.123)	0.212 * (0.125)

续表

变量	模型 1	模型 2	模型 3	模型 4
社会排斥		-0.075^{*} (0.040)		
本地关系网络			0.488^{***} (0.054)	
心理认同				0.776^{***} (0.041)
N	5580	5580	5580	5580
Pseudo R^2	0.021	0.021	0.027	0.053

注：*、**、*** 分别表示在 10%、5% 和 1% 的水平上显著。其中，哑变量学历以大学专科为参照对象，职业类型以专业技术及办事人员为参照对象，户口性质以农业户口为参照对象。

由模型 1 可知，在各控制变量中，年龄在 5% 水平上正向影响人才集聚；收入和家庭规模均在 1% 水平上正向影响人才集聚；与农业户口相比，非农业户口在 1% 水平上正向影响人才集聚；与专业技术及办事人员相比，商业服务业人员和农业及产业工人分别在 5% 和 1% 的水平上负向影响人才集聚，无固定职业则影响不显著；学历对人才集聚的影响不显著。

在核心解释变量中，首先，生活需求和住房需求的满足均在 1% 的水平上显著正向影响人才集聚，因此研究假设 H4b1 和 H4d1 得到验证。之所以出现该结果，可能与中国人传统的"顾家"思想有关，中国人将家庭放在重要的地位，因而家庭成员的生活状况与其是否长久居留密切相关（王春兰，2007；李郁，2012）。其次，经济需求的满足与人才集聚之间呈现倒 U 形关系，即随着收入的提高，人才的居留意愿先增后减，因此研究假设 H4c1 仅在中低收入群体得到验证，而在高收入群体未得到验证。孟兆敏（2011）研究收入与城市居留意愿的非线性关系，发现中等收入组非永久居留的可能性要高于低收入组和高收入组，而本书从受访者的主观感知来测量其收入需求的满足情况，也得出了与之相同的结论。最后，就业需求在 5% 的水平上显著正向影响人才集聚，因此研究假设 H4a1 得到验证。以往相关研究发现，稳定的就业正向影响居留（朱宇，2004；赵锋，2018），就业能力能正向影响居留（罗恩立，2012），本书从正规就业与非正规就业的角度测量了就业需求满足，同样证明了就业需求满足正向影响了人才集聚。

从模型 2、模型 3 和模型 4 分别可知，社会排斥在 5% 的水平上显著负向影响人才集聚，而本地关系网络和心理认同则均在 1% 的水平上显著正向影响才集聚，因此，可以认为社会融合显著正向影响人才集聚，即研究假设 H5a、

H5b 和 H5c 均得到了验证。有研究发现，社会融合从适应生活范式和当地人身份认同两个方面，能够增强人口长久居留的意愿（孟兆敏，2011），这与本书心理认同和本地关系网络对人才集聚影响的结果是相一致的。进一步的中介效应检验结果表明，社会排斥和本地关系网络在各项人才需求与人才集聚之间均起部分中介作用；而心理认同在生活需求与人才集聚之间起完全中介作用，在其他人才需求指标与人才集聚之间起部分中介作用。这说明社会融合能够解释人才需求与人才集聚之间的关系，尤其是心理认同对于人才集聚的影响十分重要。

8.2.2 需求对人才集聚的边际影响分析

为进一步探究人才需求对人才城市居留意愿不同等级选择概率的边际影响，本书对有序 Probit 回归模型 1 进行了相应的边际效应分析，结果如表 8.3 所示。从中可见，人才需求对人才集聚的边际影响均为显著。

表 8.3   人才需求对人才集聚影响的边际效应

解释变量	城市居留意愿			
	5 年以下	6 ~ 10 年	10 年以上	定居
经济需求	0.044 *** (0.009)	0.006 *** (0.001)	0.007 *** (0.001)	0.058 *** (0.011)
就业需求	0.026 ** (0.012)	0.004 ** (0.002)	0.004 ** (0.002)	0.034 ** (0.016)
生活需求	0.023 *** (0.007)	0.003 *** (0.001)	0.004 *** (0.001)	0.030 *** (0.009)
住房需求	0.055 *** (0.013)	0.008 *** (0.002)	0.009 *** (0.002)	0.072 *** (0.017)

注：* 、 ** 、 *** 分别表示在 10% 、5% 和 1% 的水平上显著。

经济需求对人才集聚的边际影响表明，当其他变量保持不变时，经济需求满足每增加 1 个单位，人才的城市居留意愿为 5 年以下的概率就会增加 4.4%，居留意愿为 6 ~ 10 年的概率会增加 0.6%，居留意愿为 10 年以上的概率会增加 0.7%，居住意愿为定居的概率会增加 5.8%。以上结果表明，经济需求满足将显著提升人才的城市居留意愿，尤其是对居留意愿在 5 年以下和定居的效果更加明显。

就业需求对人才集聚的边际影响表明，当其他变量保持不变时，就业需求满足每增加 1 个单位，人才的城市居留意愿为 5 年以下的概率会增加 2.6%，居留意愿为 6 ~ 10 年的概率会增加 0.4%，居留意愿为 10 年以上的概率会增加 0.4%，居留意愿为定居的概率会增加 3.4%。以上结果显示，就业需求满足将显著提升人才的城市居留意愿，并且同样对居留意愿在 5 年以下和定居的效果较为明显。

生活需求对人才集聚的边际影响表明，当其他变量保持不变时，生活需求满足每增加 1 个单位，人才的城市居留意愿为 5 年以下的概率会增加 2.3%，居留意愿为 6 ~ 10 年的概率会增加 0.3%，居留意愿为 10 年以上的概率会增加 0.4%，居留意愿为定居的概率会增加 3.0%。以上结果表明，生活需求满足将显著提升人才的城市居留意愿，且对居留意愿在 5 年以下和定居的效果较为明显。

住房需求对人才集聚的边际影响表明，当其他变量保持不变时，生活需求满足每增加 1 个单位，人才的城市居留意愿为 5 年以下的概率会增加 5.5%，居留意愿为 6 ~ 10 年的概率会增加 0.8%，居留意愿为 10 年以上的概率会增加 0.9%，居留意愿为定居的概率会增加 7.20%。这充分表明，住房需求满足将显著提升人才的城市居留意愿，且对居留意愿在 5 年以下和定居的效果较为明显。

综上可知，从整体而言，人才需求满足均能显著提升人才的城市居留意愿，尤其是对于城市居留意愿为短期和长期的提升效果更加明显。

8.3　人才需求对人才集聚影响的异质性分析

鉴于上述分析均为人才需求对人才集聚的整体影响效应，但考虑到人才需求满足与城市规模存在密切的联系，例如大城市的就业机会相对更多、公共服务更优质，但同时有生活压力大、竞争激烈等不利因素，小城市生活节奏慢，但教育、医疗水平落后。为此，有研究发现，对于中小城市而言，住房因素对居留意愿的影响最大，工作和生活同样影响显著，社会心理因素仅起到一定的影响（曹雁翎，2014）。此外，大城市的医疗、失业和住房保障制度显著影响人口的居留意愿，但这一效应在小城市却不明显（林李月，2019）。因此，有必要进一步考察不同城市规模之间人才需求对人才集聚的影响是否存在差异。

社会融合对人才集聚的影响，也有可能因为城市规模而发生变化。事实上，社会融合从城市层面来看属于城市包容度的问题（李叶妍，2017），而城市包容度与城市规模又密切相关（陆铭，2012）。也有研究发现，城市规模是影响流动人口城市融入的重要影响因素（王毅杰，2020），城市规模越大，流动人口的社会融合往往越高，而城市规模过大反而制约了社会融合（李荣彬，2018）。因此，同样有必要按照城市规模分别检验社会融合对人才集聚的影响。此外，有研究表明，相比经济发达省份，社会融合因素在落后省份对居留意愿的影响更大（王朋岗，2015）。因此，与经济更发达的大城市相比，社会融合对人才集聚的影响是否在小城市更加明显，这一问题需要进一步深入分析，即有必要探究社会融合在人才需求与人才集聚之间的中介作用，是否会因城市规模而存在差异。综上所述，本小节对人才需求和社会融合对人才集聚的影响及其中的中介效应，进一步按照城市规模进行异质性分析。

8.3.1 基于小城市组的检验

小城市样本的回归检验结果如表 8.4 所示。从中可知，在各控制变量中，家庭规模在 1% 水平上正向影响人才集聚；与专业技术及办事人员相比，商业服务业人员和农业及产业工人均在 1% 的水平上负向影响人才集聚，无固定职业人员在 10% 的水平上负向影响人才集聚；年龄、户口性质、学历和收入对人才集聚影响均不显著。

表 8.4 小城市人才需求对人才集聚的影响

变量	模型 1	模型 2	模型 3	模型 4
经济需求	0.228 (1.216)	0.226 (1.216)	0.099 (1.230)	0.433 (1.252)
经济需求平方	−0.030 (0.120)	−0.029 (0.120)	−0.015 (0.121)	−0.047 (0.123)
就业需求	−0.098 (0.172)	−0.099 (0.172)	−0.140 (0.174)	−0.217 (0.179)
生活需求	0.167 * (0.090)	0.167 * (0.090)	0.121 (0.091)	0.085 (0.093)
住房需求	0.480 *** (0.178)	0.480 *** (0.178)	0.440 ** (0.180)	0.317 * (0.185)
年龄	0.012 (0.010)	0.012 (0.010)	0.012 (0.010)	−0.004 (0.010)
非农业户口	0.027 (0.142)	0.027 (0.142)	0.051 (0.144)	0.041 (0.148)

续表

变量		模型 1	模型 2	模型 3	模型 4
学历	本科	0.026 (0.143)	0.027 (0.144)	0.008 (0.145)	−0.035 (0.149)
	研究生	−0.507 (0.412)	−0.506 (0.412)	−0.545 (0.421)	−0.468 (0.427)
收入		0.001 (0.001)	0.001 (0.001)	0.001 (0.001)	0.001 (0.001)
家庭规模		0.166 *** (0.060)	0.166 *** (0.060)	0.166 ** (0.061)	0.155 ** (0.063)
职业类型	商业服务业人员	−0.775 *** (0.178)	−0.776 *** (0.178)	−0.695 *** (0.181)	−0.741 *** (0.184)
	农业及产业工人	−0.580 *** (0.215)	−0.580 *** (0.215)	−0.495 ** (0.218)	−0.496 ** (0.223)
	无固定职业	−0.593 * (0.334)	−0.593 * (0.334)	−0.622 * (0.339)	−0.738 ** (0.343)
社会排斥			0.008 (0.097)		
本地关系网络				0.769 *** (0.134)	
心理认同					1.051 *** (0.106)
N		921	921	921	921
Pseudo R^2		0.028	0.028	0.044	0.082

注：*、**、*** 分别表示在10%、5%和1%的水平上显著。其中，哑变量学历以大学专科为参照对象，职业类型以专业技术及办事人员为参照对象，户口性质以农业户口为参照对象。

核心解释变量中，经济需求和就业需求对人才集聚的影响并不显著，生活需求和住房需求分别在10%和1%的水平上显著正向影响人才集聚。该结果充分说明，对小城市而言，生活需求和住房需求的满足对于人才居留更加重要。其次，社会排斥对人才集聚的影响不显著，而本地关系网络和心理认同均在1%的水平上显著正向影响人才集聚，这可能与小城市的社会排斥相对更低有关。最后，中介效应检验结果表明，本地关系网络和心理认同均在生活需求与人才集聚之间起完全中介作用，在住房需求与人才集聚之间起部分中介作用。

图 8.1 和图 8.2 直观地显示了小城市本地关系网络、心理认同在人才需求

对人才集聚影响中所起的中介作用。由这两图可见，本地关系网络和心理认同均在生活需求对人才集聚的影响中起到完全中介作用，而在住房需求对人才集聚的影响中起部分中介作用。以上分析说明，小城市在满足人才的生活需求和住房需求的同时，应当帮助人才尽快融入当地社会，特别是建立本地关系网络和形成城市心理认同，才能从根本上促进小城市的人才集聚。

图8.1　小城市本地关系网络对人才需求与人才集聚的中介作用

图8.2　小城市心理认同对住房需求与人才集聚的中介作用

8.3.2　基于中等城市组的检验

中等城市样本的回归检验结果如表8.5所示。从中可知，在各控制变量中，家庭规模在1%水平上正向影响人才集聚；与专业技术及办事人员相比，农业及产业工人和无固定职业人员分别在1%和10%的水平上显著负向影响人才集聚，商业服务业人员对人才集聚影响不显著；与大专学历相比，研究生在10%的水平上显著负向影响人才集聚，本科学历对人才集聚影响不显著；年龄、户口性质和收入对人才集聚影响均不显著。

表8.5　　　　　　　　　　中等城市人才需求对人才集聚的影响

变量	模型1	模型2	模型3	模型4
经济需求	1.371 (1.475)	1.363 (1.475)	1.379 (1.482)	1.889 (1.506)
经济需求平方	-0.203 (0.151)	-0.203 (0.151)	-0.204 (0.152)	-0.256* (0.155)
就业需求	0.114 (0.302)	0.118 (0.303)	0.077 (0.303)	0.040 (0.306)

续表

变量		模型 1	模型 2	模型 3	模型 4
生活需求		0.435 ***	0.436 ***	0.412 **	0.389 **
		(0.168)	(0.168)	(0.169)	(0.172)
住房需求		0.935 **	0.943 **	0.955 ***	1.036 ***
		(0.364)	(0.367)	(0.365)	(0.371)
年龄		−0.020	−0.020	−0.021	−0.023
		(0.021)	(0.277)	(0.021)	(0.021)
非农业户口		−0.004	−0.003	−0.018	0.030
		(0.277)	(0.277)	(0.277)	(0.280)
学历	本科	−0.333	−0.339	−0.277	−0.293
		(0.261)	(0.263)	(0.264)	(0.264)
	研究生	−1.438 *	−1.431 *	−1.455 *	−1.532 *
		(0.840)	(0.841)	(0.848)	(0.854)
收入		0.001	0.001	0.001	0.001
		(0.001)	(0.001)	(0.001)	(0.001)
家庭规模		0.266 **	0.265 **	0.263 **	0.278 **
		(0.124)	(0.125)	(0.125)	(0.124)
职业类型	商业服务业人员	−0.245	−0.250	−0.240	−0.223
		(0.316)	(0.318)	(0.317)	(0.322)
	农业及产业工人	−1.157 ***	−1.160 ***	−1.112 ***	−1.233 ***
		(0.375)	(0.376)	(0.377)	(0.381)
	无固定职业	−0.971 *	−0.978 *	−0.911 *	−1.029 *
		(0.541)	(0.543)	(0.542)	(0.552)
社会排斥			0.028		
			(0.180)		
本地关系网络				0.335	
				(0.242)	
心理认同					0.506 ***
					(0.170)
N		296	296	296	296
Pseudo R^2		0.062	0.062	0.065	0.076

注:*、**、***分别表示在10%、5%和1%的水平上显著。其中,哑变量学历以大学专科为参照对象,职业类型以专业技术及办事人员为参照对象,户口性质以农业户口为参照对象。

　　核心解释变量中，首先，经济需求和就业需求对人才集聚的影响不显著，生活需求和住房需求均在 1% 的水平上显著正向影响人才集聚。该结果说明中等城市和小城市一样，生活需求和住房需求的满足对于人才居留更加重要。其次，社会排斥和本地关系网络对人才集聚的影响不显著，而心理认同在 1% 的水平上显著正向影响人才集聚，说明对中等城市而言，满足心理认同才能更好地留住人才。最后，中介效应检验结果表明，心理认同在生活需求、住房需求对人才集聚的影响中起部分中介作用。

　　图 8.3 直观示意了心理认同在人才需求对人才集聚影响中所起的中介作用，从中可见，心理认同在生活需求和住房需求对人才集聚的影响中，均起到部分中介作用，这说明中等城市在满足人才的生活需求和住房需求的同时，应帮助人才形成城市心理认同，这样才更有利于提升中等城市的人才集聚。

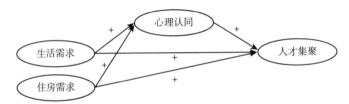

图 8.3　中等城市心理认同对生活需求与人才集聚的中介作用

8.3.3　基于大城市组的检验

　　大城市样本的回归检验结果如表 8.6 所示。从中可知，在各控制变量中，年龄在 5% 的水平上正向影响人才集聚；收入和家庭规模均在 1% 水平上正向影响人才集聚；与专业技术及办事人员相比，农业及产业工人在 5% 的水平上显著负向影响人才集聚，商业服务业人员和无固定职业人员对人才集聚影响不显著；与大专学历相比，研究生在 10% 的水平上显著正向影响人才集聚，本科学历对人才集聚影响不显著。

表 8.6　　　　　　　　　　　大城市人才需求对人才集聚的影响

变量	模型 1	模型 2	模型 3	模型 4
经济需求	1.115 * (0.639)	1.106 * (0.639)	1.023 (0.642)	1.091 (0.651)
经济需求平方	− 0.133 ** (0.063)	− 0.133 ** (0.063)	− 0.125 ** (0.064)	− 0.134 ** (0.064)

续表

变量		模型 1	模型 2	模型 3	模型 4
就业需求		0.215 ** (0.086)	0.213 ** (0.086)	0.188 ** (0.086)	0.226 ** (0.087)
生活需求		0.037 (0.056)	0.034 (0.057)	0.032 (0.057)	0.001 (0.057)
住房需求		0.326 *** (0.094)	0.330 *** (0.095)	0.321 *** (0.095)	0.280 *** (0.096)
年龄		0.022 ** (0.006)	0.022 ** (0.006)	0.022 ** (0.006)	0.016 ** (0.078)
非农业户口		0.235 *** (0.077)	0.233 *** (0.077)	0.217 *** (0.077)	0.158 ** (0.078)
学历	本科	0.101 (0.078)	0.101 (0.078)	0.094 (0.079)	0.087 (0.080)
	研究生	0.479 * (0.279)	0.473 * (0.280)	0.461 * (0.280)	0.506 * (0.282)
收入		0.001 *** (0.001)	0.001 *** (0.001)	0.001 *** (0.001)	0.001 *** (0.001)
家庭规模		0.272 *** (0.035)	0.270 *** (0.036)	0.268 *** (0.035)	0.250 *** (0.036)
职业 类型	商业服务业 人员	-0.143 (0.089)	-0.144 (0.089)	-0.138 (0.089)	-0.139 (0.090)
	农业及产业 工人	-0.280 ** (0.117)	-0.275 ** (0.117)	-0.269 ** (0.117)	-0.264 ** (0.118)
	无固定职业	0.202 (0.154)	0.206 (0.154)	0.208 (0.154)	0.210 (0.156)
社会排斥			-0.094 * (0.054)		
本地关系网络				0.332 *** (0.073)	
心理认同					0.633 *** (0.053)
N		3398	3398	3398	3398
Pseudo R^2		0.033	0.034	0.036	0.055

注：*、**、*** 分别表示在 10%、5% 和 1% 的水平上显著。其中，哑变量学历以大学专科为参照对象，职业类型以专业技术及办事人员为参照对象，户口性质以农业户口为参照对象。

核心解释变量中，首先，经济需求与人才集聚之间呈现倒 U 形曲线关系，即随着经济需求的满足，人才集聚程度先增后减；就业需求和住房需求分别在 5% 和 1% 的水平上正向影响人才集聚；生活需求对人才集聚的影响不显著。这一结果说明，对于大城市而言，经济需求、就业需求和住房需求均对人才居留产生重要的影响。其次，社会排斥在 10% 的水平上显著负向影响人才集聚，而本地关系网络和心理认同均在 1% 的水平上显著正向影响人才集聚，说明大城市的社会融合对人才集聚产生了重要的正向影响。最后，中介效应检验结果表明，社会排斥在人才需求与人才集聚之间均起部分中介作用，而本地关系网络和心理认同在经济需求与人才集聚之间起完全中介作用，在就业需求和住房需求与人才集聚之间起部分中介作用。

图 8.4 ～ 图 8.6 直观显示大城市社会排斥、本地社会网络和心理认同在人才需求对人才集聚影响中所起的中介作用。从图 8.4 可见，社会排斥在经济需求、就业需求、住房需求对人才集聚的影响中均起部分中介作用，说明大城市在满足人才的经济需求、就业需求和住房需求的同时，应致力于降低人才的社会排斥感，从而促进人才集聚。从图 8.5 和图 8.6 可见，本地关系网络和心理认同在经济需求对人才集聚的影响中起到完全中介作用，在就业需求、住房需求对人才集聚的影响中起到部分中介作用，说明大城市在满足人才的经济需求、就业需求、住房需求的同时，应帮助人才建立本地关系网络，尤其是经济需求的满足对人才集聚的促进作用，必须通过本地关系网络和心理认同的完全中介效

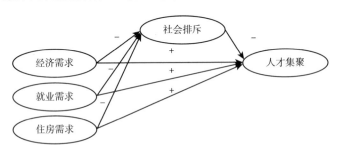

图 8.4 大城市社会排斥对人才需求与人才集聚的中介作用

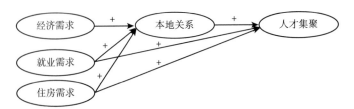

图 8.5 大城市本地社会网络对人才需求与人才集聚的中介作用

应。进一步讲，大城市不能仅仅满足人才的经济需求，帮助人才建立本地关系网络和形成城市心理认同对于留住人才将十分关键。

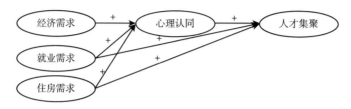

图 8.6　大城市心理认同对人才需求与人才集聚的中介作用

综上可知，按照城市规模进行异质性分析结果表明，随着城市规模发生变化，人才需求对人才集聚的影响也存在差异。孙三百等（2014）的研究发现，微观个体幸福感与城市规模呈现 U 形关系，幸福感与人才需求满足密切相关，因而人才需求满足可能因城市规模而改变，进而又对人才居留意愿产生影响，从侧面印证了本书的上述发现。

人才需求的不同方面对人才集聚的影响分别如下：（1）经济需求满足与人才集聚的关系在大城市呈现倒 U 形曲线，但在中小城市经济需求满足对人才集聚的影响不显著，因此研究假设 H4c2 部分得到验证。杨东亮（2016）等学者的研究发现，提高工资水平能够增强居住意愿，这与本书发现不太一致，可能的原因是在对城市规模进行分组后，要同时考虑收入水平和生活成本。事实上，随着城市规模的扩大，城市规模不经济的问题会凸显，例如较高的住房成本和通勤时间（张志强，2019），这会导致大城市的定居意愿随着收入先升后降。（2）就业需求显著正向影响了大城市人才集聚，但在中小城市影响不显著，因此研究假设 H4a2 得到验证。该结果说明，与中小城市相比，人才在大城市定居更迫切要先找到合适的工作机会，才能实现安居。这与胡斌红等人（2020）认为就业质量对农民工城市定居意愿具有显著的正向影响的结果相一致。（3）生活需求显著正向影响了中小城市人才集聚，但在大城市影响不显著，因此研究假设 H4d2 未得到验证。该结果说明生活需求是人才定居中小城市的重要因素，而大城市这一效应却不明显。可能的原因是在大城市获得公共服务更加困难，包括子女教育、老人赡养等诸多方面，大城市会实行一定的阻碍流动人口的行政壁垒（古恒宇，2019）。（4）住房需求对人才集聚的正向影响在大、中、小城市均为显著，因此研究假设 H4b2 未得到验证。城市住房成本对人才定居存在一定的"挤出"效应，高波（2012）发现房价上涨抑制了农村劳动力的流入，尤其是较高人力资本的个体更关心流动目标城市的房价（尤济红，2019），因而满足住房需求能够增强定居意愿。

　　社会融合度对人才集聚的影响分别如下：（1）社会排斥对中小城市的人才集聚影响不显著，但负向影响了大城市人才集聚，这说明在大城市社会排斥感更容易导致人才流失。有研究发现，中小城市人力资本有助于促进农民工的城市融入，但在大城市这种影响不显著（周密，2015），大城市的社会融合难度客观上要高于中小城市，因而社会排斥在大城市显著负向影响了人才的居留意愿。（2）本地关系网络正向影响了大城市和小城市人才集聚，但对中等城市影响不显著。有研究表明，社会交往因素对农民工定居意愿的影响显著，与拥有较多市民朋友的农民工相比，没有市民朋友的农民工定居城市的意愿相对较弱（叶鹏飞，2011），但是，本书发现这一效应仅在大城市和小城市中为显著。（3）心理认同对人才集聚的正向影响在任何规模的城市均为显著。有研究表明，城市归属感在农民工城市定居决策中具有重要作用，且在其他因素与定居意愿之间起中介作用（王玉君，2013），因而心理认同对于促进人才集聚有着十分重要的作用。

　　中介效应检验结果分别如下：（1）社会排斥仅在大城市对于经济需求、就业需求、住房需求和人才集聚的关系起到部分中介作用，对于中小城市的中介作用不显著。（2）本地网络关系在小城市对于生活需求与人才集聚的关系起到完全中介作用，对于住房需求与人才集聚的关系起到部分中介作用；本地网络关系在大城市对于经济需求与人才集聚的关系起完全中介作用，对于就业需求、住房需求与人才集聚起部分中介作用；本地网络关系对中等城市的中介作用不显著。（3）心理认同在小城市对于生活需求与人才集聚的关系中起完全中介作用，在住房需求与人才集聚的关系中起部分中介作用；心理认同在中等城市对于生活需求、住房需求与人才集聚的关系中起部分中介作用；心理认同在大城市对于经济需求与人才集聚的关系中起完全中介作用，在就业需求、住房需求与人才集聚的关系中起部分中介作用。上述结果说明，社会融合在各类人才需求与人才集聚的关系中起不同的作用，且随着城市规模的改变中介效应也会发生变化，因而需要根据城市规模、人才需求类型因地制宜地制定提升人才集聚的政策。

8.4　本章小结

　　本章从经济需求、就业需求、生活需求和住房需求等方面对人才需求进行了操作性定义界定与测量，并对人才需求与人才集聚的关系进行了实证分析，进而检验了社会融合在二者关系中所起的中介效应，结果如下：

　　（1）人才需求对人才集聚的整体影响效应显著，其中生活需求、住房需求和就业需求均显著正向影响人才集聚，而经济需求与人才集聚之间呈现倒 U 形关系，即人才的城市居留意愿随着收入先增后降。

（2）社会融合对人才集聚的影响显著，其中社会排斥显著负向影响了人才集聚，本地关系网络和心理认同显著正向影响人才集聚。中介效应检验结果表明，社会排斥、本地关系网络均在人才需求与人才集聚之间起部分中介作用；心理认同在生活需求与人才集聚之间起完全中介作用，在经济需求、就业需求、住房需求与人才集聚的关系之间起部分中介作用。

（3）分城市规模的比较分析结果表明，人才集聚的影响因素及机制与城市规模密切联系。首先，随着城市规模改变，人才需求对人才集聚的影响存在差异。在大城市，经济需求对人才集聚的影响呈倒 U 形曲线，就业需求、住房需求均显著正向影响人才集聚，生活需求对人才集聚的影响不显著；在中小城市，生活需求和住房需求显著正向影响了人才集聚，而经济需求和就业需求影响不显著。其次，社会融合对人才集聚的影响随着城市规模的改变而变化。在大城市，社会排斥显著负向影响人才集聚，本地关系网络和心理认同正向影响人才集聚；在中等城市，心理认同显著正向影响人才集聚，而社会排斥和本地关系网络影响不显著；在小城市，本地关系网络和心理认同显著正向影响人才集聚，而社会排斥影响不显著。最后，人才需求对人才集聚的影响机制在不同规模的城市之间存在差异。在大城市，社会排斥在经济需求、就业需求、住房需求与人才集聚之间起部分中介作用；本地关系网络在就业需求、住房需求与人才集聚之间起部分中介作用，在经济需求与人才集聚之间起完全中介作用；心理认同在经济需求与人才集聚之间起完全中介作用，在就业需求、住房需求与人才集聚之间起部分中介作用。在中等城市，社会排斥、本地关系网络在人才需求与人才集聚之间不起中介作用；心理认同在生活需求、住房需求与人才集聚之间起部分中介作用。在小城市，社会排斥在人才需求与人才集聚之间不起中介作用；本地网络关系在生活需求与人才集聚之间起完全中介作用，在住房需求与人才集聚之间起部分中介作用；心理认同在生活需求与人才集聚之间起完全中介作用，在住房需求与人才集聚之间起部分中介作用。

第9章　西部城市人才环境与人才需求对人才集聚的交互作用

本书第 7 章与第 8 章分别检验了人才环境和人才需求各自对人才集聚的作用机制。在此基础上，本章结合人才环境与人才需求对人才集聚可能产生交互影响的理论机制，采用多层线性模型分析方法（hierarchical linear model，HLM），首先检验零模型，确定分层线性模型分析的合理性和必要性，其次构建随机效应方差模型和非随机截距模型，分别实证检验人才环境和人才需求对人才集聚的影响，最后建立完整的跨层次调节作用模型，检验人才环境和人才需求对人才集聚的交互影响，及该影响在不同城市规模之间的异质性。

9.1　实证模型设定

为了确定 HLM 方法的使用是否具有必要性，先要建立零模型，即在第一层和第二层都没有加入变量的情况下，分解出个体差异和城市差异。其模型公式分别如下：

$$\text{Level} - 1 \text{ 方程：} Y_{ij} = \beta_{0j} + \gamma_{ij} \tag{9.1}$$

$$\text{Level} - 2 \text{ 方程：} \beta_{0j} = \gamma_{00} + U_{0j} \tag{9.2}$$

式（9.1）中，Y_{ij} 表示 j 城市 i 个体人才居留意愿，β_{0j} 表示 j 城市人才居留意愿的平均水平，γ_{ij} 表示 j 城市 i 个体与所在城市人才居留意愿平均水平之差，是个体层次的随机误差，$Var（\gamma_{ij}）= \sigma^2$。式（9.2）中，$\gamma_{00}$ 表示各城市人才居留意愿的总平均水平，U_{0j} 表示 j 城市与总平均水平 γ_{00} 之差，是城市层次的随机误差，$Var（U_{0j}）= \tau_{00}$。

在零模型的基础上构建随机效应协方差模型。首先，加入人才需求变量，得到 Level - 3 方程，如式（9.3）所示，且假定人才需求在不同城市间对人才集聚的影响恒定，就可以分析人才需求对人才集聚的作用。其次，在 Level - 3

方程基础上构建非随机截距模型，即通过在截距项 β_0 中加入人才环境变量得到 Level-4 方程，如式（9.4）所示，从而分析人才环境对人才集聚的影响。最后，为考察人才需求与人才环境对人才集聚的交互影响，在 Level-3 方程的斜率中再加入人才环境变量，从而构建完整的两水平分析模型，如式（9.5）~式（9.8）所示。各模型方程分别如下：

$$\text{Level-3 方程：} Y_{ij} = \beta_0 + \beta_1 X_1 + \beta_2 X_2 + \cdots + \beta_n X_n + r_{ij} \tag{9.3}$$

$$\text{Level-4 方程：} \beta_0 = \gamma_{00} + \gamma_{01} Z_1 + \gamma_{02} Z_2 + \cdots + \gamma_{0n} Z_n + u_0 \tag{9.4}$$

$$\beta_1 = \gamma_{10} + \gamma_{11} Z_1 + \gamma_{12} Z_2 + \cdots + \gamma_{1n} Z_n + u_1 \tag{9.5}$$

$$\beta_2 = \gamma_{20} + \gamma_{21} Z_1 + \gamma_{22} Z_2 + \cdots + \gamma_{2n} Z_n + u_2 \tag{9.6}$$

$$\beta_3 = \gamma_{30} + \gamma_{31} Z_1 + \gamma_{32} Z_2 + \cdots + \gamma_{3n} Z_n + u_3 \tag{9.7}$$

$$\beta_4 = \gamma_{40} + \gamma_{41} Z_1 + \gamma_{42} Z_2 + \cdots + \gamma_{4n} Z_n + u_4 \tag{9.8}$$

式（9.3）~式（9.8）中，i 表示个体，j 表示城市；Y_{ij} 表示因变量居留意愿；β_0 是 Level-3 方程的截距，表示因变量居留意愿的总体平均水平；$\beta_1, \cdots, \beta_4$ 表示个体特征人才需求满足变量对居留意愿的影响；X 和 Z 分别表示个体特征变量和城市特征变量；$\gamma_{01}, \cdots, \gamma_{05}$ 表示各方程的固定效应；$\gamma_{11}, \cdots, \gamma_{4n}$ 表示城市特征变量与人才需求变量对居留意愿的交互影响；r_{ij}，$u_0, \cdots, u_n$ 表示各方程的残差项。

9.2　人才环境与人才需求对人才集聚的交互作用实证分析

（1）分析不加入自变量的零模型。由表 9.1 可知，随机效应的方差成分中，城市层面方差为 0.144，个体层面方差为 1.480，由此计算得出 ICC（Intra-class Correlation）= 0.144/（0.144 + 1.480）= 0.089，可知人才集聚的总方差中，8.9% 源自城市间的差异，90.1% 的由于个体间的差异，这说明个人特征是人才集聚的主要影响因素，但城市差异同样会影响人才集聚。可能的原因在于，具有大专及以上学历的人才具有更多的迁移资本，因而影响迁移决策的重要因素是满足个人需要区域差异只是少部分原因。同时，卡方检验结果显示人才集聚的方差成分达到显著水平（$\chi^2 = 391.24$，$p < 0.001$）。通过零模型结果可知，人才集聚的方差分解来源于个人和城市两个层面，有必要同时考察个人特征变量和城市特征变量对人才集聚的交互影响，本章重点考虑的个人特征变量是人才需求，城市特征变量是人才环境。

表9.1   人才集聚的方差分解

固定效应	系数	标准差			
人才集聚	1.944	0.055			
随机效应	标准差	方差	自由度	卡方检验	p 值
Level－2（城市层）	0.380	0.144	78	391.243	0.000
Level－1（个体层）	1.217	1.480			

（2）在零模型的基础上，分别构建随机效应协方差模型和非随机截距模型，即依次在零模型上增加人才需求变量和人才环境变量，从而分析人才需求和人才环境各自对人才集聚的影响，结果见表9.2。随机效应方差分析模型结果表明，核心解释变量均对人才集聚产生显著正向影响，其中住房需求在1%水平上显著正向影响人才集聚，经济需求在5%水平上显著正向影响人才集聚，生活需求和就业需求在10%水平上显著正向影响人才集聚。其他控制变量中，学历对人才集聚影响不显著；年龄、收入和家庭规模均在1%水平上显著正向影响人才集聚；户口性质在5%水平上显著正向影响人才集聚，说明与农业户口相比，非农业户口的城市留居意愿更高；职业类型在5%水平上显著负向影响人才集聚，说明与专业技术及办事人员相比，其他职业类型人才的城市居留意愿更低。非随机截距模型结果表明，在城市层次的变量中，生活居住环境对人才集聚的影响不显著；自然生态环境在5%的水平上显著负向影响人才集聚；经济就业环境、创新研发环境、人才政策环境各自在1%、5%和10%的水平上显著正向影响人才集聚。上述结果与本书第5章、第6章的分析大致相同。此外还可以看出，在加入城市层次的变量后，经济需求和住房需求对人才集聚的影响效应有所增加，表明在不同城市间，经济需求和住房需求对居留意愿的影响差异较大；生活需求和就业需求对人才集聚的影响有所减弱，这表明在不同城市间，生活需求和就业需求对人才居留意愿影响差异较小。

表9.2   个体特征和城市特征对人才集聚的影响

变量		随机效应协方差模型		非随机截距模型	
		γ	se	γ	se
固定效应：					
Level－1 个体层次 变量	经济需求	0.095 **	0.039	0.096 **	0.038
	生活需求	0.045 *	0.027	0.044 *	0.026
	住房需求	0.221 ***	0.060	0.222 ***	0.060
	就业需求	0.079 *	0.042	0.075 *	0.041

续表

变量		随机效应协方差模型		非随机截距模型	
		γ	se	γ	se
Level – 1 个体层次 变量	年龄	0.010 ***	0.003	0.010 ***	0.003
	户口性质	0.137 **	0.062	0.137 **	0.062
	收入	0.001 ***	0.001	0.001 ***	0.001
	家庭规模	0.157 ***	0.033	0.157 ***	0.033
	职业类型	– 0.063 **	0.025	– 0.065 **	0.025
	学历	0.036	0.033	0.036	0.033
Level – 2 城市层次 变量	经济就业环境			2.416 ***	0.744
	创新研发环境			3.721 **	1.616
	人才政策环境			3.028 *	1.764
	生活居住环境			0.575	1.877
	自然生态环境			– 9.982 **	4.104
登记失业率				– 0.491	1.024
随机效应：					
组间方差 τ_{00}		0.142		0.120	
组内方差 σ^2		1.398		1.398	

注：*、**、*** 分别表示在 10%、5% 和 1% 的水平上显著。其中，哑变量学历以大学专科为参照对象，职业类型以专业技术及办事人员为参照对象，户口性质以农业户口为参照对象。

（3）进一步地，考察城市特征与个体特征如何共同影响人才集聚，即人才环境对人才需求与人才集聚关系是否存在跨层次的调节效应，结果见表 9.3。从中可见，首先，对于经济需求与居留意愿的关系而言，经济就业环境和自然生态环境在 1% 水平上、创新研发环境在 10% 水平上对二者的关系显著正向增强，这表明经济就业环境、自然生态环境和创新研发环境越好的城市，经济需求的满足对居留意愿的影响越大。其次，对生活需求与居留意愿的关系而言，经济就业环境和自然生态环境在 1% 的水平上、创新研发环境和人才政策环境在 10% 的水平上对二者的关系起到显著增强效应，表明经济就业环境、自然生态环境、创新研发环境和人才政策环境越好的城市，生活需求的满足对居留意愿的影响越大。再其次，对住房需求与居留意愿的关系而言，经济就业环境和人才政策环境均在 1% 的水平上显著正向增强二者的关系，表明经济就业环境和人才政策环境越好的城市，住房需求对居留意愿的影响越大。最后，对就业需求与居留意愿的关系而言，经济就业环境和自然生态环境在 1% 的水平上、人才政策环境在 5% 的水平上显著正向增强二者的关系，表明经济就业环境、自然生态环境、人才政策环境越好的城市，就业需求对居留意愿的影响越大。

表 9.3　　　　　　　个体特征和城市特征交互作用对人才集聚的影响

交互作用		系数	标准误	t 值	P 值
β_1 - 经济需求	经济就业环境	0.438	0.105	4.186	<0.01
	创新研发环境	0.699	0.403	1.734	<0.10
	自然生态环境	1.721	0.648	2.657	<0.01
β_2 - 生活需求	经济就业环境	0.295	0.064	4.630	<0.01
	创新研发环境	0.472	0.251	1.881	<0.10
	人才政策环境	0.300	0.176	1.709	<0.10
	自然生态环境	1.063	0.406	2.619	<0.01
β_3 - 住房需求	经济就业环境	1.330	0.342	3.888	<0.01
	人才政策环境	2.089	0.628	3.325	<0.01
β_4 - 就业需求	经济就业环境	1.044	0.336	3.103	<0.01
	人才政策环境	1.909	0.925	2.065	<0.05
	自然生态环境	8.651	2.686	3.221	<0.01

注：表中仅列出检验达到显著水平的变量。

综上可知，经济就业环境正向调节了经济需求、生活需求、住房需求和就业需求对人才集聚的影响，因此研究假设 H6a 得到验证；创新研发环境正向调节了经济需求、生活需求对人才集聚的影响，但对住房需求和就业需求与人才集聚的关系调节作用不显著，因此研究假设 H6b 部分得到验证；人才政策环境正向调节了生活需求、住房需求和就业需求对人才集聚的影响，但对经济需求与人才集聚的关系调节作用不显著，因此研究假设 H6c 部分得到验证；生活居住环境对人才需求与人才集聚的关系的调节作用均不显著，因此研究假设 H6d 未得到验证；自然生态环境正向调节了经济需求、生活需求和就业需求对人才集聚的影响，但对住房需求与人才集聚关系的调节作用不显著，因此研究假设 H6e 部分得到验证。上述结果说明，人才集聚不能单一使用宏观的推拉理论或微观的激励理论进行解释，而是既要考虑宏观层面人才环境的拉力作用，还要从微观层面对人才需求进行激励，且不同的人才环境和人才需求对人才集聚产生不同的交互影响，其中经济就业环境与人才需求对人才集聚的交互影响最大。可能的原因是，经济就业环境直接影响人才的事业和生活各个方面，因此当城市经济环境较好时，人才需求满足对人才集聚的影响更明显；而创新研发环境、人才政策环境和自然生态环境仅影响事业或生活的局部，因此当上述环境较好时，只有部分人才需求对人才集聚的影响效应变大。

9.3　不同城市规模人才需求与人才环境对人才集聚的交互影响

根据本书第 5 章、第 6 章的分析，人才需求与人才环境对人才集聚的影响均在不同城市规模间存在差异，为进一步考察二者的交互作用对人才集聚的影响是否同样存在城市规模差异，有必要进一步按照城市规模进行异质性分析，结果见表 9.4。

表 9.4　　　　　　　　　　　　不同城市规模的交互效应比较

交互作用		小城市		中等城市		大城市	
		系数	标准误	系数	标准误	系数	标准误
β_1 - 经济需求	经济就业环境	0.906 ***	0.189	4.654	7.333	1.621 *	0.862
	创新研发环境	1.511 ***	0.561	4.327	3.715	1.943	1.189
	人才政策环境	4.501 *	2.606	3.693	5.608	0.707	1.348
	生活居住环境	2.152 **	0.909	1.710	3.405	1.710	1.140
	自然生态环境	1.951 **	0.797	1.932	2.637	4.981	3.593
β_2 - 生活需求	经济就业环境	0.601 ***	0.123	8.385	5.575	0.597	0.660
	创新研发环境	0.826 **	0.327	9.628	3.808	0.675	0.794
	人才政策环境	3.486 **	1.716	2.325	3.865	0.724	1.469
	生活居住环境	1.157 **	0.533	1.175	2.569	0.793	0.754
	自然生态环境	1.231 **	0.534	2.093	1.898	1.394	3.517
β_3 - 住房需求	经济就业环境	2.633 ***	0.588	2.742 **	1.142	2.096 **	1.051
	创新研发环境	4.321 **	1.869	1.505 **	0.668	0.558	1.339
	人才政策环境	18.302 **	7.755	2.082	8.981	2.346	1.980
	生活居住环境	6.576 **	2.941	6.758	5.542	1.995	1.240
	自然生态环境	5.272 **	2.084	8.639	3.936	13.002 **	5.304
β_4 - 就业需求	经济就业环境	1.079	1.214	1.703 **	0.844	2.083 **	0.873
	创新研发环境	4.644	4.521	5.820	4.674	2.537 **	1.012
	人才政策环境	8.517	13.045	13.298 **	6.526	1.506	1.470
	生活居住环境	8.920	7.990	8.703 **	4.191	0.175	1.328
	自然生态环境	2.635	5.398	3.083	3.406	8.216 **	4.092

注：* 、** 、*** 分别表示在 10%、5% 和 1% 的水平上显著。

对小城市而言，首先，经济就业环境和创新研发环境在1%的水平上、生活居住环境和自然生态环境环境在5%的水平上、人才政策环境在10%的水平上，均显著正向增强经济需求对居留意愿的影响，表明小城市的人才环境整体越好，经济需求满足对人才集聚的影响越明显。其次，经济就业环境在1%的水平上，创新研发环境、人才政策环境、生活居住环境和自然生态环境在5%的水平上，均显著正向增强生活需求和住房需求对居留意愿的影响，表明小城市的人才环境整体越好，生活需求满足、住房需求满足对人才集聚的正向作用越明显。最后，人才环境在就业需求对居留意愿的影响所起的增强效应不显著，表明就业需求能独立对人才集聚产生影响，而与人才环境的优劣关系不大。

对中等城市而言，首先，人才环境在经济需求、生活需求对居留意愿的影响中所起的增强效应不显著，表明经济需求、生活需求均独立对人才集聚产生影响，而与人才环境的优劣关系不大。其次，经济就业环境、创新研发环境均在5%的水平上，显著正向增强住房需求对居留意愿的影响，表明经济就业环境和创新研发环境越好的中等城市，住房需求对人才集聚的影响越大。最后，经济就业环境、人才政策环境、生活居住环境均在5%的水平上，显著正向增强就业需求对居留意愿的影响，表明经济就业环境、人才政策环境和生活居住环境越好的中等城市，就业需求满足对人才集聚的影响越大。

对大城市而言，首先，经济就业环境在10%的水平上正向增强经济需求对居留意愿的影响，表明经济就业环境越好的大城市，经济需求满足对人才集聚的影响越大。其次，人才环境调节生活需求对居留意愿的关系不显著，表明在大城市生活需求独立对人才集聚产生影响。再其次，经济就业环境、自然生态环境在5%的水平上显著正向增强住房需求对居留意愿的影响，表明经济就业环境和自然生态环境越好的大城市，住房需求满足对人才集聚的影响越大。最后，经济就业环境、创新研发环境和自然生态环境均在5%的水平上，显著正向增强就业需求对居留意愿的影响，表明经济就业环境、创新研发环境和自然生态环境越好的大城市，就业需求满足对人才集聚的影响越大。

表9.5可以直观地展示上述分析结果。从人才环境与人才需求的交互作用看，经济环境和创新环境更多地正向调节了人才需求与人才集聚的关系，表明上述两类人才环境指标的优化，对于促进城市人才集聚的整体效应更加明显。

表 9.5 不同城市规模的交互效应比较

	交互效应	经济环境	创新环境	政策环境	生活环境	自然环境
小城市	经济需求→居留意愿	+	+	+	+	+
	生活需求→居留意愿	+	+	+	+	+
	住房需求→居留意愿	+	+	+	+	+
	就业需求→居留意愿					
中等城市	经济需求→居留意愿					
	生活需求→居留意愿					
	住房需求→居留意愿	+	+			
	就业需求→居留意愿	+		+	+	
大城市	经济需求→居留意愿	+				
	生活需求→居留意愿					
	住房需求→居留意愿	+				+
	就业需求→居留意愿	+	+			+

分城市规模来看，相比大中规模城市，小城市的人才集聚受人才需求与人才环境的交互影响更多，表明小城市应更加同时注重人才环境的优化与人才需求的满足，从而发挥二者共同对人才集聚的促进作用。中等城市人才环境对人才需求与人才集聚的关系正向调节效应较少，表明中等城市应结合城市满足人才需求的实际情况，有针对性地重点完善相关的人才环境指标。大城市的经济环境和自然生态环境与人才需求的交互影响较多，表明经济环境和自然生态环境的完善，对促进大城市的人才集聚作用更明显。

9.4 本章小结

本章通过构建多层线性模型，分析了人才环境与人才需求对人才集聚的交互影响，并考察了不同城市规模之间交互影响存在的差异，主要结果如下：

（1）人才集聚受到个体特征与城市特征的共同影响，其中城市特征变量的方差贡献为 8.9%，个体特征的方差贡献为 90.1%。随机效应方差分析表明，个体特征变量中的经济需求、生活需求、住房需求和就业需求的满足均显著正向影响人才集聚。非随机截距模型分析表明，城市特征变量中的经济就业环境、创新研发环境和人才政策环境均显著正向影响人才集聚，自然生态环境显著负向影响人才集聚，生活居住环境对人才集聚影响不显著。

（2）人才环境对人才需求与人才集聚的关系存在跨层次的正向调节效应。整体而言，经济就业环境显著正向增强经济需求、生活需求、住房需求、就业需求对人才集聚的影响；创新研发环境显著正向增强经济需求、生活需求对人才集聚的影响；人才政策环境显著正向增强生活需求、住房需求、就业需求对人才集聚的影响；自然生态环境显著正向增强经济需求、生活需求、就业需求对人才集聚的影响；生活居住环境对人才需求与人才集聚的调节效应不显著。

（3）人才环境与人才需求对人才集聚的交互影响在不同城市规模间存在明显差异。在小城市，所有的人才环境指标均显著正向调节经济需求、生活需求和住房需求满足对人才居留意愿的影响，但调节就业需求对居留意愿的效应不显著，即小城市的人才环境越好，经济需求、生活需求和住房需求对人才集聚的正向影响越大，但就业需求对人才集聚的影响程度不会增强。在中等城市，经济就业环境显著正向调节住房需求、就业需求对居留意愿的影响，但调节经济需求、生活需求对居留意愿的作用不显著；创新研发环境显著正向调节住房需求对居留意愿的影响，但调节经济需求、生活需求和就业需求对居留意愿的作用不显著；人才政策环境和生活居住环境均显著正向调节就业需求对居留意愿的影响，但调节经济需求、生活需求、住房需求对居留意愿的作用不显著；自然生态环境调节所有人才需求指标对居留意愿的作用均为不显著。在大城市，经济就业环境显著正向调节经济需求、住房需求、就业需求对居留意愿的影响，但对生活需求对居留意愿的调节作用不显著；创新研发环境显著正向调节就业需求对居留意愿的影响，但调节经济需求、生活需求、住房需求对居留意愿的作用不显著；自然生态环境显著正向调节住房需求、就业需求对居留意愿的影响，但调节经济需求、生活需求对居留意愿的调节作用不显著。

第 10 章　一线发达城市人才集聚政策分析与经验借鉴

10.1　一线发达城市人才集聚数据分析——以深圳为例

10.1.1　深圳市人才工程介绍

作为中国最早实施改革开放的经济特区，深圳是经济活力十足的城市，特别是在改革初期，聚集了五湖四海的人才，一度出现了人才"孔雀东南飞""一江春水向东流"的现象。深圳的人才引进工程实施得较早，政府投入了大量资源，出台了种类繁多的人才引进和配套政策，实施了"鹏城工匠""技能菁英"等多个人才激励工程，并且在人才管理上实行分层分类，既有海外人才、高层次专业人才等专门人才政策文件，也有针对人才后备力量的博士后引进人才文件，不仅拓宽了引才渠道，也建立起了长效引才的制度，为深圳持续吸引全球人才提供了坚实的制度保障，成为全球人才的"宜聚"城市。分析深圳市2010~2017 年出台的各类人才相关政策文件，可以得出以下结论：

第一，从各层次人才政策文件出台的频数来看，针对普通人才和创新创业人才的政策文件各出现 4 次，针对高层次人才政策文件 3 次，针对技能人才政策文件 2 次，针对海外高层次人才和海外创业人才文件各 1 次。可见，深圳市人才工程实施对象既包括国内人才，也力图吸引海外人才及归国留学生，体现了聚天下英才而用之的聚才理念。

第二，从时间分布来看，针对普通人才的政策文件主要集中在 2012~2014年，2016 年之后大部分人才政策都针对了创新创业人才、高层次人才和技能人才等群体。可以看出，深圳市的人才需求导向越来越精确，重点吸引创新创业和技术技能类的顶尖人才。

第三，人才政策实施目的不仅仅在于"引才"，同时还注重了人才的培育和使用，政策面广泛地包含了对人才的选、育、用、留等多个方面。针对人才引进的相关政策文件出现了 9 次，针对人才培育的相关政策文件出现 3 次，针对人才激励的相关政策文件出现 2 次（见表 10.1）。深圳市人才的引进、使用和激励呈现一条龙服务，避免了重引进、轻使用的人才"面子工程"，充分发挥人才效能，防止人才资源闲置。

表 10.1　　　　　　　　深圳市人才政策内容分析频数统计　　　　　　单位：次

分析维度	2017 年	2016 年	2015 年	2014 年	2012 年	2011 年	2010 年	累计频数（次）
人才类别								
普通人才		2	1	1	1			5
创新创业人才		3						3
高层次人才	1			2				3
技能人才		2						2
海外高层次人才						1		1
海外创业人才							1	1
政策目标								
人才引进	1	3		2	1	1	1	9
人才培育		2	1					3
人才激励		2						2
资助项目								
生活条件	1	2	1	2	1	1		8
工作条件	1	5	1	1		1		10

资料来源：根据深圳市人力资源和社会保障局官网资料整理。

第四，从政策文件的资助内容来看，涵盖了政府奖励、生活补助、租房住房补助、户籍迁入等与人才生活息息相关的内容，同时也提供了工作经费、土地使用、创业投资、分配激励等与人才工作开展紧密联系的资助。可谓是全方位保障了人才生活、事业和工作的顺利展开，确保他们无后顾之忧。

第五，从资助的额度来看，生活补助最高的为两院院士和杰出人才，奖励补贴标准高达 600 万元；团队创新创业项目最高的是海外高层次创业团队，资助额度高达 8000 万元；个人创新创业项目最高的是 150 万元；用于奖励创新活动的最高额度达 150 万元[①]。可见，深圳市政府在人才引进和激励方面投入巨大，取得的效果也是有目共睹。

———————————

① 资料来源于深圳市人力资源和社会保障局。

10.1.2　深圳市高层次人才集聚特征分析

高层次人才是人才队伍的排头兵和领头羊，具有普通层次人才所不具备的号召力，是人才队伍最稀缺的资源。从前面的分析也可得知，近年来深圳市对高层次人才的引进工作越来越重视，因此，对高层次人才集聚特点的分析，有助于突破人才工作难以引进顶尖人才的困境，对西部地区借鉴意义重大。通过深圳市人力资源和社会保障局公开资料查询，从 2009 年 2 月 2 日至 2018 年 4 月16 日，该局公示了 7628 名高层次人才的基本信息，利用网络公开数据对上述样本进行履历分析，搜集个人基本信息、单位信息等情况，可以对深圳市高层次人才的特征进行分析。经统计得出，深圳市高层次人才分别来自 3956 家用人单位，相关统计结果见表 10.2。

表 10.2　　　**2009~2018 年深圳市高层次人才用人单位相关信息统计**

时间：2009 – 2 – 2 ~ 2018 – 4 – 16

项目	数量（家）	占比（%）	项目	数量（家）	占比（%）
单位类型			成立时间		
企业	5263	70.8	10 年以内	1316	19.6
高等院校及科研单位	1259	16.9	11~20 年	3239	48.3
机关及其他事业单位	619	8.3	21~30 年	1064	15.9
医疗单位	167	2.2	31 年以上	1089	16.2
其他	122	1.6	是否上市		
所属行业			上市公司	1009	16.5
计算机、通信和其他电子设备制造业	1486	27.5	非上市公司	5122	83.5
软件和信息技术服务业	791	14.6	人才集聚较多的单位		
批发业	484	9.0	深圳大学	363	4.8
科技推广和应用服务业	358	6.6	华为技术有限公司	281	3.7
资本市场服务	332	6.1	清华大学深圳研究生院	219	2.9
电气机械和器材制造业	274	5.1	哈尔滨工业大学深圳研究生院	217	2.8
专用设备制造业	176	3.3	深圳先进技术研究院	153	2.0
商务服务业	164	3.0	中兴通讯股份有限公司	150	2.0
专业技术服务业	161	3.0	深圳职业技术学院	99	1.3
货币金融服务	160	3.0	北京大学深圳研究生院	96	1.3
保险业	112	2.1	深圳证券交易所	61	0.8
其他	909	16.8	深圳华大基因研究院	56	0.7

从表 10.2 可以看出，第一，从高层次人才数量上分析，近十年来深圳市高层次人才主要来自企业，尤其是国家高新技术企业有 3632 位员工被认定为高层次人才，占深圳全部高层次人才的 47.6%。其次是高等院校及科研单位，占高层次人才总数的 16.9%，此外，机关及其他事业单位、医疗单位也集中了相对较多的高层次人才。第二，从用人单位成立的时间来看，成立时间在 11~20 年的用人单位集中了最多的高层次人才，占总数的 48.3%。第三，从企业所属行业来看，计算机、通信和其他电子设备制造业以及软件和信息技术服务业两个行业集中了最多的高层次人才，加起来占总数的 42.1%。第四，从公司上市情况看，大部分高层次人才在非上市公司。第五，高层次人才集聚最多的前 10 家用人单位依次是深圳大学、华为技术有限公司、清华大学深圳研究生院、哈尔滨工业大学深圳研究生院、深圳先进技术研究院、中兴通讯股份有限公司、深圳职业技术学院、北京大学深圳研究生院、深圳证券交易所和深圳华大基因研究院。不难发现，高等院校及科研单位、高新技术企业以及金融单位是深圳市高层次人才集聚高地。这一方面说明深圳市的高层次人才引进既重视基础研究，也关注应用研究，同时又注重研究成果的产业转化，为之提供了科技投资金融平台的保障；另一方面，也说明深圳市扎根本土，大力扶持当地的"人才池"基础设施与平台。这值得为西部地区引才思路提供借鉴。

由于深圳大多数高层次人才集中在企业，而企业最需要高层次人才集聚的是高新技术领域。因此，对深圳市高层次人才在国家重点支持的八大高新技术领域集聚状况进行分析，结果见表 10.3。深圳市八大高新技术领域的高层次人才共计达 3733 人，占全部高层次人才总数的 48.9%，占企业高层次人才总数的 70.9%，可见深圳大部分企业高层次人才来自国家重点支持的八大高新技术领域。其中电子信息技术领域以占比 62.1% 的绝对优势集中了八大高新技术领域大多数的高层次人才，这与深圳的产业结构有着紧密联系，2016 年深圳市电子信息产业规模以上工业企业达到 2087 家，占规模以上工业总产值的 59.02%，这间接反映了人才集聚对产业集聚以及经济发展带来的深远影响。通过上述分析可知，深圳市高层次人才引进和培育具有极强的针对性，人才聚集大都来自当地重点产业和高科技前沿领域，既实现了高层次人才引进和培育与当地核心产业的精准对接，又积极引领了高新技术领域人才成长。

表 10.3　　　　　深圳市国家重点高新技术领域高层次人才统计　　　　　单位：人

领域	人数	领域	人数
电子信息技术	2318	新能源及节能技术	311
生物与新医药技术	279	先进制造与自动化	278

领域	人数	领域	人数
新材料技术	244	高技术服务业	191
资源与环境技术	77	航空航天技术	35

10.1.3　深圳市高层次人才群体特点分析

深圳市将高层次人才分为杰出人才、国家级领军人才、地方级领军人才和后备级人才四个层次，2009～2018 年，深圳认定的这四类人才数量统计分析见表 10.4。从表中可见，深圳市全部的杰出人才有 43 名，国家级领军人才有 353 名，地方级领军人才有 2015 名，后备级人才有 5217 名，"人才池"呈现金字塔形状，说明人才梯度结构合理。通过分析 2009～2018 年深圳市高层次人才引进数量发现，高层次人才引进数量总体趋势是逐步增长的，其中 2014 年和 2015 年是深圳市高层次人才引进数量最多的年份，这两年共引进了的高层次人才占这 10 年高层次人才总数的 40.8%。从人才认定的层次来看，杰出人才和国家级领军人才的引进数量呈现较为稳定的增长趋势，而地方级领军人才和后备级人才呈现增减交递变化的趋势。这反映出深圳市对高层次人才引进工作的持续性，尤其是对杰出人才和国家级领军人才这两类人才引进的高度重视。

表 10.4　　　　**2009～2018 年深圳市高层次人才认定统计**　　　单位：人

年份	杰出人才	国家级领军人才	地方级领军人才	后备级人才	合计
2009	0	71	689	598	1358
2010	0	32	173	205	410
2011	3	27	112	114	256
2012	1	20	134	159	314
2013	2	26	181	385	594
2014	4	35	173	1542	1754
2015	1	28	128	1203	1360
2016	12	23	122	305	462
2017	11	54	181	486	732
2018	9	37	122	220	388
合计	43	353	2015	5217	7628

根据网络公开信息对深圳市高层次人才进行履历分析，搜集包括性别、年龄、学历、职称等人口学变量相关信息，发现 2009～2018 年间具有海外留学经历的有 1102 人，存在学缘、业缘等社会网络关系的有 605 人。其他相关统计结果见表 10.5。可以看出，深圳市高层次人才从性别上男性多于女性，年龄段大部分集中在 50 岁以下。而在博士学历、博导身份、博士后科研经历、博士毕业院校等指标上，深圳市高层次人才并未呈现"一边倒"的情况，这体现出深圳市高层次人才的选拔并不存在学历歧视和名校出身，在各行各业均有不同类型人才入选。另外，这 10 年也有接近 200 位高层次人才先后离开深圳。

表 10.5 　　　　　　　　　　深圳市高层次人才群体特征　　　　　　　　　单位：人

指标	人数	指标	人数
性别		年龄	
男	2894	40 岁及以下	335
女	616	41～50 岁	397
博士学历		51～60 岁	242
是	814	61 岁及以上	62
否	908	博导	
博士毕业院校		是	239
海（境）外院校	245	否	485
C9 联盟院校	192	第一份工作是否在深圳	
其他院校	384	是	558
博士后		否	733
是	438	是否离开深圳	
否	1043	是	178
		否	1425

10.1.4　深圳市高层次人才集聚影响因素分析

生存分析法是履历信息数据处理的常见方法，本节使用生存分析法来探究深圳市高层次人才集聚影响因素。目前数据库中能明确是否离开深圳的高层次人才样本一共 1592 人。本研究中的事件确定如下：认定为高层次人才的时间为起始事件；离开深圳确定为终点事件；截至 2018 年仍未出现终点事件的数据为删失数据。定义是否离开深圳为生存状态变量，有两个水平：0—未离开深圳；1—离开深圳。生存时间为研究对象自认定为高层次人才至最终是否离开深圳所经历的时间。由于不清楚分布，而参数分布形态对函数的估计有很大影响，因此使用非参数估计 Kaplan-Meier 法，来分析不同类型高层次人才的生存风险分布，分析结果见表 10.6。

表 10.6　　　　　深圳市四类高层次人才 Kaplan-Meier 分析结果

项目	总数（人）	删失数据（人）	删失数据百分比（%）
后备级人才	874	779	89.1
地方领军人才	566	500	88.3
国家级领军人才	136	124	91.2
杰出人才	16	12	75.0
合计	1592	1415	88.9

项目	后备级人才		地方级领军人才		国家级领军人才	
Log – Rank 检验	χ^2	p	χ^2	p	χ^2	p
地方级领军人才	12.74	0.000				
国家级领军人才	1.98	0.160	0.30	0.584		
杰出人才	17.30	0.000	26.62	0.000	18.45	0.000

从表 10.6 可以看出，874 人获得后备级人才称号，其中 89.1% 的数据删失；566 人获得地方级领军人才称号，其中 88.3% 的数据删失；136 人获得国家级领军人才称号，其中 91.2% 的数据删失；16 人获得杰出人才称号，其中 75% 的数据删失。通过 Log – Rank 显著性检验发现，地方级领军人才与后备级人才的卡方检验 $\chi^2 = 12.74$（p = 0.000），杰出人才与后备级人才的卡方检验 $\chi^2 = 17.30$（p = 0.000），杰出人才与地方级领军人才的卡方检验 $\chi^2 = 26.62$（p = 0.000），杰出人才与国家级领军人才的卡方检验 $\chi^2 = 18.45$（p = 0.000），上述结果表明，杰出人才与其他三类人才即国家级领军人才、地方级领军人才以及后备级人才之间生存函数的差异具有显著性，地方级领军人才与后备级人才之间生存函数的差异也具有显著性。而地方级领军人才与国家级领军人才的卡方检验 $\chi^2 = 0.30$（p = 0.584），说明两组之间生存函数不存在显著差异。图 10.1 描绘了人才类别对离开意愿决策影响的生存曲线，图中累计生存函数表示经过生存时间 T 离开深圳的人才比例。无论生存时间长短，杰出人才留在深圳的比例总是低于其他三类人才，说明杰出人才相比其他人才而言流动性更强，人才流失的风险最大。此外从图中还可以发现，4 年以内的生存时间里，国家级领军人才、地方级领军人才和后备级人才的生存曲线变化趋势相近，而 4~7 年的生存时间内，留任比例从高到低依次是国家级领军人才、地方级领军人才和后

备级人才，说明从被认定为高层次人才到 4~7 年的时间内，后备级人才的流失风险最高，国家级领军人才的流失风险最低。7 年之后的生存时间内，地方级领军人才留下的比例最高，而国家级领军人才和后备级人才留下的比例相近，说明从被认定为高层次人才的 7 年时间之后，地方级领军人才的流失风险最低。

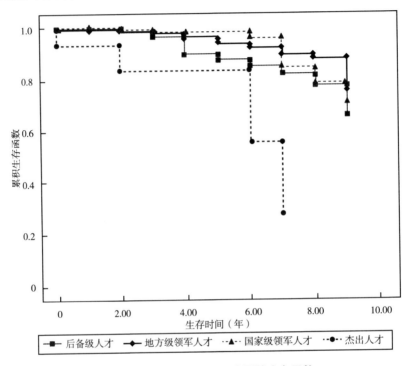

图 10.1　人才类别对离开意愿的生存函数

为进一步检验人才类别以及其他人口学变量对职业决策的影响程度，采用生存分析中的 Cox 回归模型进行回归分析。本研究建立了人才流失的三个风险函数：

第一步，先将性别、年龄、是否具有博士学历、是否具有海外工作或留学经历作为控制变量，方程式表示为：$\ln h(t) = \beta_0 + \beta_1 \times 性别 + \beta_2 \times 年龄 + \beta_3 \times 博士学历 + \beta_4 \times 海外工作或留学经历$。

第二步，在第一步的基础上增加协变量人才类别，由于杰出人才样本量过少，将杰出人才与国家级领军人才合并，并将其作为哑变量人才类别的参照对象。方程式表示为：$\ln h(t) = \beta_0 + \beta_1 \times 性别 + \beta_2 \times 年龄 + \beta_3 \times 博士学历 + \beta_4 \times 海外工作或留学经历 + \beta_5 \times 后备级人才 + \beta_6 \times 地方级领军人才$。

第三步，考虑到年龄与人才流失关系密切，在前两步的基础上增加年龄与人才类别的交互项。方程式表示为：$\ln h(t) = \beta_0 + \beta_1 \times 性别 + \beta_2 \times 年龄 + \beta_3 \times 博士学历 + \beta_4 \times 海外工作或留学经历 + \beta_5 \times 后备级人才 + \beta_6 \times 地方级领军人才 + \beta_7 \times 年龄 \times 后备级人才 + \beta_8 \times 年龄 \times 地方级领军人才。$

三个模型的回归分析具体结果见表 10.7，其中回归系数 β 表示各因素对人才流失的影响程度及方向，$\text{Exp}(\beta)$ 表示各因素取值每增加 1 个单位，人才流失风险率比原有水平增加的倍数。

表 10.7　　　　　　　　深圳市高层次人才 Cox 回归分析结果

项目		模型 1		模型 2		模型 3	
		β	$\text{Exp}(\beta)$	β	$\text{Exp}(\beta)$	β	$\text{Exp}(\beta)$
控制变量	性别	-0.375	0.687	-0.254	0.775	-0.303	0.739
	年龄	-0.008	0.992	-0.022	0.978	-0.064	0.938
	博士学历	0.442	1.556	0.460	1.584	0.391	1.478
	海外工作或留学经历	-1.244**	0.288	-1.128**	0.324	-1.105**	0.331
协变量	后备级人才			-0.807	0.446	-1.350*	0.259
	地方级领军人才			-1.354**	0.258	-1.591**	0.204
交互项	年龄 × 后备级人才					-0.011	0.989
	年龄 × 地方级领军人才					0.112*	1.119

注：* 代表 p < 0.05，** 代表 p < 0.01。

模型 1 检验了性别、年龄、博士学历以及海外工作或留学经历等控制变量对高层次人才职业决策的影响，其中海外工作或留学经历显著负向影响人才流失（$\beta = -1.244$，p < 0.01），说明具备海外工作或留学经历的人才稳定性更高。性别、年龄、博士学历对高层次人才职业决策影响不显著。

模型 2 检验了人才类别对职业决策的影响，结果表明与国家级领军人才和杰出人才的流失风险相比，后备级人才的流失风险没有显著差异（$\beta = -0.807$，p > 0.05），但地方级领军人才的流失风险显著更低（$\beta = -1.354$，p < 0.01）。这说明地方级领军人才的稳定性是所有人才类别中最高的。

模型 3 检验了年龄与人才类别的交互项对职业决策的影响，结果表明年龄与后备级人才的交互项对人才流失的影响不显著（$\beta = -0.011$，p > 0.05），而年龄与地方级领军人才的交互项对人才流失产生显著的正向影响（$\beta = 0.112$，p < 0.05）。这说明年龄正向调节地方级领军人才的流失风险，年龄每增加 1 个

单位，地方级领军人才的流失率增加约 1.12 倍。

10.1.5　小结

通过上述分析，深圳市人才政策和人才集聚给西部地区带来的启示如下：

第一，关于人才政策的制定。首先，结合产业制定精准引才政策。人才引进政策的制定应与当地重点产业挂钩，为当地产业的不断升级和发展提供人才支撑。深圳市重点引进和培育高新技术领域人才，尤其是电子信息技术产业相关高层次人才，为当地的优势产业源源不断注入了人才发展动力，而优势产业的升级与发展又反过来提高了深圳吸引相关领域人才的竞争力。其次，全球范围引进尖端人才团队。通过实施海外高层次人才工程，加强海外高层次人才团队的引进力度，一方面利用海外尖端人才团队的示范作用，吸引更多高层次人才团队加盟，另一方面有利于促进深圳全球化的人才交流和信息交流。最后，引才与用才并重，既要引好才，更要用好才。人才优惠政策既涵盖了住房、医疗、子女入学等生活方面的保障，又解决了工作经费、工作奖励等工作方面的举措，切实解决了人才的后顾之忧，最大限度地发挥了人才效能。

第二，关于人才队伍结构的建设。首先，在人才分布的行业结构上，深圳市高层次人才队伍行业分布广泛，但主要集聚在国家认定的高新技术领域，尤其是在深圳特色产业、优势产业，如电子信息技术产业。同时，高层次人才也较为广泛地集中在机关单位、大学以及科研单位，形成明显的政、产、学、研一体的人才链，发挥了人才集聚 1 + 1 > 2 的创造价值。其次，在人才学历、职称、年龄等结构上，深圳市在评定高层次人才时不唯学历、不唯职称、不唯是否名校毕业，而是通过制定详细的高层次人才认定办法，将各行各业符合条件的佼佼者都纳入高层次人才队伍，享受相应的配套优惠政策。此外，年龄分布上中青年比例较高，人才队伍处在创造力高峰期，能够持续创造价值。

第三，预防人才队伍的流失。深圳市四类高层次人才队伍中，处在人才金字塔顶端的杰出人才流失率最高，而处在金字塔底端的地方级领军人才和后备级人才流失率较低。可见，纵然是深圳这样的东部沿海地区发达城市，在留住尖端人才上仍然压力较大，因此相对落后的西部地区更应该因地制宜，适当将人才引进的重点下移到次顶端人才，重点保证这部分高层次人才能够为西部地区所用。此外，随着年龄的增长，地方级领军人才职业决策离开的风险上升，因此西部地区一方面是要培育和利用青年人才，另一方面要调查和满足高层次人才需求，通过满足事业需要、情感需要、物质需要等方式，尽可能预防高层次人才的流失。

10.2　一线发达城市人才政策

10.2.1　北京人才政策与经验借鉴

10.2.1.1　人才政策

1. 重视人才队伍建设

2009 年北京发布《关于进一步加强市属国有企业人才队伍建设的指导意见》。该指导意见强调人才资源是第一资源的理念，要完善企业人才工作格局和人才队伍建设，认真落实高层经营管理人才、高级专业技术人才和高技能人才"三高"人才培养计划，完善人才考核办法，强化激励约束机制。为确保市属国企人才资源引得进、用得好、留得住，在市领导人才工作的带领下，健全国有企业人才协调工作机制，强化落实人才强企战略，加大对各类优秀人才的宣传表彰，推动北京市国有企业人才队伍建设。

2. 积极做好人才规划

2010 年北京发布《首都中长期人才发展规划纲要（2010—2020 年)》。该纲要分析了关于首都人才发展所要面临的社会发展形势和国际发展现状，结合我国社会主义现代化建设和中华民族伟大复兴的重要任务，以将北京建设成为现代化国家城市为目标，重点介绍了人才发展规划的战略部署、重大任务和重点工程；为 2010 ~ 2020 年十年间的人才发展工作奠定了思想理论基础，阐明了工作落实的具体方向，对首都的人才规划具有重要的指导意义。

3. 推动人才集群化发展

2012 年北京出台了《关于推进首都人才集群化发展的实施意见》，为首都人才集群化发展提出重要意见。纵观世界著名产业集群区的发展历史，众多人才的聚集地才有可能发展成为产业集群区，而要推动北京向国际化城市发展，成为具有国际影响力的城市，就必须大力推动集群化发展。要集广大英才于北京，择天下英才而用之，为北京的城市建设提供强有力的支撑力量。

4. 加大人才引进力度

2018 年北京出台《北京市引进人才管理办法（试行)》的通知，主要介绍了各行业各方面人才的引进办法，并强调要加大人才引进力度，保障引进人才的各项权益。该管理办法为北京市人才引进工作提供便利，为各类优秀人才聚集北京提供了政策导向。除此之外，北京作为全国政治中心，是国家进行政治经济决策的重要地点，这为北京及时获取国家相关政策倾斜、财政资助等提供了便利。

诸如上述的各项有关人才工作的政策相继出台，体现了北京市政府对人才发展工作的高度重视：思想上，紧跟习近平总书记提出的人才就是未来，充分利用好我国人力资源大国、智力资源大国的属性，集聚各方英才，充分发挥其擅长的"十八般武艺"，在各行各业百花齐放；政策上，以人为本，重视人才对城市建设的贡献，建立健全人才引进、培养机制，加大人才队伍建设投入，完善人才考核评价机制，健全人才激励保障制度。正是由于北京政府的大力支持以及各项政策的保驾护航，北京的人才引进工作才能顺利进行，北京的城市建设才会越来越好。

10.2.1.2 资金支持

1. 加强政策支持

俗话说"有钱办事事事通"，资金不管是对于个人、团体，还是社会、国家都是非常重要的。人才的引进和培养、城市的发展与建设、国家的竞争与合作等各方面都离不开资金的支持。北京市政府对人才引进工作高度重视，自然对工作的资金支持也是必不可少的。为助力人才引进工作，北京出台了各类资金项目支持政策，例如，《北京市科技计划项目（课题）经费管理办法》《怀柔区优秀人才培养资助办法》等，这些政策对人才培养工作具有重要作用。

2. 加大财政投入力度

《关于优化人才服务促进科技创新推动高精尖产业发展的若干措施》《新区推进高端产业领军人才发展示范区建设的实施办法（试行）》均出台了各种人才政策，例如"海聚工程""北京市特聘专家""引智项目""创新创业团队"等，对人才给予了极大的物质和荣誉激励。

3. 资金扶持效果显著

《北京统计年鉴2019》显示，2018年北京市全社会基础研究经费277.8亿元，比2013年增长1倍；应用研究经费412.8亿元，比2013年增长60%；试验发展经费1180.2亿元，比2013年增长49.4%。显然，北京市政府非常重视科技创新，对于科研项目的经费支持一直非常充分，并且在逐步增长。此外，对于人才引进方面的资金支持还包括人才培养开发、人才工作载体建设经费、人才工作项目实施经费、人才工作交流合作经费、人才表彰奖励经费、人才关爱经费、人才工作保障经费等。只要是涉及人才引进、培养的相关重要方面，北京政府都给予了大力的资金支持，这为人才的引进和建设提供了坚强的后盾，成为留住人才的重要原因之一。

10.2.1.3　平台提供与建设

1. 首都地位优势

北京作为中国的政治、文化、国际交往和科技创新中心，有着良好的发展环境、广阔的发展平台和有力的政策支持，是众多人才心之向往，一展宏图的首选之地。北京作为中国的首都，必须要重视其建设和发展，作为政治、文化和国际交往中心，它的城市形象在很大程度上便代表着中国的形象，它的发展也与中国的发展息息相关。要发展建设好这座城，离不开城内的人才和精英的贡献，而要留住人才和吸引人才，就离不开广阔的平台和发展的机会。

2. 建设创新示范区

近几年，北京为了引进人才，留住人才，让人才能够得到更好的发展，在人才发展平台方面作出了巨大努力。例如，中关村国家自主创新示范区的建设便为人才引进搭建了一个很好的平台，汇集了联想、方正等高新技术企业近 2 万家，吸引在校大学生、应届毕业生 50 余万人，有超百万的高素质创新创业人才和留学归国精英，有国家级重点实验室、研究中心等若干，形成了人才聚集、科技创新、具有引领辐射作用的产业集群区[①]。中关村是国家批复的首个国家自主创新示范区，它的成功开展为北京的城市建设、人才引进和科技创新提供了强大的动力。

3. 开发重点工程

除了示范区的建设，北京政府也开发了重点工程项目，如首都科技领军人才培养工程、北京市科技新星计划、中关村高端领军人才聚集工程、高技能人才培养带动工程、海聚工程、高创计划、首都青年人才开发工程等。这类工程项目的实施为人才引进和培养提供了良好的发展平台，不仅吸引激励各类人才来京发展，为其提供资金支持，还给予国家政策优惠，提供各项保障，鼓励各类人才积极参与，实现人才聚集和发展。在工程实施过程中，既能进行科技创新与研发工作，也能培养该方面的专业技术人才，筛选出优秀人才，达到引进和培养人才的目的。

4. 高校是人才的源泉

北京人才的聚集离不开北京众多的高等院校，据教育部公布的数据显示，2019 年北京市有 93 所高校，"双一流大学"建设高校 34 所。北京市教委发布的《2019 年北京地区高校毕业生就业质量年度报告》显示，2019 年北京高校毕

---

① 资料来源：北京地区产业园区汇编。

业生总数约 24 万人，其中 61.76% 的毕业生选择留在北京发展。北京高校众多使得北京的教育资源十分丰富，每年都能够为北京的城市建设培养输送一批高素质人才，形成人才聚集地。

5. 加强校政企合作

校政企合作也是人才培养的重要平台。学校是专门进行教育的机构，其主要任务就是提供专业技术和知识，为社会培养人才。学校在教学过程中要注意知识本身的与时俱进和联系实际，以培养企业用得上的人才。政府是学校和企业合作进行人才培养的桥梁，它能够针对学校和企业的实际情况、利益基础提供协作培养人才的政策、资金和监管支持。北京以清华大学、北京大学等为代表的高校众多，且积极开展校政企合作，为北京市人才引进和发展作出了重要贡献。例如北京化工大学与天津经济技术开发区在安全领域开展的校政企三方合作，集产、学、教、政、研五位一体，具有鲜明的产教深度融合创新特色，极大地促进了产学融合和协同人才培养。

10.2.2 上海人才政策与经验借鉴

10.2.2.1 打破制度

1. 创新海外人才落户制度

上海作为一个国际化大都市，利用其地位优势积极吸引海外高层次人才。一直以来，外国人在中国申请永久居留证的门槛较高，申请条件需达副教授、副研究员以上，申办周期在 6 个月以上，被戏称为全球最难拿的"绿卡"。上海作为中国具有国际竞争力和影响力的城市，吸引了许多外来企业和人员，而要留住优秀人才常驻上海，人才居住问题就必须得到重视。上海在引进国际人才方面大胆尝试，降低永久居留证申办条件，简化申办程序，以留住海外高层次人才。此外，公安部还出台支持上海全球科技创新中心建设的 12 项出入境政策，此项政策的率先实施为上海争取了引进国际化人才的光明大道，它切实解决了外来人才的居住问题，突破了以往的外国人才永久居留中国的基本难题，为海外高层次人才生活居住提供了保障，解除引进人才的后顾之忧。

2. 注重体制机制改革

除了海外人才落户制度的突破，2015 年上海出台的《关于深化人才工作体制机制改革促进人才创新创业的实施意见》（简称"人才新政二十条"）提出，要充分发挥户籍政策在国内人才引进集聚中的激励和导向作用，使人才流得进、留得住。除此之外，"人才新政二十条"的重要突破就是突出市场在人才发现、人才配置、人才评价以及人才使用中的决定作用，同时体现了政府简政放权的思想，提出简化引进人才相关手续办理的意见。2016 年发布的《关于进一步深化人才发展体制机制改革加快推进具有全球影响力的科技创新中心建设的实施意见》（简称"人才三十条"），在"人才新政二十条"着重集聚人才的基础上，加大创新创业的实施力度，扩大国际交流与合作，创新人才管理制度，使上海人才引进工作更加完善，迸发出更强劲的生命力。

3. 职称制度改革

在职称制度方面，上海市也不断革新，打破原有传统，更加以人为本。2018 年上海市出台《深化职称制度改革实施意见》，调整现有人才评价标准，释放人才创新创业创造活力。该意见指出要转变以往"一把尺子量到底"的现象，转变以学历、资历、论文、课题为唯一标准的评价方式，科学设置评价体系，完善评价方式，注重工作质量而非数量；打破户籍、身份、档案等制约，加强对企业和社会人才的关注，切实解决人才职称申报问题；继续深化推进"放管服"改革，优化简政放权，坚持效率优先，公正监管，建立科学合理的人才管理制度。通过实施这一系列以政府为主导的制度改革创新，加强了上海市人才引进力度，使得国内外人才对上海都充满向往。

10.2.2.2　创新发展

1. 良好的科创环境

根据《2018 上海科技创新中心指数报告》，用于反映上海科创中心发展的主要五个一级指标评分都较高，而且增长迅猛。从这一系列指标的得分可以看出，上海市非常重视创新创业环境的发展，并积极努力建设科创中心，为人才提供优良的科创环境。基于此，当前上海已经成为全球科学家最向往工作的中国城市。

2. 加快科创中心建设

上海主要从四个方面大力推进上海科技创新中心：一是建设张江综合性国家科学中心。利用与清华大学、北京大学、复旦大学等高校进行战略协作，集中高校创新性资源，加强高校、科研院所和企业的产、学、研合作，引领带动长三角地区创新发展。二是建设一批创新功能型平台。立足国家和上海经济发展重点领域，推进上海微技术工业研究院、上海产业技术研究院和国家科技创新资源数据上海中心等平台建设，推动上海创新创业创造高质量发展。三是打造一批科技创新集聚区。以张江国家自主创新区为依托，培育创新性人才研究团队、创新型企业和产业，努力打造上海创新发展集群区。通过创新集聚区的发展，吸引和培养高素质人才，推动上海科技创新中心建设。四是推动大众创业、万众创新。在政府带领下，积极宣传和引导市场和社会主动创新创业，发展众创空间，并为创新创业者和中小企业提供便利、开放的综合服务，激励社会创新创业活力。除此之外，还颁布了《上海市推进科技创新中心建设条例》，该条例是国内第一部科创中心建设的"基本法"，这使得上海创新创业活力迸发，吸引了一大批国内外的高层次人才来沪发展。

10.2.2.3　资金支持

1. 加大人才资金支持，发挥人才集聚效应

为深入落实习近平总书记强调的相关人才思想和人才工作，上海市政府高度重视上海人才发展工作。通过加大人才工作支持力度，完善相关人才政策，充分保障人才工作资金支持。对于相关人才计划的实施和发展，上海市政府同样高度重视，通过加大人才资金支持力度，积极制定和完善相关政策法规，规范人才计划实施，切实为人才计划贯彻落实提供保障。例如"2020上海市浦江人才计划"，针对科研开发类人才和企业创新创业类每项定额资助30万元；社会科学类每项每人定额资助15万元，每个团队50万元；特殊急需类人才每项每人定额资助15万元或30万元，每个团队50万元。除了此类人才计划之外，上海市政府还积极做好人才日常补贴、人才购房补贴、人才公寓等基本生活保障工作，积极制定各项优惠政策，鼓励全民创新创业，为引进人才解除后顾之忧。

2. 完善资金管理

在人才工作投入资金的管理方面，上海市明确资金投入用途目标，做好资金使用规划，完善资金管理规定。上海市人才工作资金使用主要有以下几个特点：第一，资金投入目标明确。上海市人才工作资金投入大致分为两类，即人才培养和人才引进。人才培养的资金投入主要在优化本市存量人才，建立健全人才培养机制，完善人才能力和层级机制，为人才提供稳定保障支持。人才引进的资金投入主要表现为引进人才的相关政策优惠，例如引进人才落户、人才日常补贴、项目资金支持、购房补贴等相关资金支持，以吸引人才来沪，扩大上海市人才队伍。第二，重视创新创业。为加快建设上海科创中心，使上海成为具有国际影响力的创新中心城市，市政府高度重视科创人才的引进培养、科研平台的提供建设和本市的创新创业，对相关方面投入了大量的资金支持和政策帮助，积极鼓励人才到沪发展。第三，资助人才方式清晰。上海市人才资助主要以"人才+项目"的形式进行，以项目为载体，确定人才需要的资金使用量和适用范围，做好资金管理和规划，明确项目内容和考核机制，既重视人才

的培养发展，又给予人才一定的资金自主支配权。第四，资金投入对象广。上海市人才工作资金投入对象既包括人才本身，也包括对有突出贡献的人力资源服务机构。人才工作除了要关注人才本身，还要重视与人才相关的人力资源服务机构。伯乐与千里马是相辅相成的，有了伯乐才能发现千里马。对符合相关条件的人力资源机构进行奖励，以此激励和引导人力资源服务机构积极为上海市用人单位选聘优秀人才。

10.2.3　广州人才政策与经验借鉴

10.2.3.1　积极创新人才机制

1. 创新出台产业领军人才政策

广州市 2016 年发布了《关于加快集聚产业领军人才的意见》及 4 个配套文件，集中资金培养创新创业领军人才和产业急需人才。各区积极响应政府号召，根据本地实际情况，认真探索研究，制定与市产业领军人才政策文件相衔接的本地人才政策。例如，黄浦区出台了《人才"美玉 10 条"》，番禺区出台了《番禺区高层次人才服务保障制度》，花都区出台了《花都区集聚高端人才暂行办法》等各项人才政策。全市上下团结一心，积极做好人才服务工作，完善人才政策体系，推动人才和产业共同发展。

2. 打造梯次全覆盖的人才政策体系

广州市先后出台多个针对高层次人才的政策文件，积极找出人才工作的"拦路虎"，解决人才工作中遇到的相关问题，切实站在人才立场考虑，按层次和贡献不同，提供人才在资助补贴、住房保障、子女入学等各方面的基本生活保障。人才工作坚持以人为本，突破原来只在本地选人用人的人才开发旧模式，注重本地人才、外来人才共同发展，只要作出的贡献符合条件，均可获得资助扶持，享受相关待遇。此外，广州在全国首创"人才绿卡"制度，为各类海内外人才提供"人才绿卡"，拥有广州籍市民同等待遇。

3. 大力推进和实施各类人才项目

为加快人才工作建设，加大人才引进、培养力度，广州市积极开展各项人才项目。例如，珠江人才计划、南粤百杰等各类人才项目。出台全国首个地方性公派留学项目"菁英计划"，自该计划实施以来，数名优秀青年人才得到资助，获得机会前往国外一流高校继续深造学习或进行联合培养。通过各类人才项目的开展，聚焦研究重点项目领域，提升本市科研水平，吸引和培养更多的储备人才。

10.2.3.2 搭建交流平台，引进海外人才

1. 充分发挥"留交会"作用

"留交会"全称为中国留学人员广州科技交流会。1998 年，在刘悦伦等留学归国人士的倡议下开展了首届中国（广州）留学人员科技交流会，其初衷便是希望通过交流会吸引聚集海外优秀留学人才，搭建信息交流平台。由于第一届"留交会"的成功举办，教育部等纷纷加入作为主办单位，确定"面向海内外，服务全中国"的大会宗旨，"留交会"升级为国家级留学人员交流平台。此后北京、上海、深圳等城市陆续加盟成为"留交会"的协办单位，"留交会"在海外留学人员中的影响越来越大，参加会议的留学人员越来越多，"留交会"的规模也越办越大。如今，"留交会"已成为全国海外人才交流的首要品牌，也是海外留学人才了解国内发展状况，寻找发展机会的有效窗口。

2. "留交会"效果显著

自创办以来，"留交会"已经吸引了海内外人才近 5 万人，人才来自世界 140 多个国家和地区，促成近 5 万个项目。在 2019 年第 21 届"留交会"两天会展期间，来自美国、英国、加拿大等 30 多个国家和地区的近 2000 名海内外人才参会，主要包括：境外高层次人才（诺贝尔奖获得者、院士，高校和科研机构专家，大型和知名企业企业家、高管，杰出海外华人华侨、港澳台地区高层次人才等）150 人；港澳台优秀人才 100 人；国家高层次人才 250 人；"春晖杯"大赛参赛代表 250 人；自由报名的海外人才（在海外高校获硕士以上学位，或在全球排名前 200 位的海外高校本科及以上学位中国留学人员）800 人；海外人才创新创业大赛获胜选手 300 人；获硕士以上学位的在华外国留学生 100 人[①]。此外，"留交会"还吸引了政府代表团、大学和科学研究所以及企业参会，促进了大量合作项目，涉及许多新兴产业领域。"留交会"的成功创办和不断发展，为海外留学生回国发展提供了便利，同时"留交会"也成为海外高层次人才来中国发展的桥梁，为其提供了解中国的窗口。

10.2.3.3 穗港澳协同发展

1. 优越的地理位置

广州地理位置优越，加上近年来不断发展的城市交通，使得广州与港澳的沟通交流变得更加深入，穗港澳的城市发展也变得越来越息息相关。广州积极与香港、澳门开展合作交流，充分利用粤港澳综合优势，全方位优化人才发展

---

① 方晴. 从留交会到海交会，这场盛会 21 年全球引才近 5 万人 [N]. 广州日报，2020 - 12 - 3.

环境，积极打造粤港澳人才高地。

2. 鼓励港澳青年来穗创新创业

为深入学习贯彻《粤港澳大湾区发展规划纲要》，广州举全市之力推进粤港澳大湾区建设。广州市积极推进与港澳交流合作，优化港澳青年来穗创新创业环境，与港澳合作开展技能人才培养，强化穗港澳技能人才交流合作。例如与香港机电工程署共建世赛联合集训、机电类人才等 6 个培训基地，3 所技师学院分别与香港、澳门职业学校签订人才发展合作备忘录，穗港澳联合举办空调制冷、屋宇设备、电气安装、车身修复培训班等。除此之外，积极研究制定相关人才政策，引进港澳人才参加广州举办的各类赛事，提供良好的政策环境保障港澳人才创业，加大力度吸引港澳人才来穗发展。2019 年实施《发挥广州国家中心城市优势作用支持港澳青年来穗发展行动计划》，同年成立了 3 个 "穗港澳青年创业孵化示范基地"，实现进驻青年创业团队超过 200 个。加强穗港澳的人才交流合作是加快大湾区发展的重要举措，通过穗港澳的交流合作，培养一批高素质人才，吸引港澳高层人才来穗发展，助力广州城市建设。

10.2.4　深圳人才政策与经验借鉴

10.2.4.1　聚才引才政策

1. 出台人才服务配套政策

深圳作为中国改革开放建立的第一个经济特区，短短几十年来发展迅猛，吸引了大批外来人员涌入，为深圳带来了大量的劳动力，也引来了不少人才。为帮助深圳经济特区建设，加快深圳人才队伍建设，提高深圳人才存量，使得人才引得进、留得住、用得好，深圳市政府非常重视人才发展工作，积极出台相应的政策法规为人才提供服务。2008 年，深圳出台《深圳市委　深圳市人民政府关于加强高层次专业人才队伍建设的意见》及 6 项配套政策（简称 "1+6" 文件），主要解决深圳高层次人才存量少、战略规划缺乏、政策零散不配套、梯队建设不足等问题。该政策在制定之初，市委市政府便成立了高层次专业人才队伍建设课题组，深入基层调研、赴全国多地考察学习借鉴、充分听取各方意见、反复论证，结合当时高层次人才的实际情况，制定相应配套政策。此后，深圳又陆续发布多个配套优惠措施，不断动态调整、完善高层次人才政策。

2. 加大海外人才引进力度

2011 年为加快高层次人才队伍建设，推动深圳经济产业发展，提高城市自主创新能力，深圳以中央实施引进海外高层次人才 "千人计划" 为引领，出台了《关于实施引进海外高层次人才"孔雀计划"的意见》。该意见配套了关于人才确认、人才认定、人才待遇、人才专项资助和团队评审五个方面的文件（简称"1+5"文件），对引进海外人才相关措施进行了阐述，便于具体落实相关人才工作。与"1+6"文件的实施对象和标准不同，"1+5"文件主要针对海外人才，首创了"直接认定为主，评审认定为辅"的认定方法，为海外人才提供平等待遇，落实子女生活、配偶就业等问题。

3. 优化人才发展环境

2016年，深圳出台《关于促进人才优先发展的若干措施》，提出了20个方面81条178个政策点，涵盖了财政、人才安居、市场、用人主体、人才服务等方面。该措施涉及引进政策、紧缺专业人才培养、强化博士后"人才战略储备库"功能、创新招才引智工作机制等20个大项，整合覆盖了"1+6"文件和"1+5"文件的相关政策，扩大了优惠涵盖范围，加大了人才保障力度，优化了人才发展环境，进一步完善了人才综合保障体系。该措施出台后，为深圳吸引和培养更多人才提供了更加坚实的后盾，也使深圳人才培养和服务体系更加完善。

10.2.4.2　资金支持

在资金资助方面，深圳市政府同样高度重视。为加大人才引进力度，满足人才基本需求，保障人才基本权益，优化人才发展环境，提高各类人才质量，市政府对人才工作投入了大量资金。

1. 重视人才引进

《关于促进人才优先发展的若干措施》中规定，给予两院院士和杰出人才100万元工作经费和600万元奖励补贴，培养出高层次人才的单位同样有重奖。市财政对"孔雀计划"投入巨额资金。对于认定的各类人才，分别给予不同的奖励补贴。对于团队和项目支持力度最高达1亿元，扶持具有成长潜力的创业团队，资助力度达500万元。给予博士后人员12万元生活补贴，出站留深的给予每人30万元科研经费。

2. 鼓励创新创业

在创新创业方面，自主创业人员在深圳创办初创企业，给予相应金额的创业补贴。在市政府认定载体内创办初创企业，给予较高的场地租金补贴，在认定载体之外租用经营场地，同样给予租金补贴。吸引人员就业缴纳社保的，给予创业带动就业补贴，人数越多补贴越高。

3. 加强人才培养

在人才培养方面，对开设创客教育课程的个人、团队给予资助，积极推进各种人才培训基础，给予相应的项目经费资助。《深圳市杰出人才选拔培养实施办法（试行）》针对有潜力的青年人才，给予数千万元的人才培养经费，专门用于科研人才培养。《深圳市支持金融人才发展的实施办法》针对金融人才培养，提供了专项强有力的经费资助，并且对金融人才培养机构，给予一次性奖励，对引才育才作出突出贡献的协会，同样给予一次性奖励。此外，积极推动深圳与全球金融中心城市展开合作，给予经费资助金融人才交流学习、调研考察。

10.2.4.3　教育培养

1. 增强教育力度

在经济发展方面，深圳创造了奇迹，交出了耀眼的成绩单。但是，在教育方面，深圳的历史底蕴比较薄弱，教育的发展并没有像经济发展一样势如破竹。在教育资源方面，深圳的科研院所和高等院校、专科院校都比较少，对于深圳的高新技术发展是一个劣势。为此，深圳通过不断尝试，不断创新，结合自身发展特点和优势，努力补齐高等教育短板，培养本地人才。深圳本身是一个短时间内经济快速发展的城市，而要教育资源跟上经济发展，创办新学校是不可取的。深圳市政府结合经济发展情况和自身优势，决定创办大学城。经过多年发展，取得了显著的成效，拥有清华大学深圳研究生院、北京大学深圳研究生院、哈尔滨工业大学（深圳）等一流的高等教育，实现了跨越式发展。深圳市教育局数据显示，2019 年深圳已招生的高校 14 所，在校大学生数量则突破 10 万人。

2. 创办虚拟大学园，引进高素质人才

除此之外，深圳虚拟大学园的创办也是深圳培养和引进高素质人才的重要措施。深圳虚拟大学园成立于 1999 年，经过多年发展，虚拟大学园已经聚集了 63 所院校，包括国内的清华大学、北京大学、香港大学，国外的佐治亚理工学院等，以及各种院士活动基地；建立了事业单位建制、独立法人资格的成员院校深圳研究院 49 家；搭建"深圳虚拟大学园国家重点实验室（工程中心）平台"，在深设立研发机构 229 家，累计培训各类人员 35.9 万余人。

10.2.5　小结

综上分析，将北京、上海、广州、深圳的人才政策进行对比，找出相同点和不同点，结果见表 10.8。可以看出，这 4 个城市在人才集聚经验上有相似之处，例如都非常重视政府主导作用、政企校合作、平台建设以及人才发展政策，这些是西部地区各种规模的城市均可以参考借鉴的。同时，北京和上海作为直辖市，它们的"直辖市"身份对于吸引人才有重要的作用，这一点重庆市可以参考利用。此外，这4个城市的人才政策优势也有一定的差异性。北京的最大优势在于政治优势、高等教育资源和国际化平台；上海主要是金融优势、国际化视野和制度创新；广州主要是地理优势、优质的事业发展平台；深圳主要是财政实力雄厚、创业支持、与名校合作培养高等教育人才等。在它们吸引人才的强项方面，对于西部地区中小城市吸引人才并不合适借鉴，但是诸如重庆、成都、西安、乌鲁木齐、南京等西部大城市在人才政策制定的某些方面还是有可以借鉴之处。此外，东部发达城市人才集聚既遵循了人才迁移的一般规律，又特别强调因地制宜发挥自身的强项，这一做法同样值得西部城市广泛借鉴。

表10.8　　　　　一线城市人才集聚政策对比以及西部地区城市可借鉴之处

城市	不同点	相同点	借鉴之处
北京	政治优势明显，高等教育资源十分丰富。国际化平台、国家级项目众多	1. 无一例外都重视政府的主导作用，这与文献提到东部引才靠市场并不一样。东部地区政府不但重视，而且财政实力雄厚，政府投入资金更多，覆盖人才项目多，扶持力度更大 2. 重视政企校合作，知名企业多、优质高等学校多，政府在促进多方合作上不遗余力，人才享受良好的选、育、用、留的生态环境，对人才有很强的吸引力 3. 重视平台建设。政府大力建设各种研究基地、示范区、交流会，为人才提供良好的事业发展平台，及时获取最新信息 4. 重视人才发展。人才政策覆盖面广，层次上包括高端、中坚和后备人才，类型上包括各行各业技术、研发、技术等不同种类；服务上满足人才各种需求，生活、事业、医疗、上学"一条龙"式服务	1. 西部的城市可以借鉴政府在吸引人才与留住人才中的主导作用，加强顶层制度设计，增加财政资金对于人才的倾斜力度。同时，加强政企校合作、平台建设和人才发展政策等举措也是西部地区各类规模的城市需要加强的方面 2. 上海的国际化平台对于吸引人才具有重要作用，西部地区的成都和重庆作为内陆开放高地，同样可以借鉴上海吸引人才的部分做法，加大对海内外人才的吸引力度 3. 广西与广东相毗邻，其南宁、桂林与深圳、广州以及港澳的距离较近，便于人才合作与交流，故南宁、桂林等可以借鉴广州、深圳吸引人才政策中的部分做法
上海	金融优势明显，为人才提供国际化视野，国际化竞争，敢于制度创新		
广州	地理优势明显，与港澳交流便捷，国际学术前沿，优质的事业发展平台		
深圳	地理优势明显，财政实力雄厚，创业有更多的制度空间，人才激励作用巨大，IT产业极其发达，与名校合作办学为自己培养高级人才		

第11章 研究结论、政策建议及研究展望

11.1 研究结论

本书在梳理人才集聚理论的基础上，分析了人才环境、人才需求与人才集聚的关系，并基于不同城市规模分别实证检验了人才环境和人才需求对人才集聚的影响，以及二者对人才集聚产生的跨层次交互影响，最后得出以下研究结论：

（1）人才集聚的存量分析结果表明，西部城市人才总体呈现增长趋势，但不同行业和不同规模城市上存在明显差异。人才增量较多的行业主要是金融业，科学研究、技术服务和地质勘查业及文化体育和娱乐业，且主要集中在大城市。对人才流动特点的分析结果表明，西部高校毕业生主要流入东部和西部地区，但流入西部的总人数呈现下降趋势，且在西部各省份的分布差异巨大；企业人才的职业流动意愿总体不强，但潜在的流动方向没有区域上的约束；高校高层次人才总体流动规模不大，但在流动方向、流动单位、流动时间等方面呈现多样化的流动特点。

人才环境评价模型包括经济就业环境、创新研发环境、人才政策环境、生活居住环境和自然生态环境等五个方面。西部城市人才环境整体呈现上升趋势，尤其是创新研发环境和经济就业环境指数的增长最快，但同时西部城市间人才环境的差异巨大，大城市的人才环境指数普遍高于中小城市。对人才环境发展协调度的分析结果表明，大多数西部城市人才发展协调度处于较低水平协调以下。对人才环境障碍度模型的分析表明，经济就业环境对人才环境准则层的障碍度最大，而人均GDP、人均固定资产投资、人均城乡居民储蓄年末余额等对指标层的障碍度最大。

人才需求满足现状分析表明，西部城市人才需求的满足程度整体较高，满足程度排序依次为生活需求、经济需求、住房需求和就业需求。人才需求满足

与城市规模密切相关，就业需求在大城市的满足程度最高，住房需求在中等城市的满足程度最高，经济需求和生活需求则是在小城市的满足程度最高。从人才需求的具体指标来看，大中小城市人才需求满足程度较高的是配偶生活、生活习惯、子女教育费用等，而收入水平、老人赡养以及住房需求的满足程度较低。

（2）人才环境对人才集聚的影响分析表明，不同维度的人才环境对人才集聚产生不同的影响。总体而言，经济就业环境、人才政策环境和创新研发环境显著正向影响人才集聚，而生活居住环境和自然生态环境对人才集聚影响不显著。调节效应分析结果表明，人才政策环境显著正向调节了经济就业环境、创新研发环境、自然生态环境对人才集聚的影响。

人才环境对人才集聚的影响随城市规模而发生变化。具体而言，经济就业环境和创新研发环境对任何规模的城市的人才集聚均产生显著正向影响；人才政策环境显著正向影响了大中城市的人才集聚，但对小城市的人才集聚影响不显著；生活居住环境显著正向影响小城市的人才集聚，但对大中城市的人才集聚影响不显著；自然生态环境显著正向影响大城市的人才集聚，但对中小城市的人才集聚影响不显著。调节效应分析结果表明，无论城市规模如何变化，人才政策环境均显著正向调节创新研发环境、生活居住环境对人才集聚的影响，但仅在大中城市显著正向调节经济就业环境、自然生态环境对人才集聚的影响。

随着城市地理位置发生改变，人才环境对人才集聚的影响也发生相应的变化。具体而言，一是将非省会（首府）城市划分为与省会（首府）相邻组和非相邻组，发现无论相邻或非相邻组，经济就业环境均显著正向影响人才集聚，人才政策环境对人才集聚的影响均为不显著，而创新研发环境和生活居住环境仅在相邻组显著正向影响人才集聚，自然生态环境仅在非相邻组显著正向影响人才集聚。调节效应分析结果表明，人才政策环境分别显著正向调节了相邻组经济就业环境、非相邻组生活居住环境对人才集聚的影响。二是将中小城市划分为与大城市相邻组和非相邻组，发现无论相邻组或非相邻组，经济就业环境均显著正向影响人才集聚，生活居住环境对人才集聚的影响均不显著，而创新研发环境、人才政策环境、自然生态环境仅在相邻组显著正向影响人才集聚。调节效应分析结果表明，人才环境仅显著正向调节非相邻组经济就业环境、创新研发环境对人才集聚的影响。

（3）人才需求对人才集聚影响的分析表明，人才需求显著影响人才集聚。其中，生活需求、住房需求和就业需求满足均显著正向影响人才集聚，而经济需求对人才集聚的影响呈倒 U 形关系，即随着经济需求的满足，人才在城市的居留意愿先升后降。中介效应的分析结果表明，社会融合在人才需求对人才集聚的影响中起到中介作用，其中社会排斥和本地关系网络在经济需求、就业需求、住房需求、生活需求对人才集聚的影响中起部分中介作用；心理认同则在生活需求对人才集聚的影响中起完全中介作用，而在经济需求、就业需求、住房需求对人才集聚的影响中起部分中介作用。

人才需求对人才集聚的影响及机制与城市规模密切相关。在大城市，经济需求对人才集聚的影响呈倒 U 形，就业需求、住房需求均显著正向影响人才集聚，生活需求对人才集聚的影响不显著。在中小城市，生活需求和住房需求显著正向影响人才集聚，而经济需求和就业需求影响不显著。中介机制检验表明，在小城市，社会排斥在人才需求与人才集聚之间不起中介作用；本地网络关系在生活需求与人才集聚之间起完全中介作用，在住房需求与人才集聚之间起部分中介作用；心理认同在生活需求与人才集聚之间起完全中介作用，在住房需求与人才集聚之间起部分中介作用。在中等城市，社会排斥、本地关系网络在人才需求与人才集聚之间不起中介作用；心理认同在生活需求、住房需求与人才集聚之间起部分中介作用。在大城市，社会排斥在经济需求、就业需求、住房需求与人才集聚之间起部分中介作用；本地关系网络在就业需求、住房需求与人才集聚之间起部分中介作用，在经济需求与人才集聚之间起完全中介作用；心理认同在经济需求与人才集聚之间起完全中介作用，在就业需求、住房需求与人才集聚之间起部分中介作用。

（4）人才环境跨层次正向调节人才需求对人才集聚的影响。总体而言，经济就业环境显著正向增强经济需求、生活需求、住房需求、就业需求对人才集聚的影响；创新研发环境显著正向增强了经济需求、生活需求对人才集聚的影响；人才政策环境显著正向增强生活需求、住房需求、就业需求对人才集聚的影响；自然生态环境显著正向增强经济需求、生活需求、就业需求对人才集聚的影响；但生活居住环境对人才需求与人才集聚的调节效应不显著。

跨层次调节效应在不同城市规模间存在差异。具体而言，在小城市，人才环境的各个维度均显著正向调节经济需求、生活需求、住房需求对人才集聚的影响，但调节就业需求对人才集聚影响的效应不显著。在中等城市，经济就业环境显著正向调节住房需求、就业需求对人才集聚的影响，但调节经济需求、生活需求对人才集聚影响的作用不显著；创新研发环境显著正向调节住房需求对人才集聚的影响，但调节经济需求、生活需求和就业需求对人才集聚影响的作用不显著；人才政策环境和生活居住环境均显著正向调节就业需求对人才集聚的影响，但调节经济需求、生活需求和住房需求对人才集聚影响的作用不显著；自然生态环境对所有人才需求指标对人才集聚影响的调节作用均为不显著。在大城市，经济就业环境显著正向调节经济需求、住房需求、就业需求对人才集聚的影响，但调节生活需求对人才集聚影响的作用不显著；创新研发环境显著正向调节就业需求对人才集聚的影响，但调节经济需求、生活需求、住房需求对人才集聚影响的作用不显著；自然生态环境显著正向调节住房需求、就业需求对人才集聚的影响，但调节经济需求、生活需求对人才集聚影响的作用不显著。

11.2　政策建议

西部地区面积辽阔，占我国国土面积约71%，包含了重庆、四川、贵州、云南等12个省份，这些省份面积相对较大，城市分布广泛，自然资源丰富，具有很大的开发潜力。2020年国家出台《关于新时代推进西部大开发形成新格局的指导意见》，从制度上为西部地区人才政策的制定提供了依据，彰显了国家对西部人才治理问题的高度重视。但是，当前西部地区人才集聚度仍然不高。一方面是环境整体竞争力不足，根据《2019年中国最具人才吸引力城市100强》，西部地区上榜的城市有成都、重庆、西安、昆明、呼和浩特、南宁、兰州、乌鲁木齐、绵阳、眉山、遵义、拉萨、贵阳、西宁、银川、宜宾等共计不到20个城市，而且排名前15位的只有成都和重庆，其他的城市排名都相对靠后，人才环境的劣势极大制约了西部地区的人才集聚。另一方面，人才需求对人才集聚同样产生直接的显著影响，并且人才环境跨层次调节人才需求与人才集聚的关系，而这种影响效应又会因城市规模发生改变，因此城市既要根据自身规模因地制宜完善人才环境，同时还要满足人才需求，才能最大限度发挥人才环境与人才需求共同对人才集聚的促进作用。据此，本书提出以下建议。

11.2.1　根据城市特点优化人才环境，提高人才环境对人才的吸引力

（1）随着城市规模和地理位置改变，不同维度的人才环境对人才集聚的影响将发生变化。鉴于对于任何规模的城市而言，经济就业环境均显著促进人才集聚，故这项指标的优化显得十分重要。要优化经济就业环境，具体而言需做好以下工作：

实施产业结构调整策略，提升经济发展活力。一是重点依托西部地区所拥有的自然资源，实现对传统支柱产业的优化升级。如内蒙古包头的煤矿业、贵州的白酒业以及广西平果的铝业等。通过引进清洁生产与环保技术、节能降耗

技术以及自动化与信息技术等，实现对传统支柱产业的技术改造，以此提升传统支柱产业的发展潜力与层次。二是鼓励建设与培育高技术产业。地方政府要精心编制高技术产业发展规划，进一步明确高技术产业"十四五"期间的发展目标与重点，并在此基础上制定发展时间表和线路图。此外，西部地区要结合不同城市的实际情况，重点发展信息技术产业、先进制造技术、新材料产业、生物技术产业、能源新技术产业等高技术产业，要集中人力、物力、财力等重点发展具有带动示范作用的高技术产业，重点突破，以避免出现"撒胡椒面"的问题。

积极培育产业集群，建设新的区域增长极。西部地区的产业形成集群发展局面，不仅能够提供更多的就业岗位，有助于地区形成新的增长极，而且能够对周边地区产生人才的"虹吸"效应，进一步促进地区人才集聚。要形成产业集聚，一是要出台利于产业集群形成的优惠政策，依托部分城市已有的高新园区和工业园区，政府通过实施政策支持、税收减免、价格补贴等优惠政策，大力引进国内外知名企业进驻，同时整合、集聚企业与高校创新人才的优势，为产业集群发展提供人才储备，以此推动新的区域增长极产生。二是要大力推进市场化改革，实施有效措施打破地区存在的"地方保护主义"，打造具有开放性、统一性、公平性和多层次的市场体系，充分发挥市场机制在资源配置中的基础性作用，从而实现生产要素在不同产业与地区之间的优化配置。三是要大力培育集群品牌，打造集群品牌将会对产业集群形成产生积极推动作用，特别是良好的品牌效应将会吸引更多的企业集聚，并且带来更为先进的生产技术以及管理经验，从而创造更多的就业岗位，为高素质人才集聚提供重要的条件。为此，西部地区要立足于自身的本地龙头企业，重点培育并提升企业的核心竞争力，同时政府还要做好集群品牌构建过程中的保护与宣传工作，为产业集群提供良好的发展"软环境"和"硬环境"。

（2）对于各类规模的城市而言，创新研发环境对人才集聚产生显著的正向影响，因此完善创新研发环境，为人才集聚创造必要的研发条件也是非常重要的。

一是，拓展创新资金的来源渠道，为人才集聚提供充足的资金支持。首先，增加政府财政对于高技术人才培养与引进的倾斜力度，以新一轮的西部大开发为契机，大力建立"人才特区"和"人才高地"，同时积极实施人才工程、人才鸿雁等各种人才项目，为人才的引进、培养和使用提供充足的资金支持。其次，发挥企业作为科技人才引进主体的能动性。企业要利用发行股票、证券、基金的多种筹资工具，进一步拓宽人才发展资金来源渠道，为企业人才引进与培养提供充足的经费支撑。最后，充分发挥商业银行以及其他各种金融机构在企业融资中的重要作用，建议商业银行和其他各种金融机构简化企业贷款手续，特别是针对企业的人才计划提供贷款优惠，使企业人才计划的实施真正摆脱资金难的问题。

二是，大力建设研发创新平台，为人才集聚提供先进平台支持。一方面，依托西部地区已有的高等院校、科研院所和科研中心等各类创新主体，以新材料、新能源、人工智能、高技术制造、电子信息等行业领域为重点，协同建设关键核心共性技术创新平台，同时，还要积极吸引国家级创新平台落户西部地区，以此推动创新平台的协同发展；另一方面，大力推动高新技术园区、工业园区的建设，形成"企业＋高校＋科研机构"三位一体的产学研协同创新模式，在此基础上积极培育新型产业集群和高新技术产业基地或分中心，打造集研究、设计、开发、产业化为主题的科研与生产基地，以此提升高技术产业的发展水平。此外，还要积极建立地区产业技术合作联盟，加强与京津冀、长三角、珠三角等经济发达地区的合作力度，实现创新平台的共享与交流。

三是，推动科技体制机制改革，为人才集聚提供完善的制度保障。要加快推进高技术人才发展的体制机制改革，要在人才管理、培养、评价、流动、激励、引才用才、发展保障等方面，以"小切口、大突破"的思路，建立更加灵活、开放、高效的人才发展体制机制。同时，还要大力深化财税和金融体制改革，建立用于专门支持科技成果转化的创新基金，同时还要建立研发经费投入的风险分担机制，通过搭建金融机构与高技术企业的对接平台，鼓励和引导各类金融资本投资于高技术企业的科技创新活动。加强高技术产业与高端人才队伍的有效衔接对于完善科技机制也尤为重要，通过资金支持与制度保障，紧盯院士团队、归根人才和首席专家，以高技术产业发展为基础，统筹推进高端人才队伍建设，在汇聚大量高端人才队伍的基础上，最终形成人才引领助推产业发展、产业发展带动人才队伍建设的良好局面。

（3）人才政策环境显著促进了大中城市的人才集聚，对于西部地区的大中城市而言，提升人才政策的竞争力将十分关键。但是，人才政策环境对小城市的人才集聚影响却不显著，表明小城市的人才政策力度不够，不足以对人才集聚产生影响。因此，在完善人才政策方面，西部不同规模城市要体现一定的差异性。

对于大中城市而言，重点是要提高人才政策的竞争力。一是实施灵活的人才引进途径，通过采用聘用、调入或者兼职等多样化的途径引用人才，同时鼓励高层次人才通过技术入股、技术指导、成果转让或者技术承包的方式，积极参与企业的研发创新活动。二是创新人才引进渠道，充分利用人才信息的社会化服务功能，采用网络、媒体、人才招聘会等多元化方式搜寻人才，并在此基础上建立完善双向选择机制，以此引进急需人才。三是发挥市场机制在人才引进中的基础性作用，以市场需求为导向，制定实施科学合理的人才引进方案，以此吸纳并集聚社会、经济发展急需的高层次创新人才。四是制定人才引进的支持政策，主要包括给予人才职称评审方面的"绿色通道"；根据岗位需求以及贡献大小，除了必要的正常工资外，可以给予一定数量的人才补贴；对于急需解决关键项目的高层次，建议给予高额薪酬予以聘任；对于短期参与科研项目设计、生产等指导工作的高层次人才，则给予一次性的经费奖励。

对于小城市而言，则是要注重丰富人才配套政策，解决人才发展的后顾之忧。地方政府要进一步加强人才的宏观管理，在人才引进、选拔、培养、评价、使用和激励方面建立完善的人才政策体系。同时，政府要强化劳动就业制度、户籍管理制度、劳动分配制度、社会保障制度等方面的改革力度，为人才在创新创业、子女教育、社会保障方面提供最大限度的便利，例如为人才提供福利性住房、解决配偶的工作调动问题、保障子女接受优质的基础教育、为人才增设商业保险项目和企业补充养老等。同时制定合理的福利保障标准；建立健全机关和企事业单位人才流动中的社会保险衔接机制。

（4）生活居住环境对大中城市人才集聚的影响不显著，却促进了小城市的人才集聚，这表明大中城市的生活居住环境需要进一步改善，否则难以对人才产生吸引力；而小城市的生活居住环境本身较为优越，对人才产生了较强的吸引力。

要改善西部地区大中城市的生活环境，加强交通、医疗、教育、休闲等四个方面的建设尤为重要。一是适当增加公交线路，大力开展地铁等快速轨道建设，同时做好马路拓宽改造、小巷工程改造等项目，形成"布局合理、结构适当、公交优先、快捷方便、畅通安全"的城市现代化综合交通体系。二是大力建设具有高技术水平、管理现代化、服务质量良好的大医院，强化医疗硬件设施建设力度，打造综合、专科、中心医院医疗设施多层次医疗服务体系，以此满足包括人才在内的各层次消费者医疗服务需求。三是加大教育事业的投入力度，提升基础教育发展水平。对于政府而言，要结合当地经济发展水平和教育发展规划，逐步提高财政性教育经费占 GDP 的比重，同时还要一步优化教育经费支出结构，调整现有教育经费在不同层次教育的分配比例，增加基础教育的投入数量，并且要对基础教育经费开展独立预算，以充分保证基础教育经费落到实处。四是丰富西部地区文化体育设施建设，为人才休闲娱乐提供良好条件。包括：增加城市中文化馆、博物馆和群艺馆的建设数量，提高建设的标准，同时高质量建设影剧院的设施设备；增加市区图书馆的数量，逐步提升馆藏标准，提升图书资源的共享程度；加大大型体育馆建设力度，高标准建设各类体育设施，以此提升城市居民的人均体育用地面积；建设集观光、休闲、娱乐、旅游、购物为一体的商业综合体，进一步方便包括各类人才的休闲娱乐活动。

（5）自然生态环境显著促进大城市的人才集聚，与之相比较，自然生态环境对中小城市人才集聚的影响却表现不显著。可见，相比较于中小城市，大城市的生态环境保护工作较为到位，是吸引人才集聚的关键因素。同时，这也反映出许多中小城市政府为了追求大规模的城市化，忽略了生态环境保护工作，致使自然生态环境因素对人才的吸引力不足。因此，在加强自然生态环境建设方面，不同规模城市的工作重点要有一定的差异性。

要改善自然生态环境，对于大城市而言，要夯实现有的生态环境保护工作，进一步加强生态环境建设。一方面，建立健全生态补偿机制，地方政府及其相关的部门要高度重视生态环境的资金投入工作，把用于生态环境建设的资金支出直接纳入政府财政预算之中；另一方面，政府通过制定税收优惠政策，积极引导民间资金进入城市生态环境建设之中，鼓励民进资本积极创办绿色环保产业，以此加快产业绿色化工作。此外，还要充分发挥银行在生态环保建设中的重要作用，鼓励银行积极将信贷资金给予企业的绿色环保项目，并给予一定的贷款利率优惠和延长贷款期限。

对于中小城市而言，则是要重点处理好经济建设与生态环境保护之间的关系，实现两者之间的和谐发展。中小城市要积极改变传统的"摊大饼"式的造城运动，推动城市发展模式从"大干快上"转为"深度挖潜"。通过实现城市用地的"减量瘦身"，优化城市的整体功能。同时，大力发展循环经济，加大高污染企业的搬迁与改造力度，积极淘汰落后的过剩产能，建设工业生态园。此外，进一步提升城市综合管理水平，加大环保资金投入，提升污水和生活垃圾无害化处理能力，降低城市的噪声水平，改善城市的市容市貌，形成污染物排放最少、资源高效利用和生态环境良性循环的局面，最终将城市打造成宜居宜业的生态城，从而为人才提供舒适优美的自然生态环境。

11.2.2 合理满足人才多元化需求，增强人才在西部城市的扎根动力

（1）健全人才激励机制，优先满足人才的经济需求。从长期看，合理的激励政策是引进并留住人才的关键措施。具体而言：一是要建立合理的岗位晋升制度，以落实岗位责任为目标，实施人才的岗位责任书制度，同时建立科学的人才考核机制，加强对人才考核结果的利用，对于工作岗位表现优秀的人才，

允许实现破格提拔。二是探索多样化的人才岗位制度，改革创新人才的聘任制、待岗制、辞职制等，最终形成人才能进能出、职务能上能下的局面。三是完善多元化的奖励措施，实施物质奖励与精神奖励相结合的制度。一方面，给予高层次人才充足的物质奖励，按照奖励向高层次人才倾斜的原则，建立特殊岗位、特殊技能津贴制，对于在科研创新活动中取得重大贡献的高层次人才，给予高额奖励，同时可以给予股份或按创利比例开展奖励；另一方面，重视高层次人才的精神奖励，建立规范性的高层次人才通报奖励大会，由政府亲自给高层次人才颁奖，同时定期开展人才的表彰与宣传工作。四是实施科学合理的工资分配制度，企业要合理提升高层次人才的薪酬水平，对关键岗位任职的高层次人才给予高薪，同时根据人才价值和市场供求建立合理的薪酬增长机制。

（2）完善人才使用政策，充分满足人才的就业需求。人才除了要引进来，更要留得住。要留得住人才，具体而言需做好以下几点：首先，为高层次人才提供宽松的工作空间，鼓励高层次人才积极参与创新，结合自身所拥有的知识储备，大胆在岗位上从事创新研发活动，敢于实现突破；其次，畅通不同类型人才的流通渠道，进一步简化人才岗位变动的流程，根据岗位需求和高层次人才的合理要求，建立党政人才、专业技术人才和企业经营管理人才之间的岗位变动机制；最后，实施高层次人才的灵活流动机制，以市场为导向，注重人才资源的优化配置，实现技术、智力等创新要素的自由流动，让更多的高层次人才找到合适的工作岗位。

（3）改善人才的住房条件，注重满足人才的住房需求。鼓励各个用人单位为人才提供良好的单位自建房；进一步抑制商品房价格，为各类人才提供具有价格优惠的高品质商品房，降低人才的生活成本，减轻人才的生活压力；此外，还要优化人才住房环境，积极推进住房小区交通、绿化、文化、休闲等方面的建设，同时为人才居住生活提供高品质小区物业服务，以此提升人才的生活质量。

（4）优化人才的生活环境，大力满足人才的生活需求。建议用人单位应尽量满足人才的生活需求。家庭生活的重要性在中国人的观念中根深蒂固，因此用人单位不仅要考虑到"先生指数"，同时还要多关注"太太指数"和"奶酪指数"。例如华为上海研发基地在上海的选址就非常考究，其研发基地的旁边就是国内最大的芯片代工巨头中芯国际，该研发基地的整体规划主要分为两个部分，一部分是研发中心，另一部分是人才公寓，从规划上可以看出，华为考虑了人才的全方位需求，解决了科研人员的日常生活问题，让科研人员更多地把心思投入研发上。此外，城市中还应该形成包容外来人口的文化氛围，帮助外地人才更好地融入当地，对于人才长久居留同样十分重要。

（5）因地制宜制定差异化策略，有针对性地满足人才需求。随着城市规模的变化，人才需求对人才集聚的促进作用发生改变。为此，不同城市应该要有针对性地满足人才的多样化需求。一是大城市应重点满足人才的经济需求、就业需求和住房需求，同时要促进人才与当地的社会融合，特别是提高人才对城市的心理认同。二是中小城市应重点满足人才的生活需求和住房需求，小城市还需要特别注意帮助外地人才建立本地网络关系和城市心理认同。

11.2.3 人才环境与人才需求满足匹配，综合提升城市对人才的吸引力

随着城市规模改变，人才环境与人才需求对人才集聚的交互影响也发生相应的变化。一是大城市经济就业环境显著增强经济需求、住房需求、就业需求对人才集聚的影响，创新研发环境显著增强就业需求对人才集聚的影响，自然环境显著增强住房需求、就业需求对人才集聚的影响，因此上述人才环境与人才需求的各自匹配，将会更加有力地促进西部大城市的人才集聚。二是中等城市经济就业环境显著增强住房需求、就业需求对人才集聚的影响，创新研发环境显著增强住房需求对人才集聚的影响，人才政策环境和生活居住环境显著增强就业需求对人才集聚的影响，因此上述人才环境与人才需求匹配，将有利于促进中等城市的人才集聚。三是小城市经济就业环境、创新研发环境、人才政策环境、生活居住环境和自然环境均显著增强经济需求、生活需求、住房需求对人才集聚的影响，因此小城市人才环境的优化对于人才集聚的作用十分巨大。

11.3 研究展望

本书首先分析了西部城市人才的分布与流动特征；其次，构建了人才环境评价指标模型，评价了西部城市人才环境现状，并实证检验了人才环境对人才集聚的影响，以及人才需求对人才集聚的影响；最后，结合研究结论为西部城市人才集聚提出了对策建议。尽管如此，由于笔者水平有限等多方面原因，研究仍有需要进一步探究的问题，主要包括以下两方面：

（1）人才环境对人才集聚的影响研究可以有多种分析单位，本书主要按照城市规模划分为大城市、中等城市和小城市，分别检验了人才环境对人才集聚的影响，未能基于城市群或县级两种分析单元进行展开，因此研究结论未能全

面反映不同层次人才环境与人才集聚问题。同时鉴于篇幅有限，仅重点分析了人才环境对人才集聚的影响，未能更深入地考察人才集聚的效能问题，这有待有后续进一步深入研究。

（2）由于数据的可获得性，本书实证研究部分选取的调查样本较为有限，从人才类型上未能进行具体划分，如党政人才、企业经营管理人才、专业技术人才、高技能人才、农村实用人才、社会工作人才等可能会存在差异，同时对人才流动现象缺乏较为深入的案例分析，未能为书中结论提供更多的经验佐证。此外，本书的人才集聚研究更多地侧重于区域整体，缺少追踪调查分析，这有待于未来研究进一步深入拓展。

附录 1 正文数据分析结果

附表 1.1　　　　　　　　**2017 年西部地区地级市人才环境指数**

城市	经济就业	创新研发	人才政策	生活居住	自然环境
呼和浩特	0.2085	0.0203	0.0872	0.0616	0.1239
包头	0.2270	0.0230	0.0644	0.0434	0.1200
乌海	0.1848	0.0270	0.0338	0.0439	0.1227
赤峰	0.1313	0.0092	0.0487	0.0204	0.1211
通辽	0.1360	0.0057	0.0201	0.0158	0.1228
鄂尔多斯	0.2648	0.0148	0.0637	0.0399	0.1223
呼伦贝尔	0.1426	0.0060	0.0543	0.0243	0.1220
巴彦淖尔	0.1341	0.0066	0.0305	0.0185	0.1233
乌兰察布	0.1288	0.0029	0.0248	0.0128	0.1216
南宁	0.1684	0.0148	0.1086	0.0488	0.1145
柳州	0.1638	0.0142	0.0814	0.0270	0.0985
桂林	0.1387	0.0076	0.0711	0.0181	0.1207
梧州	0.1292	0.0053	0.0355	0.0123	0.1111
北海	0.1421	0.0233	0.0287	0.0165	0.1234
防城港	0.1452	0.0103	0.0234	0.0117	0.0982
钦州	0.1234	0.0063	0.0505	0.0126	0.1175
贵港	0.1156	0.0049	0.0410	0.0107	0.1027
玉林	0.1249	0.0042	0.0425	0.0068	0.1237
百色	0.1221	0.0057	0.0537	0.0116	0.1081
贺州	0.1175	0.0088	0.0781	0.0073	0.1179
河池	0.1083	0.0046	0.0515	0.0099	0.1136
来宾	0.1153	0.0051	0.0176	0.0086	0.1188
崇左	0.1179	0.0048	0.0139	0.0098	0.1073
重庆	0.1951	0.0139	0.1918	0.0597	0.1200
成都	0.2273	0.0244	0.1507	0.0772	0.1039

城市	经济就业	创新研发	人才政策	生活居住	自然环境
自贡	0.1400	0.0078	0.0558	0.0227	0.0993
攀枝花	0.1670	0.0164	0.0776	0.0458	0.0892
泸州	0.1362	0.0079	0.0916	0.0204	0.1124
德阳	0.1465	0.0097	0.0635	0.0206	0.1108
绵阳	0.1413	0.0104	0.1022	0.0251	0.1180
广元	0.1240	0.0066	0.0303	0.0219	0.1222
遂宁	0.1274	0.0055	0.0191	0.0172	0.1210
内江	0.1216	0.0038	0.0297	0.0176	0.1185
乐山	0.1413	0.0068	0.0797	0.0210	0.1123
南充	0.1217	0.0049	0.0764	0.0185	0.1165
眉山	0.1333	0.0106	0.0299	0.0151	0.1150
宜宾	0.1344	0.0059	0.0807	0.0187	0.1162
广安	0.1306	0.0018	0.0304	0.0098	0.1215
达州	0.1173	0.0035	0.0488	0.0174	0.1194
雅安	0.1287	0.0056	0.0234	0.0300	0.1149
巴中	0.1161	0.0048	0.0189	0.0178	0.1182
资阳	0.1281	0.0044	0.0292	0.0117	0.1154
贵阳	0.1804	0.0260	0.1087	0.0649	0.1225
六盘水	0.1389	0.0066	0.0210	0.0178	0.1167
遵义	0.1375	0.0062	0.0364	0.0246	0.1153
安顺	0.1197	0.0088	0.0252	0.0181	0.1188
昆明	0.1988	0.0213	0.1028	0.0779	0.1197
曲靖	0.1186	0.0034	0.0711	0.0151	0.1180
玉溪	0.1478	0.0065	0.0637	0.0224	0.1204
保山	0.1162	0.0058	0.0351	0.0141	0.1190
昭通	0.1103	0.0033	0.0313	0.0155	0.1155
丽江	0.1270	0.0071	0.0237	0.0161	0.1207
普洱	0.1163	0.0015	0.0302	0.0126	0.1192
临沧	0.1129	0.0044	0.0404	0.0125	0.1181
拉萨	0.1987	0.0362	0.0737	0.0450	0.1199
西安	0.2152	0.0148	0.1126	0.0733	0.1221
铜川	0.1373	0.0132	0.0168	0.0328	0.1200

城市	经济就业	创新研发	人才政策	生活居住	自然环境
宝鸡	0.1551	0.0097	0.0361	0.0258	0.1203
咸阳	0.1442	0.0065	0.0318	0.0266	0.1190
渭南	0.1266	0.0052	0.0426	0.0137	0.1215
延安	0.1447	0.0078	0.0483	0.0197	0.1172
汉中	0.1227	0.0094	0.0463	0.0200	0.1215
榆林	0.1534	0.0039	0.0638	0.0182	0.1130
安康	0.1234	0.0053	0.0457	0.0137	0.1191
商洛	0.1134	0.0042	0.0337	0.0187	0.1157
兰州	0.1787	0.0265	0.0838	0.0574	0.1216
嘉峪关	0.1768	0.0201	0.0707	0.0651	0.1202
金昌	0.1452	0.0115	0.0271	0.0282	0.1216
白银	0.1201	0.0095	0.0179	0.0191	0.1214
天水	0.1098	0.0068	0.0142	0.0133	0.1219
武威	0.1135	0.0082	0.0178	0.0163	0.1233
张掖	0.1135	0.0064	0.0282	0.0221	0.1218
平凉	0.1068	0.0090	0.0392	0.0237	0.0878
酒泉	0.1554	0.0085	0.0609	0.0244	0.1209
庆阳	0.1263	0.0032	0.0292	0.0108	0.1128
定西	0.1012	0.0039	0.0235	0.0165	0.1201
陇南	0.0988	0.0041	0.0395	0.0155	0.1081
西宁	0.1614	0.0214	0.0789	0.0509	0.1078
银川	0.1770	0.0293	0.0815	0.0596	0.1215
石嘴山	0.1441	0.0171	0.0489	0.0419	0.1216
吴忠	0.1263	0.0060	0.0399	0.0194	0.1183
中卫	0.1166	0.0092	0.0178	0.0135	0.1200
固原	0.1143	0.0034	0.0399	0.0518	0.1199
乌鲁木齐	0.1897	0.0494	0.0971	0.1087	0.1173
克拉玛依	0.1741	0.0712	0.0507	0.0657	0.1215

附表 1.2　2002～2017 年西部地区城市人才环境发展协调度

城市	2002 年	2003 年	2004 年	2005 年	2006 年	2007 年	2008 年	2009 年
呼和浩特	0.547	0.580	0.596	0.629	0.649	0.651	0.661	0.669
包头	0.628	0.577	0.609	0.649	0.659	0.656	0.665	0.673
乌海	0.547	0.544	0.550	0.572	0.583	0.563	0.575	0.581
赤峰	0.375	0.404	0.408	0.422	0.435	0.460	0.470	0.456
通辽	0.358	0.386	0.379	0.403	0.407	0.412	0.425	0.444
鄂尔多斯	0.418	0.457					0.620	0.643
呼伦贝尔		0.415	0.437	0.434	0.435	0.453	0.455
巴彦淖尔		0.410	0.408	0.427	0.438	0.441	0.452	0.463
乌兰察布		0.370	0.385	0.400	0.395	0.382	0.395	0.388
南宁	0.607	0.555	0.556	0.572	0.585	0.581	0.587	0.594
柳州	0.631	0.523	0.517	0.527	0.532	0.529	0.530	0.532
桂林			0.489	0.497	0.499	0.491	0.496	0.495
梧州	0.413	0.411	0.409		0.429	0.424	0.430	0.410
北海		0.474	0.468	0.499	0.479	0.482	0.479	0.463
钦州	0.354	0.366	0.363	0.384	0.373	0.400	0.388	0.401
贵港			0.334					0.369
玉林			0.359	0.386	0.394	0.389	0.397	0.382
百色	0.358	0.378	0.384	0.401	0.415	0.416	0.442	0.414
贺州	0.351	0.358	0.351	0.375	0.383	0.372	0.384	0.379
河池		0.369	0.373	0.379	0.385	0.363	0.392	0.374
来宾			0.352	0.370	0.370	0.360	0.389	0.379
崇左			0.330	0.347	0.407	0.379	0.413	0.386
重庆	0.679	0.658	0.669	0.682	0.692	0.689	0.713	0.725
成都	0.658	0.662	0.658	0.684	0.699	0.692	0.707	0.722
自贡	0.454	0.444	0.435	0.451	0.447	0.444	0.434	0.433
攀枝花	0.573	0.573	0.552	0.567	0.577	0.545	0.558	0.552
泸州	0.421	0.432	0.427	0.433	0.424	0.421	0.428	0.434
德阳	0.426	0.440	0.440	0.468	0.464	0.465	0.472	0.479
绵阳	0.478	0.472	0.467	0.484	0.487	0.496	0.516	0.515
广元			0.370	0.390	0.376	0.385	0.402	0.420
遂宁	0.354	0.361	0.352	0.371	0.374	0.375	0.385	0.383
内江	0.384	0.393	0.392	0.403	0.398	0.392	0.402	0.397

续表

城市	2002 年	2003 年	2004 年	2005 年	2006 年	2007 年	2008 年	2009 年
乐山	0.426	0.420	0.430	0.435	0.439	0.427	0.431	0.438
南充	0.411	0.425	0.421	0.430	0.430	0.419	0.430	0.430
眉山		0.354	0.356	0.370	0.380	0.388	0.401	0.402
宜宾	0.375	0.426	0.421	0.426	0.428	0.431	0.442	0.447
广安			0.341	0.354	0.343	0.347	0.348	0.341
达州	0.313	0.363	0.363	0.376	0.383	0.387	0.401	0.387
雅安		0.383	0.386	0.397	0.410	0.417	0.432	0.421
贵阳	0.628	0.614	0.600	0.621	0.603	0.599	0.602	0.604
六盘水	0.341	0.374	0.369	0.404	0.397	0.401	0.415	0.401
遵义	0.349	0.388	0.387	0.417	0.413	0.428	0.436	0.437
安顺	0.350	0.378	0.354	0.378	0.376	0.385	0.388	0.385
昆明		0.632	0.625	0.647	0.650	0.645	0.590	0.651
曲靖		0.392	0.387	0.413	0.411	0.420	0.428	0.429
玉溪			0.447	0.460	0.458	0.447	0.445	0.442
保山		0.354	0.369	0.365	0.367	0.378	0.382	0.380
昭通		0.332	0.321	0.326	0.336	0.313	0.326	0.330
丽江		0.387	0.374	0.394	0.392	0.389	0.397	0.385
普洱		0.330	0.318	0.353	0.357	0.357	0.357	0.374
临沧			0.321		0.328	0.315	0.321	0.335
拉萨						0.513	0.535	0.570
西安	0.658	0.638	0.643	0.663	0.668	0.672	0.682	0.683
铜川				0.454	0.461	0.450	0.469	0.467
宝鸡	0.430	0.449	0.445	0.465	0.469	0.469	0.478	0.477
咸阳	0.434	0.446	0.442	0.469	0.472	0.471	0.479	0.479
渭南	0.306	0.366	0.380	0.370			0.380	0.384
延安	0.383	0.423	0.436	0.459	0.468	0.471	0.497	0.460
汉中	0.343	0.370	0.373	0.374	0.365	0.363	0.382	0.383
榆林	0.360	0.376	0.384	0.402	0.416	0.435	0.473	0.478
安康	0.375	0.385	0.487	0.373	0.370	0.357	0.365	0.379
商洛	0.310	0.330	0.318	0.337	0.333	0.345	0.362	0.360
兰州	0.611	0.603	0.676	0.602	0.607	0.596	0.597	0.589
嘉峪关							0.599	0.563

续表

城市	2002 年	2003 年	2004 年	2005 年	2006 年	2007 年	2008 年	2009 年
天水	0.416	0.394	0.383	0.386	0.422	0.379	0.390	0.388
武威		0.377	0.358	0.392	0.394	0.393	0.394	0.379
张掖	0.376	0.396	0.389	0.405	0.404	0.399	0.403	0.398
平凉		0.372	0.335	0.361	0.351	0.349	0.378	0.369
酒泉	0.426	0.432	0.418	0.443	0.458	0.455	0.472	0.477
庆阳	0.365	0.383	0.374	0.386	0.380	0.364	0.390	0.382
定西			0.289	0.314	0.305	0.314	0.330	0.329
陇南			0.289	0.317	0.319	0.304	0.351	0.345
西宁	0.523	0.520	0.505	0.543	0.565	0.552	0.540	0.538
银川	0.549	0.602	0.565	0.573	0.578	0.575	0.568	0.566
石嘴山				0.492	0.512	0.521	0.537	0.533
吴忠	0.332	0.363	0.389	0.387	0.411	0.403	0.415	0.396
中卫			0.349	0.380	0.378	0.386	0.386	0.377
乌鲁木齐	0.670	0.656		0.638		0.636	0.662	0.653
克拉玛依	0.723	0.695		0.715		0.723	0.694	0.636

城市	2010 年	2011 年	2012 年	2013 年	2014 年	2015 年	2016 年	2017 年
呼和浩特	0.670	0.674	0.673	0.680	0.680	0.694	0.700	0.700
包头	0.683	0.666	0.679	0.683	0.687	0.672	0.670	0.669
乌海	0.602	0.625	0.629	0.637	0.634	0.650	0.637	0.641
赤峰	0.473	0.479	0.505	0.509	0.506	0.511	0.501	0.519
通辽	0.472	0.497	0.503	0.500	0.489	0.489		
鄂尔多斯	0.686	0.699	0.698	0.717	0.710	0.698	0.684	0.720
呼伦贝尔	0.459	0.475	0.471	0.492	0.495	0.498	0.502	0.509
巴彦淖尔	0.465	0.485	0.474	0.468	0.481	0.484	0.479	0.490
乌兰察布	0.406	0.430	0.451	0.468	0.450	0.476	0.494	0.475
南宁	0.626	0.627	0.636	0.641	0.647	0.642	0.630	0.656
柳州	0.544	0.565	0.576	0.571	0.569	0.575	0.563	0.604
桂林	0.496	0.516	0.524	0.521	0.528	0.542	0.532	0.539
梧州	0.426	0.449	0.462	0.468	0.463	0.464	0.456	0.471
北海	0.479	0.495	0.514	0.507	0.604	0.520	0.523	0.554
防城港			0.492	0.480	0.501	0.495	0.493	0.500
钦州		0.422	0.442	0.452	0.446	0.455	0.467	0.494

城市	2010 年	2011 年	2012 年	2013 年	2014 年	2015 年	2016 年	2017 年
贵港	0.384	0.383	0.383	0.391				
玉林	0.391	0.408	0.418	0.413	0.420	0.424	0.412	0.430
百色	0.425		0.441	0.431	0.446	0.441	0.450	0.469
贺州	0.388	0.401	0.417	0.407		0.417	0.410	0.434
河池	0.385	0.388	0.385	0.385	0.390	0.393	0.397	0.415
来宾	0.385	0.403	0.408	0.405	0.426	0.402	0.403	0.426
崇左	0.389	0.417	0.440	0.438	0.443	0.450	0.442	0.451
重庆	0.763	0.796	0.804	0.804	0.810	0.808	0.796	0.810
成都	0.769	0.775	0.780	0.794	0.804	0.808	0.768	0.802
自贡	0.442	0.453	0.480	0.484	0.505	0.493	0.476	0.505
攀枝花	0.576	0.594	0.595	0.599	0.606	0.603	0.571	
泸州	0.449	0.477	0.491	0.500	0.510	0.513	0.510	0.526
德阳	0.476	0.487	0.492	0.493	0.510	0.497	0.488	0.528
绵阳	0.512	0.522	0.534	0.539	0.554	0.538	0.532	0.546
广元	0.425	0.427	0.450	0.454	0.461	0.462	0.457	0.469
遂宁	0.398	0.428	0.492	0.441	0.444	0.452	0.452	0.481
内江	0.412	0.433	0.446	0.433	0.458	0.467	0.455	0.462
乐山	0.475	0.475	0.485	0.488	0.496	0.505	0.489	0.505
南充	0.433	0.459	0.469	0.471	0.473	0.480	0.477	0.491
眉山	0.405	0.424	0.437	0.448	0.446	0.449	0.457	0.493
宜宾	0.456	0.463	0.473	0.469	0.481	0.483	0.476	0.492
广安	0.370	0.386	0.396	0.396	0.406	0.420	0.413	0.417
达州	0.385	0.408	0.415	0.418	0.434			0.455
雅安	0.421	0.431	0.449	0.459	0.466	0.464	0.450	0.468
巴中				0.397	0.404	0.441	0.449	
资阳				0.407	0.415	0.416	0.416	0.427
贵阳	0.635	0.655	0.673	0.693				0.715
六盘水		0.437	0.463	0.475	0.490	0.499	0.491	0.519
遵义	0.441	0.469	0.484	0.491	0.507		0.527	0.548
安顺		0.429	0.450	0.452	0.454	0.475	0.476	
昆明	0.672	0.703	0.705	0.713	0.718	0.712	0.692	0.722
曲靖	0.433	0.445	0.454	0.477	0.471	0.477	0.476	

续表

城市	2010 年	2011 年	2012 年	2013 年	2014 年	2015 年	2016 年	2017 年
玉溪	0.447	0.473	0.481	0.470	0.489	0.501	0.578	0.500
保山	0.395	0.412	0.422	0.413	0.416	0.420	0.408	0.449
昭通	0.347	0.354	0.362	0.381	0.374	0.389	0.402	0.414
丽江	0.407	0.402	0.443	0.447	0.443	0.461	0.457	0.464
普洱	0.397	0.405	0.418	0.415	0.417	0.394	0.387	0.388
临沧	0.353	0.381	0.388	0.398	0.397	0.404	0.406	0.409
拉萨		0.623	0.649		0.664	0.679	0.669	
西安	0.709	0.737	0.747	0.759	0.766	0.769	0.755	0.767
铜川	0.481	0.496	0.512	0.511	0.519	0.522	0.508	0.537
宝鸡	0.488	0.508	0.515	0.517	0.539	0.527	0.522	0.546
咸阳	0.485	0.505	0.518	0.519	0.521	0.525	0.527	0.534
渭南	0.386	0.406	0.421	0.424	0.433	0.436	0.432	0.446
延安	0.473	0.485	0.497	0.502	0.505	0.528	0.503	0.528
汉中	0.388	0.406	0.431	0.434	0.443		0.451	0.493
榆林	0.498	0.513	0.533	0.531	0.551	0.521	0.510	0.519
安康	0.404	0.414	0.423	0.429	0.433	0.443	0.445	0.449
商洛	0.400	0.410	0.410	0.408	0.412	0.418	0.415	
兰州	0.613	0.625	0.631	0.628	0.632	0.666	0.733	0.679
嘉峪关	0.562	0.602	0.613	0.608	0.621	0.631	0.607	
金昌		0.479	0.500	0.510	0.496	0.498	0.512	0.532
白银		0.444	0.457	0.449	0.453	0.456	0.469	0.476
天水	0.398	0.419	0.423	0.434	0.442	0.453	0.455	0.459
武威	0.393	0.410	0.433	0.442	0.457		0.503	0.474
张掖	0.412	0.430	0.434	0.438	0.433	0.449	0.449	0.465
平凉	0.382	0.392	0.418	0.412	0.414	0.437	0.453	0.467
酒泉	0.498	0.501	0.515	0.498	0.494	0.489	0.497	0.525
庆阳	0.400	0.426	0.406	0.405	0.411	0.431	0.437	0.427
定西	0.339	0.352	0.370	0.368	0.365	0.369		
陇南	0.340	0.338	0.338	0.336	0.384	0.397	0.399	0.394
西宁	0.583	0.577	0.610	0.561	0.585	0.608	0.609	0.629

续表

城市	2010 年	2011 年	2012 年	2013 年	2014 年	2015 年	2016 年	2017 年
银川	0.589	0.622	0.628	0.645	0.640	0.662	0.643	0.668
石嘴山	0.553	0.564	0.551	0.568	0.571	0.558	0.546	0.594
吴忠	0.417	0.449	0.457	0.459	0.473	0.497	0.462	0.485
中卫	0.402	0.415	0.424	0.432	0.444	0.443	0.455	0.447
乌鲁木齐	0.665	0.696	0.714	0.725	0.752	0.748	0.727	0.766
克拉玛依	0.663	0.696	0.703	0.710	0.721	0.746	0.708	0.730

注：表中空格表示当年数据缺失。

附录 2 2008～2017 年西部地区地级市经济就业环境障碍度

城市	2008 年	2009 年	2010 年	2011 年	2012 年	2013 年	2014 年	2015 年	2016 年	2017 年
呼和浩特	0.0766	0.0713	0.1005	0.0748	0.0651	0.0642	0.0612	0.0657	0.0689	0.0707
包头	0.0717	0.0667	0.0950	0.0681	0.0627	0.0637	0.0658	0.0573	0.0619	0.0630
乌海	0.0842	0.0756	0.1029	0.0788	0.0725	0.0717	0.0678	0.0679	0.0724	0.0666
赤峰	0.0803	0.0756	0.1018	0.0776	0.0728	0.0714	0.0627	0.0634	0.0661	0.0618
通辽	0.0822	0.0783	0.1009	0.0774	0.0701	0.0690	0.0637	0.0570		
鄂尔多斯	0.0625	0.0561	0.0847	0.0629	0.0573	0.0591	0.0564	0.0516	0.0468	0.0389
呼伦贝尔	0.0840	0.0790	0.1071	0.0814	0.0748	0.0731	0.0681	0.0639	0.0677	0.0685
巴彦淖尔	0.0818	0.0767	0.1023	0.0785	0.0709	0.0706	0.0660	0.0627	0.0659	0.0624
乌兰察布	0.0862	0.0812	0.1089	0.0829	0.0760	0.0657	0.0612	0.0595	0.0580	0.0562
南宁	0.0842	0.0775	0.1028	0.0810	0.0751	0.0736	0.0721	0.0650	0.0698	0.0663
柳州	0.0802	0.0757	0.1021	0.0768	0.0709	0.0699	0.0661	0.0624	0.0654	0.0591
桂林	0.0794	0.0745	0.1007	0.0775	0.0706	0.0694	0.0641	0.0604	0.0640	0.0599
梧州	0.0766	0.0728	0.0976	0.0742	0.0682	0.0676	0.0617	0.0601	0.0620	0.0578
北海	0.0788	0.0740	0.0984	0.0767	0.0699	0.0681	0.0657	0.0575	0.0591	0.0578
防城港					0.0656	0.0671	0.0628	0.0598	0.0616	0.0583
钦州	0.0748	0.0707		0.1675	0.0663	0.0691	0.0605	0.0584	0.0605	0.0560
贵港		0.0715	0.0950	0.0730	0.0672	0.0651				
玉林	0.0770	0.0722	0.0963	0.0735	0.0669	0.0648	0.0586	0.0570	0.0598	0.0557
百色	0.0781	0.0731	0.1039		0.0736	0.0728	0.0620	0.0599	0.0617	0.0573
贺州	0.0781	0.0729	0.0970	0.0738	0.0672	0.0660		0.0594	0.0610	0.0571
河池	0.0813	0.0733	0.0974	0.0748	0.0693	0.0669	0.0620	0.0602	0.0618	0.0578
来宾	0.0781	0.0722	0.1002	0.0732	0.0678	0.0666	0.0620	0.0597	0.0615	0.0572
崇左	0.0778	0.0728	0.0974	0.0746	0.0680	0.0664	0.0592	0.0574	0.0610	0.0566
重庆	0.0749	0.0694	0.0900	0.0692	0.0628	0.0619	0.0569	0.0537	0.0566	0.0520

续表

城市	2008 年	2009 年	2010 年	2011 年	2012 年	2013 年	2014 年	2015 年	2016 年	2017 年
成都	0.0785	0.0731	0.0934	0.0752	0.0679	0.0657	0.0659	0.0608	0.0672	0.0565
自贡	0.0777	0.0735	0.0978	0.0776	0.0675	0.0659	0.0612	0.0590	0.0605	0.0564
攀枝花	0.0836	0.0788	0.1076	0.0857	0.0788	0.0780	0.0741	0.0672	0.0715	
泸州	0.0778	0.0731	0.0977	0.0761	0.0695	0.0682	0.0633	0.0606	0.0622	0.0583
德阳	0.0769	0.0716	0.0978	0.0773	0.0705	0.0691	0.0642	0.0585	0.0602	0.0599
绵阳	0.0780	0.0728	0.1005	0.0770	0.0712	0.0700	0.0651	0.0615	0.0640	0.0600
广元	0.0806	0.0753	0.1009	0.0770	0.0713	0.0699	0.0651	0.0600	0.0615	0.0596
遂宁	0.0803	0.0733	0.0981	0.0763	0.0703	0.0681	0.0631	0.0603	0.0619	0.0583
内江	0.0775	0.0731	0.0966	0.0762	0.0669	0.0649	0.0609	0.0586	0.0604	0.0564
乐山	0.0794	0.0746	0.0967	0.0779	0.0717	0.0698	0.0646	0.0612	0.0634	0.0593
南充	0.0781	0.0730	0.0974	0.0754	0.0689	0.0672	0.0625	0.0577	0.0623	0.0582
眉山	0.0774	0.0716	0.0953	0.0725	0.0658	0.0641	0.0623	0.0578	0.0612	0.0576
宜宾	0.0787	0.0721	0.0977	0.0730	0.0663	0.0646	0.0621	0.0594	0.0613	0.0572
广安	0.0782	0.0749	0.1032	0.0730	0.0663	0.0645	0.0596	0.0567	0.0589	0.0536
达州	0.0813	0.0762	0.0998	0.0739	0.0684	0.0640	0.0591			0.0545
雅安	0.0812	0.0762	0.1021	0.0792	0.0790	0.0686	0.0674	0.0634	0.0663	0.0624
巴中						0.0691	0.0644	0.0611	0.0632	
资阳						0.0668	0.0617	0.0591	0.0607	0.0564
贵阳	0.0858	0.0827	0.1153	0.0863	0.0794	0.0786				0.0697
六盘水	0.0763	0.0728		0.0733	0.0676	0.0645	0.0593	0.0587	0.0586	0.0556
遵义	0.1513	0.0725	0.0965	0.0742	0.0674	0.0645	0.0609		0.0617	0.0580
安顺	0.0769	0.0719		0.0741	0.0674	0.0653	0.0603	0.0587	0.0599	
昆明	0.0829	0.1069	0.1359	0.0862	0.1271	0.0817	0.0759	0.0694	0.0830	0.0787
曲靖	0.0769	0.0712	0.0958	0.0731	0.0667	0.0648	0.0591	0.0587	0.0605	
玉溪	0.0811	0.0759	0.1009	0.0773	0.0720	0.0706	0.0660	0.0629	0.0694	0.0622
保山	0.0789	0.0735	0.0957	0.0745	0.0683	0.0663	0.0613	0.0596	0.0618	0.0584
昭通	0.0767	0.0710	0.0950	0.0727	0.0660	0.0640	0.0609	0.0594	0.0611	0.0570
丽江	0.0788	0.0720	0.0959	0.0735	0.0665	0.0672	0.0629	0.0609	0.0604	0.0587
普洱	0.0798	0.0742	0.0983	0.0736	0.0668	0.0646	0.0601	0.0587	0.0619	0.0584
临沧	0.0783	0.0729	0.0964	0.0739	0.0672	0.0660	0.0606	0.0588	0.0605	0.0569
拉萨	0.0814	0.0771		0.0927	0.0748		0.0691	0.0667	0.0755	
西安	0.0800	0.0720	0.0960	0.0801	0.0734	0.0716	0.0658	0.0611	0.0659	0.0577

城市	2008年	2009年	2010年	2011年	2012年	2013年	2014年	2015年	2016年	2017年
铜川	0.0831	0.0769	0.1000	0.0833	0.0758	0.0735	0.0684	0.0641	0.0682	0.0651
宝鸡	0.0796	0.0738	0.0994	0.0766	0.0665	0.0644	0.0579	0.0602	0.0596	0.0605
咸阳	0.0797	0.0760	0.0978	0.0742	0.0697	0.0681	0.0635	0.0604	0.0624	0.0595
渭南	0.0778	0.0718	0.0987	0.0755	0.0682	0.0661	0.0616	0.0591	0.0607	0.0574
延安	0.0791	0.0724	0.0973	0.0748	0.0666	0.0652	0.0625	0.0600	0.0630	0.0596
汉中	0.0747	0.0752	0.0995	0.0761	0.0698	0.0682	0.0630		0.0625	0.0586
榆林	0.0766	0.0714	0.0958	0.0802	0.0730	0.0649	0.0690	0.0585	0.0610	0.0565
安康	0.0788	0.0804	0.0982	0.0757	0.0690	0.0672	0.0622	0.0642	0.0681	0.0641
商洛	0.0790	0.0737	0.0975	0.0752	0.0685	0.0671	0.0626	0.0599	0.0616	
兰州	0.0880	0.0839	0.1155	0.0904	0.0838	0.0789	0.0743	0.0702	0.0580	0.0744
嘉峪关	0.0864	0.0847	0.1140	0.0928	0.0853	0.0888	0.0762	0.0733	0.0789	
金昌				0.0803	0.0765	0.0732	0.0692	0.0648	0.0683	0.0650
白银				0.0756	0.0692	0.0676	0.0630	0.0602	0.0623	0.0595
天水	0.0809	0.0769	0.1004	0.0749	0.0683	0.0662	0.0618	0.0598	0.0613	0.0575
武威	0.0815	0.0817	0.1106	0.0855	0.0788	0.0771	0.0633		0.0639	0.0599
张掖	0.0818	0.0753	0.1019	0.0781	0.0716	0.0702	0.0663	0.0635	0.0666	0.0630
平凉	0.0795	0.0742	0.0984	0.0760	0.0685	0.0679	0.0638	0.0612	0.0639	0.0605
酒泉	0.0816	0.0769	0.1010	0.0784	0.0742	0.0712	0.0635	0.0586	0.0645	0.0650
庆阳	0.0779	0.0725	0.0964	0.0739	0.0670	0.0657	0.0615	0.0589	0.0605	0.0569
定西	0.0779	0.0727	0.0961	0.0767	0.0686	0.0665	0.0622	0.0607		
陇南	0.0783	0.0735	0.0969	0.0741	0.0672	0.0644	0.0604	0.0583	0.0596	0.0575
西宁	0.0832	0.0788	0.1084	0.1371	0.1624	0.0785	0.0764	0.0710	0.0761	0.0730
银川	0.0877	0.0782	0.1051	0.0865	0.0818	0.0820	0.0765	0.0718	0.0812	0.0797
石嘴山	0.0833	0.0794	0.1077	0.0808	0.0745	0.0724	0.0693	0.0661	0.0708	0.0662
吴忠	0.0791	0.0742	0.0985	0.0757	0.0693	0.0671	0.0631	0.0606	0.0625	0.0584
中卫	0.0790	0.0739	0.0979	0.0749	0.0681	0.0666	0.0619	0.0600	0.0619	0.0579
乌鲁木齐	0.1013	0.0942	0.1321	0.1069	0.0971	0.1007	0.0949	0.0824	0.0980	0.1249
克拉玛依	0.0767	0.0764	0.1068	0.0818	0.0761	0.0662	0.0632	0.1480	0.1118	0.1565

注：表中空格表示当年数据缺失。

附录3 2008 ~ 2017 年西部地区地级市创新研发环境障碍度

城市	2008 年	2009 年	2010 年	2011 年	2012 年	2013 年	2014 年	2015 年	2016 年	2017 年
呼和浩特	0.1241	0.1240	0.1295	0.0895	0.0815	0.0829	0.0803	0.0989	0.1245	0.1152
包头	0.1237	0.1241	0.1251	0.0896	0.0865	0.0885	0.0923	0.0911	0.1182	0.1046
乌海	0.1186	0.1168	0.1129	0.0798	0.0802	0.0804	0.0769	0.0888	0.1135	0.0989
赤峰	0.1129	0.1142	0.1128	0.0803	0.0804	0.0804	0.0732	0.0880	0.1066	0.0908
通辽	0.1177	0.1196	0.1131	0.0797	0.0777	0.0782	0.0763	0.0799		
鄂尔多斯	0.1291	0.1306	0.1319	0.0942	0.0990	0.1011	0.1037	0.1079	0.1170	0.1053
呼伦贝尔	0.1208	0.1222	0.1222	0.0863	0.0853	0.0856	0.0811	0.0901	0.1106	0.1030
巴彦淖尔	0.1167	0.1174	0.1145	0.0805	0.0813	0.0803	0.0788	0.0881	0.1074	0.0941
乌兰察布	0.1220	0.1224	0.1219	0.0862	0.0846	0.0744	0.0728	0.0818	0.0965	0.0843
南宁	0.1191	0.1199	0.1210	0.0855	0.0839	0.0852	0.0860	0.0929	0.1156	0.1013
柳州	0.1147	0.1161	0.1155	0.0815	0.0801	0.0804	0.0783	0.0872	0.1072	0.0928
桂林	0.1130	0.1138	0.1131	0.0802	0.0780	0.0781	0.0755	0.0863	0.1040	0.0894
梧州	0.1070	0.1101	0.1092	0.0768	0.0742	0.0747	0.0715	0.0827	0.0989	0.0852
北海	0.1112	0.1117	0.1105	0.0794	0.0758	0.0755	0.0757	0.0805	0.0959	0.0839
防城港					0.0722	0.0752	0.0723	0.0828	0.1005	0.0867
钦州	0.1054	0.1067		0.1721	0.0719	0.0777	0.0696	0.0799	0.0957	0.0825
贵港		0.1064	0.1048	0.0745	0.0724	0.0714				
玉林	0.1066	0.1081	0.1069	0.0754	0.0729	0.0720	0.0680	0.0784	0.0954	0.0819
百色	0.1085	0.1093	0.1157		0.0802	0.0807	0.0717	0.0821	0.0974	0.0838
贺州	0.1075	0.1078	0.1073	0.0755	0.0729	0.0727		0.0803	0.0957	0.0817
河池	0.1119	0.1087	0.1079	0.0761	0.0745	0.0737	0.0714	0.0815	0.0968	0.0831
来宾	0.1075	0.1067	0.1107	0.0746	0.0734	0.0734	0.0704	0.0813	0.0968	0.0827
崇左	0.1079	0.1087	0.1079	0.0762	0.0735	0.0732	0.0682	0.0787	0.0968	0.0828
重庆	0.1173	0.1187	0.1191	0.0850	0.0823	0.0827	0.0802	0.0910	0.1104	0.0959

续表

城市	2008年	2009年	2010年	2011年	2012年	2013年	2014年	2015年	2016年	2017年
成都	0.1298	0.1296	0.1337	0.0984	0.1005	0.1038	0.1006	0.1039	0.1330	0.1174
自贡	0.1086	0.1097	0.1081	0.0796	0.0731	0.0727	0.0702	0.0809	0.0971	0.0832
攀枝花	0.1226	0.1236	0.1229	0.0883	0.0856	0.0866	0.0854	0.0923	0.1161	
泸州	0.1082	0.1089	0.1079	0.0776	0.0754	0.0754	0.0732	0.0833	0.0997	0.0863
德阳	0.1096	0.1102	0.1106	0.0808	0.0784	0.0784	0.0754	0.0824	0.0984	0.0894
绵阳	0.1098	0.1112	0.1129	0.0800	0.0780	0.0782	0.0754	0.0857	0.1033	0.0893
广元	0.1110	0.1118	0.1111	0.0780	0.0767	0.0767	0.0745	0.0814	0.0969	0.0866
遂宁	0.1114	0.1091	0.1084	0.0779	0.0728	0.0756	0.0734	0.0833	0.0992	0.0859
内江	0.1077	0.1088	0.1068	0.0783	0.0731	0.0724	0.0705	0.0804	0.0963	0.0831
乐山	0.1117	0.1121	0.1071	0.0803	0.0786	0.0781	0.0755	0.0850	0.1023	0.0885
南充	0.1086	0.1087	0.1072	0.0770	0.0749	0.0746	0.0726	0.0796	0.0997	0.0861
眉山	0.1093	0.1079	0.1064	0.0750	0.0727	0.0721	0.0734	0.0803	0.0985	0.0844
宜宾	0.1092	0.1070	0.1079	0.0746	0.0721	0.0716	0.0721	0.0818	0.0983	0.0846
广安	0.1089	0.1118	0.1139	0.0746	0.0722	0.0717	0.0694	0.0781	0.0948	0.0799
达州	0.1138	0.1141	0.1107	0.0760	0.0749	0.0715	0.0690			0.0808
雅安	0.1147	0.1156	0.1147	0.0816	0.0863	0.0757	0.0781	0.0874	0.1060	0.0920
巴中						0.0760	0.0739	0.0824	0.0985	
资阳						0.0742	0.0721	0.0819	0.0970	0.0834
贵阳	0.1208	0.1253	0.1296	0.0882	0.0870	0.0892				0.1135
六盘水	0.1066	0.1083		0.0748	0.0741	0.0730	0.0712	0.0810	0.0952	0.0841
遵义	0.2109	0.1082	0.1071	0.0760	0.0739	0.0723	0.0719		0.0997	0.0870
安顺	0.1053	0.1055		0.0744	0.0720	0.0717	0.0693	0.0791	0.0945	
昆明	0.1257	0.1764	0.1729	0.0970	0.1554	0.1030	0.1012	0.1088	0.1436	0.1276
曲靖	0.1080	0.1068	0.1068	0.0753	0.0729	0.0715	0.0680	0.0799	0.0959	
玉溪	0.1151	0.1148	0.1133	0.0797	0.0787	0.0796	0.0771	0.0866	0.1109	0.0931
保山	0.1088	0.1086	0.1052	0.0755	0.0734	0.0733	0.0707	0.0815	0.0977	0.0844
昭通	0.1055	0.1046	0.1044	0.0736	0.0710	0.0701	0.0696	0.0802	0.0955	0.0820
丽江	0.1099	0.1072	0.1061	0.0747	0.0720	0.0747	0.0723	0.0821	0.0949	0.0848
普洱	0.1104	0.1095	0.1083	0.0744	0.0720	0.0711	0.0684	0.0799	0.0987	0.0854
临沧	0.1078	0.1074	0.1061	0.0749	0.0725	0.0726	0.0697	0.0801	0.0956	0.0826
拉萨	0.1197	0.1262		0.1019	0.0830		0.0831	0.0917	0.1207	
西安	0.1265	0.1227	0.1226	0.0936	0.0924	0.0930	0.0915	0.1001	0.1265	0.1117

续表

城市	2008 年	2009 年	2010 年	2011 年	2012 年	2013 年	2014 年	2015 年	2016 年	2017 年
铜川	0.1130	0.1127	0.1080	0.0829	0.0805	0.0801	0.0777	0.0863	0.1076	0.0948
宝鸡	0.1127	0.1121	0.1109	0.0792	0.0733	0.0728	0.0709	0.0853	0.0991	0.0925
咸阳	0.1133	0.1154	0.1097	0.0773	0.0774	0.0776	0.0760	0.0863	0.1041	0.0909
渭南	0.1086	0.1077	0.1093	0.0774	0.0749	0.0741	0.0717	0.0818	0.0979	0.0851
延安	0.1205	0.1116	0.1109	0.0792	0.0750	0.0748	0.0751	0.0839	0.1017	0.0890
汉中	0.1037	0.1122	0.1101	0.0779	0.0762	0.0761	0.0733		0.1001	0.0851
榆林	0.1108	0.1109	0.1100	0.0852	0.0829	0.0746	0.0828	0.0828	0.0996	0.0875
安康	0.1091	0.1189	0.1080	0.0765	0.0743	0.0740	0.0716	0.0873	0.1076	0.0937
商洛	0.1093	0.1095	0.1085	0.0769	0.0745	0.0743	0.0723	0.0819	0.0980	
兰州	0.1244	0.1282	0.1298	0.0929	0.0925	0.0889	0.0869	0.0979	0.1307	0.1116
嘉峪关	0.1266	0.1297	0.1278	0.0957	0.0947	0.0989	0.0868	0.0990	0.1255	
金昌				0.0853	0.0852	0.0835	0.0816	0.0899	0.1089	0.0956
白银				0.0764	0.0743	0.0739	0.0718	0.0812	0.0981	0.0853
天水	0.1109	0.1133	0.1097	0.0754	0.0726	0.0721	0.0701	0.0804	0.0960	0.0824
武威	0.1120	0.1200	0.1206	0.0861	0.0847	0.0841	0.0722		0.0967	0.0863
张掖	0.1129	0.1112	0.1111	0.0785	0.0767	0.0766	0.0755	0.0857	0.1048	0.0914
平凉	0.1098	0.1098	0.1086	0.0771	0.0745	0.0747	0.0731	0.0825	0.0997	0.0863
酒泉	0.1167	0.1200	0.1177	0.0830	0.0848	0.0816	0.0774	0.0851	0.1079	0.1002
庆阳	0.1078	0.1078	0.1063	0.0751	0.0737	0.0736	0.0721	0.0818	0.0975	0.0842
定西	0.1063	0.1063	0.1049	0.0771	0.0733	0.0727	0.0707	0.0813		
陇南	0.1069	0.1083	0.1059	0.0745	0.0722	0.0707	0.0685	0.0784	0.0936	0.0824
西宁	0.1178	0.1192	0.1169	0.1381	0.1689	0.0885	0.0901	0.0984	0.1222	0.1080
银川	0.1283	0.1214	0.1208	0.0916	0.0903	0.0925	0.0890	0.1009	0.1340	0.1188
石嘴山	0.1181	0.1208	0.1192	0.0825	0.0807	0.0799	0.0798	0.0895	0.1135	0.0966
吴忠	0.1096	0.1102	0.1085	0.0764	0.0748	0.0738	0.0723	0.0806	0.0999	0.0867
中卫	0.1084	0.1087	0.1073	0.0755	0.0731	0.0727	0.0694	0.0798	0.0946	0.0830
乌鲁木齐	0.1449	0.1430	0.1474	0.1063	0.1036	0.1090	0.1050	0.1106	0.1560	0.1733
克拉玛依	0.1024	0.1117	0.1057	0.0729	0.0733	0.0682	0.0648	0.1692	0.1593	0.1887

注：表中空格表示当年数据缺失。

附录4 2008~2017年西部地区地级市公共政策环境障碍度

城市	2008年	2009年	2010年	2011年	2012年	2013年	2014年	2015年	2016年	2017年
呼和浩特	0.0322	0.0292	0.0296	0.0299	0.0253	0.0258	0.0260	0.0325	0.0374	0.0422
包头	0.0325	0.0295	0.0297	0.0305	0.0280	0.0285	0.0312	0.0305	0.0358	0.0389
乌海	0.0323	0.0289	0.0280	0.0297	0.0275	0.0277	0.0276	0.0326	0.0370	0.0380
赤峰	0.0284	0.0259	0.0254	0.0264	0.0246	0.0245	0.0232	0.0277	0.0309	0.0323
通辽	0.0296	0.0271	0.0254	0.0266	0.0240	0.0240	0.0240	0.0251		
鄂尔多斯	0.0318	0.0289	0.0296	0.0306	0.0294	0.0304	0.0318	0.0336	0.0333	0.0372
呼伦贝尔	0.0302	0.0276	0.0272	0.0283	0.0259	0.0260	0.0257	0.0285	0.0322	0.0364
巴彦淖尔	0.0298	0.0273	0.0263	0.0274	0.0251	0.0249	0.0253	0.0282	0.0317	0.0337
乌兰察布	0.0308	0.0281	0.0275	0.0285	0.0260	0.0228	0.0229	0.0260	0.0284	0.0297
南宁	0.0287	0.0268	0.0266	0.0278	0.0253	0.0255	0.0269	0.0290	0.0331	0.0354
柳州	0.0291	0.0268	0.0263	0.0273	0.0251	0.0250	0.0253	0.0282	0.0316	0.0334
桂林	0.0284	0.0259	0.0253	0.0263	0.0239	0.0239	0.0239	0.0271	0.0302	0.0315
梧州	0.0275	0.0254	0.0249	0.0256	0.0231	0.0232	0.0229	0.0263	0.0290	0.0303
北海	0.0289	0.0261	0.0256	0.0269	0.0244	0.0242	0.0255	0.0264	0.0290	0.0316
防城港					0.0232	0.0239	0.0242	0.0272	0.0302	0.0317
钦州	0.0268	0.0247		0.0576	0.0226	0.0243	0.0225	0.0258	0.0283	0.0296
贵港		0.0246	0.0239	0.0249	0.0226	0.0222				
玉林	0.0271	0.0248	0.0241	0.0249	0.0224	0.0221	0.0215	0.0247	0.0277	0.0288
百色	0.0273	0.0250	0.0260		0.0246	0.0247	0.0227	0.0258	0.0284	0.0296
贺州	0.0276	0.0251	0.0246	0.0254	0.0230	0.0228		0.0258	0.0284	0.0296
河池	0.0285	0.0249	0.0244	0.0252	0.0230	0.0227	0.0227	0.0258	0.0283	0.0295
来宾	0.0276	0.0247	0.0252	0.0249	0.0229	0.0228	0.0229	0.0259	0.0285	0.0296
崇左	0.0276	0.0250	0.0245	0.0253	0.0230	0.0227	0.0219	0.0251	0.0285	0.0295
重庆	0.0215	0.0189	0.0162	0.0143	0.0120	0.0133	0.0133	0.0162	0.0193	0.0207

续表

城市	2008 年	2009 年	2010 年	2011 年	2012 年	2013 年	2014 年	2015 年	2016 年	2017 年
成都	0.0285	0.0263	0.0261	0.0279	0.0259	0.0262	0.0267	0.0291	0.0332	0.0355
自贡	0.0276	0.0254	0.0248	0.0266	0.0230	0.0229	0.0230	0.0261	0.0286	0.0299
攀枝花	0.0320	0.0293	0.0292	0.0312	0.0283	0.0286	0.0294	0.0316	0.0356	
泸州	0.0274	0.0250	0.0244	0.0256	0.0233	0.0232	0.0233	0.0264	0.0291	0.0305
德阳	0.0272	0.0250	0.0247	0.0267	0.0243	0.0242	0.0244	0.0262	0.0288	0.0321
绵阳	0.0270	0.0251	0.0250	0.0265	0.0242	0.0242	0.0244	0.0273	0.0303	0.0318
广元	0.0285	0.0256	0.0251	0.0262	0.0240	0.0240	0.0242	0.0262	0.0286	0.0310
遂宁	0.0283	0.0252	0.0247	0.0260	0.0238	0.0235	0.0236	0.0266	0.0291	0.0306
内江	0.0274	0.0251	0.0243	0.0260	0.0228	0.0225	0.0227	0.0257	0.0283	0.0295
乐山	0.0283	0.0259	0.0245	0.0267	0.0245	0.0242	0.0243	0.0272	0.0300	0.0315
南充	0.0273	0.0248	0.0241	0.0253	0.0230	0.0228	0.0229	0.0251	0.0289	0.0302
眉山	0.0277	0.0249	0.0242	0.0249	0.0226	0.0223	0.0234	0.0255	0.0289	0.0305
宜宾	0.0277	0.0246	0.0244	0.0246	0.0222	0.0219	0.0229	0.0258	0.0285	0.0298
广安	0.0276	0.0257	0.0259	0.0248	0.0224	0.0222	0.0222	0.0248	0.0277	0.0281
达州	0.0286	0.0260	0.0248	0.0249	0.0229	0.0218	0.0218			0.0283
雅安	0.0292	0.0267	0.0261	0.0273	0.0271	0.0235	0.0250	0.0280	0.0314	0.0330
巴中						0.0235	0.0237	0.0265	0.0293	
资阳						0.0229	0.0230	0.0259	0.0285	0.0297
贵阳	0.0309	0.0289	0.0297	0.0300	0.0276	0.0283				0.0408
六盘水	0.0270	0.0248		0.0246	0.0227	0.0222	0.0226	0.0257	0.0277	0.0297
遵义	0.0526	0.0245	0.0238	0.0247	0.0223	0.0217	0.0223		0.0285	0.0300
安顺	0.0268	0.0244		0.0250	0.0226	0.0223	0.0222	0.0255	0.0279	
昆明	0.0303	0.0384	0.0367	0.0309	0.0454	0.0298	0.0306	0.0333	0.0404	0.0441
曲靖	0.0268	0.0241	0.0237	0.0244	0.0220	0.0218	0.0215	0.0252	0.0279	
玉溪	0.0289	0.0263	0.0255	0.0265	0.0244	0.0244	0.0247	0.0279	0.0328	0.0329
保山	0.0277	0.0251	0.0240	0.0252	0.0229	0.0227	0.0227	0.0259	0.0286	0.0301
昭通	0.0266	0.0239	0.0235	0.0242	0.0217	0.0215	0.0219	0.0251	0.0276	0.0288
丽江	0.0280	0.0248	0.0242	0.0251	0.0225	0.0232	0.0233	0.0265	0.0282	0.0305
普洱	0.0279	0.0252	0.0245	0.0246	0.0222	0.0219	0.0219	0.0252	0.0287	0.0300
临沧	0.0274	0.0248	0.0241	0.0249	0.0225	0.0225	0.0223	0.0255	0.0281	0.0294
拉萨	0.0309	0.0285		0.0337	0.0270		0.0275	0.0321	0.0399	
西安	0.0311	0.0271	0.0265	0.0297	0.0272	0.0268	0.0271	0.0303	0.0352	0.0371

续表

城市	2008 年	2009 年	2010 年	2011 年	2012 年	2013 年	2014 年	2015 年	2016 年	2017 年
铜川	0.0297	0.0268	0.0254	0.0287	0.0262	0.0259	0.0261	0.0289	0.0327	0.0351
宝鸡	0.0288	0.0259	0.0253	0.0265	0.0229	0.0227	0.0229	0.0273	0.0291	0.0331
咸阳	0.0286	0.0264	0.0247	0.0255	0.0238	0.0237	0.0240	0.0272	0.0303	0.0322
渭南	0.0274	0.0246	0.0246	0.0255	0.0230	0.0226	0.0228	0.0258	0.0285	0.0300
延安	0.0298	0.0250	0.0244	0.0256	0.0226	0.0225	0.0234	0.0266	0.0296	0.0316
汉中	0.0262	0.0257	0.0249	0.0258	0.0235	0.0234	0.0234		0.0293	0.0307
榆林	0.0276	0.0249	0.0241	0.0272	0.0245	0.0221	0.0255	0.0254	0.0285	0.0298
安康	0.0278	0.0276	0.0247	0.0256	0.0232	0.0230	0.0230	0.0280	0.0318	0.0335
商洛	0.0279	0.0253	0.0247	0.0257	0.0232	0.0231	0.0232	0.0261	0.0288	
兰州	0.0323	0.0299	0.0301	0.0319	0.0295	0.0281	0.0286	0.0327	0.0395	0.0413
嘉峪关	0.0341	0.0314	0.0305	0.0341	0.0315	0.0327	0.0304	0.0346	0.0394	
金昌				0.0289	0.0271	0.0265	0.0268	0.0295	0.0331	0.0352
白银				0.0258	0.0235	0.0233	0.0235	0.0264	0.0294	0.0310
天水	0.0282	0.0261	0.0250	0.0251	0.0227	0.0225	0.0227	0.0258	0.0283	0.0295
武威	0.0287	0.0279	0.0277	0.0290	0.0266	0.0265	0.0235		0.0300	0.0312
张掖	0.0290	0.0259	0.0257	0.0266	0.0243	0.0242	0.0247	0.0279	0.0312	0.0329
平凉	0.0280	0.0254	0.0247	0.0257	0.0233	0.0233	0.0236	0.0267	0.0298	0.0313
酒泉	0.0301	0.0281	0.0272	0.0281	0.0269	0.0258	0.0251	0.0274	0.0321	0.0363
庆阳	0.0274	0.0248	0.0242	0.0251	0.0227	0.0226	0.0229	0.0259	0.0286	0.0298
定西	0.0271	0.0246	0.0239	0.0257	0.0228	0.0225	0.0227	0.0259		
陇南	0.0270	0.0248	0.0240	0.0248	0.0224	0.0217	0.0220	0.0250	0.0274	0.0294
西宁	0.0302	0.0278	0.0280	0.0477	0.0564	0.0276	0.0293	0.0324	0.0374	0.0404
银川	0.0330	0.0284	0.0279	0.0314	0.0291	0.0299	0.0296	0.0338	0.0405	0.0444
石嘴山	0.0310	0.0286	0.0282	0.0286	0.0264	0.0265	0.0269	0.0301	0.0344	0.0361
吴忠	0.0282	0.0256	0.0249	0.0257	0.0235	0.0232	0.0236	0.0268	0.0295	0.0310
中卫	0.0279	0.0254	0.0247	0.0255	0.0230	0.0229	0.0230	0.0262	0.0288	0.0301
乌鲁木齐	0.0379	0.0339	0.0345	0.0372	0.0342	0.0360	0.0369	0.0384	0.0484	0.0677
克拉玛依	0.0329	0.0293	0.0294	0.0309	0.0289	0.0264	0.0269	0.0749	0.0575	0.0852

注：表中空格表示当年数据缺失。

附录5　2008～2017年西部地区地级市生活居住环境障碍度

城市	2008 年	2009 年	2010 年	2011 年	2012 年	2013 年	2014 年	2015 年	2016 年	2017 年
呼和浩特	0.7671	0.7755	0.7403	0.8058	0.8281	0.8270	0.8325	0.8029	0.7693	0.7718
包头	0.7721	0.7796	0.7501	0.8117	0.8228	0.8192	0.8107	0.8210	0.7841	0.7935
乌海	0.7649	0.7787	0.7562	0.8117	0.8197	0.8202	0.8277	0.8107	0.7772	0.7964
赤峰	0.7784	0.7843	0.7600	0.8157	0.8223	0.8237	0.8409	0.8208	0.7964	0.8151
通辽	0.7705	0.7750	0.7606	0.8164	0.8282	0.8288	0.8359	0.8380		
鄂尔多斯	0.7767	0.7844	0.7539	0.8123	0.8142	0.8095	0.8081	0.8070	0.8028	0.8187
呼伦贝尔	0.7650	0.7712	0.7435	0.8040	0.8140	0.8153	0.8251	0.8175	0.7894	0.7921
巴彦淖尔	0.7717	0.7787	0.7569	0.8135	0.8226	0.8242	0.8299	0.8209	0.7950	0.8098
乌兰察布	0.7611	0.7683	0.7416	0.8024	0.8133	0.8371	0.8431	0.8327	0.8171	0.8297
南宁	0.7680	0.7758	0.7496	0.8057	0.8157	0.8157	0.8150	0.8131	0.7816	0.7969
柳州	0.7760	0.7814	0.7562	0.8144	0.8239	0.8246	0.8302	0.8223	0.7958	0.8148
桂林	0.7792	0.7858	0.7609	0.8160	0.8276	0.8286	0.8365	0.8261	0.8018	0.8192
梧州	0.7889	0.7916	0.7683	0.8234	0.8345	0.8345	0.8439	0.8309	0.8101	0.8268
北海	0.7811	0.7882	0.7655	0.8169	0.8299	0.8322	0.8331	0.8356	0.8160	0.8267
防城港					0.8389	0.8337	0.8407	0.8301	0.8077	0.8233
钦州	0.7931	0.7979		0.6028	0.8393	0.8290	0.8474	0.8359	0.8156	0.8319
贵港		0.7975	0.7763	0.8276	0.8378	0.8413				
玉林	0.7893	0.7949	0.7727	0.8262	0.8378	0.8412	0.8519	0.8399	0.8171	0.8336
百色	0.7861	0.7926	0.7543		0.8217	0.8218	0.8436	0.8322	0.8125	0.8293
贺州	0.7868	0.7941	0.7711	0.8253	0.8370	0.8385		0.8345	0.8148	0.8316
河池	0.7783	0.7931	0.7703	0.8240	0.8332	0.8366	0.8439	0.8325	0.8131	0.8295
来宾	0.7869	0.7963	0.7639	0.8273	0.8359	0.8372	0.8447	0.8330	0.8131	0.8304
崇左	0.7868	0.7935	0.7702	0.8239	0.8355	0.8377	0.8507	0.8388	0.8138	0.8311
重庆	0.7863	0.7931	0.7748	0.8315	0.8428	0.8421	0.8496	0.8391	0.8137	0.8315

续表

城市	2008 年	2009 年	2010 年	2011 年	2012 年	2013 年	2014 年	2015 年	2016 年	2017 年
成都	0.7633	0.7710	0.7468	0.7985	0.8057	0.8043	0.8069	0.8063	0.7666	0.7906
自贡	0.7861	0.7914	0.7693	0.8162	0.8363	0.8385	0.8456	0.8340	0.8138	0.8305
攀枝花	0.7618	0.7683	0.7404	0.7948	0.8073	0.8068	0.8111	0.8089	0.7769	
泸州	0.7867	0.7929	0.7701	0.8207	0.8318	0.8332	0.8402	0.8298	0.8091	0.8250
德阳	0.7863	0.7932	0.7670	0.8152	0.8268	0.8283	0.8360	0.8329	0.8126	0.8185
绵阳	0.7852	0.7909	0.7617	0.8166	0.8266	0.8276	0.8352	0.8255	0.8024	0.8189
广元	0.7799	0.7873	0.7630	0.8188	0.8280	0.8294	0.8362	0.8324	0.8130	0.8228
遂宁	0.7799	0.7925	0.7688	0.8198	0.8331	0.8328	0.8399	0.8299	0.8097	0.8252
内江	0.7874	0.7929	0.7724	0.8196	0.8372	0.8403	0.8459	0.8353	0.8150	0.8310
乐山	0.7807	0.7874	0.7717	0.8150	0.8252	0.8279	0.8355	0.8266	0.8043	0.8207
南充	0.7860	0.7934	0.7713	0.8223	0.8332	0.8353	0.8420	0.8376	0.8092	0.8255
眉山	0.7857	0.7957	0.7741	0.8275	0.8389	0.8415	0.8409	0.8364	0.8114	0.8276
宜宾	0.7845	0.7963	0.7701	0.8277	0.8393	0.8419	0.8429	0.8330	0.8118	0.8285
广安	0.7852	0.7876	0.7570	0.8276	0.8390	0.8416	0.8488	0.8404	0.8187	0.8385
达州	0.7764	0.7836	0.7647	0.8251	0.8338	0.8426	0.8501			0.8364
雅安	0.7749	0.7815	0.7571	0.8119	0.8076	0.8322	0.8296	0.8212	0.7963	0.8125
巴中						0.8314	0.8380	0.8300	0.8090	
资阳						0.8361	0.8432	0.8331	0.8139	0.8305
贵阳	0.7624	0.7631	0.7254	0.7955	0.8060	0.8039				0.7760
六盘水	0.7901	0.7940		0.8273	0.8356	0.8402	0.8469	0.8346	0.8185	0.8306
遵义	0.5852	0.7947	0.7727	0.8252	0.8365	0.8416	0.8449		0.8101	0.8250
安顺	0.7909	0.7982		0.8265	0.8380	0.8407	0.8483	0.8367	0.8177	
昆明	0.7612	0.6783	0.6545	0.7860	0.6721	0.7855	0.7923	0.7886	0.7330	0.7496
曲靖	0.7883	0.7979	0.7736	0.8272	0.8383	0.8419	0.8515	0.8362	0.8157	
玉溪	0.7749	0.7830	0.7602	0.8164	0.8248	0.8254	0.8322	0.8226	0.7870	0.8118
保山	0.7846	0.7928	0.7751	0.8248	0.8354	0.8377	0.8453	0.8330	0.8120	0.8270
昭通	0.7912	0.8006	0.7771	0.8294	0.8413	0.8444	0.8476	0.8353	0.8158	0.8322
丽江	0.7832	0.7960	0.7738	0.8268	0.8390	0.8349	0.8415	0.8305	0.8165	0.8259
普洱	0.7818	0.7910	0.7689	0.8274	0.8390	0.8424	0.8496	0.8362	0.8107	0.8262
临沧	0.7865	0.7949	0.7733	0.8263	0.8378	0.8390	0.8473	0.8356	0.8158	0.8311
拉萨	0.7680	0.7683		0.7716	0.8152		0.8202	0.8094	0.7639	
西安	0.7624	0.7782	0.7549	0.7966	0.8070	0.8085	0.8155	0.8085	0.7724	0.7935

续表

城市	2008 年	2009 年	2010 年	2011 年	2012 年	2013 年	2014 年	2015 年	2016 年	2017 年
铜川	0.7742	0.7836	0.7666	0.8051	0.8175	0.8206	0.8279	0.8206	0.7914	0.8051
宝鸡	0.7789	0.7881	0.7644	0.8178	0.8373	0.8400	0.8483	0.8272	0.8122	0.8139
咸阳	0.7785	0.7821	0.7678	0.8230	0.8291	0.8306	0.8364	0.8261	0.8032	0.8173
渭南	0.7862	0.7959	0.7674	0.8216	0.8338	0.8372	0.8438	0.8333	0.8128	0.8276
延安	0.7706	0.7910	0.7674	0.8205	0.8357	0.8374	0.8390	0.8294	0.8057	0.8198
汉中	0.7954	0.7868	0.7656	0.8202	0.8305	0.8323	0.8403		0.8081	0.8256
榆林	0.7850	0.7927	0.7701	0.8073	0.8196	0.8384	0.8227	0.8333	0.8108	0.8262
安康	0.7843	0.7732	0.7691	0.8222	0.8334	0.8357	0.8432	0.8206	0.7926	0.8087
商洛	0.7838	0.7914	0.7693	0.8222	0.8338	0.8355	0.8418	0.8321	0.8116	
兰州	0.7552	0.7580	0.7246	0.7849	0.7941	0.8041	0.8102	0.7991	0.7719	0.7727
嘉峪关	0.7529	0.7542	0.7277	0.7773	0.7885	0.7795	0.8066	0.7932	0.7562	
金昌				0.8056	0.8112	0.8168	0.8224	0.8158	0.7896	0.8042
白银				0.8222	0.8330	0.8352	0.8418	0.8322	0.8102	0.8242
天水	0.7800	0.7837	0.7650	0.8246	0.8365	0.8392	0.8454	0.8340	0.8144	0.8306
武威	0.7777	0.7704	0.7411	0.7995	0.8098	0.8122	0.8410		0.8093	0.8226
张掖	0.7763	0.7876	0.7613	0.8167	0.8274	0.8290	0.8335	0.8229	0.7974	0.8127
平凉	0.7828	0.7907	0.7683	0.8212	0.8337	0.8341	0.8395	0.8296	0.8066	0.8220
酒泉	0.7716	0.7750	0.7542	0.8106	0.8141	0.8215	0.8341	0.8289	0.7955	0.7985
庆阳	0.7870	0.7949	0.7732	0.8260	0.8366	0.8382	0.8435	0.8334	0.8134	0.8291
定西	0.7888	0.7964	0.7752	0.8206	0.8353	0.8383	0.8444	0.8321		
陇南	0.7878	0.7934	0.7732	0.8266	0.8383	0.8433	0.8492	0.8383	0.8194	0.8307
西宁	0.7687	0.7742	0.7466	0.6771	0.6123	0.8053	0.8042	0.7982	0.7643	0.7786
银川	0.7509	0.7720	0.7462	0.7905	0.7988	0.7955	0.8048	0.7936	0.7444	0.7571
石嘴山	0.7677	0.7712	0.7449	0.8081	0.8184	0.8218	0.8240	0.8143	0.7813	0.8011
吴忠	0.7830	0.7901	0.7681	0.8221	0.8324	0.8359	0.8409	0.8320	0.8081	0.8239
中卫	0.7847	0.7920	0.7701	0.8241	0.8358	0.8377	0.8457	0.8340	0.8148	0.8291
乌鲁木齐	0.7159	0.7289	0.6860	0.7496	0.7651	0.7544	0.7631	0.7687	0.6976	0.6341
克拉玛依	0.7880	0.7826	0.7581	0.8144	0.8217	0.8392	0.8452	0.6079	0.6714	0.5696

注：表中空格表示当年数据缺失。

附录6 企业人才需求调查问卷

您好！本问卷旨在调查企业人才集聚问题，诚邀您参加本次调查。本调查为无记名调查，您的回答不会给您带来任何不利影响，请放心作答。

衷心感谢您的支持！

重庆市人才集聚研究课题组

一、基本情况（请在相应选项的字母上打"√"，或填写相应的内容。）

1. 您的性别：

A. 男　　　　B. 女

2. 您的年龄：

A. 25 岁及以下　B. 26～30 岁　C. 31～35 岁　D. 36～40 岁

E. 41～50 岁　F. 51 岁及以上

3. 您的学历（含在职）：

A. 高中（中专、职高、中技）及以下　B. 大学专科（高职、高专、高技）

C. 大学本科　　　　D. 硕士研究生　　　　E. 博士研究生

4. 您从事工作的类别主要是：（请先在左侧选择您的工作类别，可多选；然后在右侧对应的职位职级上打"√"。）

工作类别	您的职位职级是：
A. 经营管理类	①高层管理者（如：经营领导班子成员）②中层管理者（如：部门中干）③基层管理者（如：部门主管）④一般管理人员（如：行政、党务人员）
B. 专业技术类	①正高级　②副高级　③中级　④初级　⑤没有取得
C. 技能操作类	①高级技师　②技师　③高级工　④中级工　⑤初级工　⑥没有取得
D. 其他（请填写）	

5. 您在当前单位的工作年限：

A. 1 年以内　B. 1～3 年　C. 4～5 年　D. 6 年及以上

6. 您当前全年工资收入大概有（税前）：_____

A. 3 万元及以下　B. 3.1 万～8 万元　C. 8.1 万～12 万元　D. 12.1 万～20 万元

E. 20.1 万～30 万元　F. 30.1 万元及以上

7. 您所在单位的性质：

A. 国有企业（含国有控股）　B. 民营企业　C. 外资企业　D. 合资企业　E. 其他（请

填写）_____

8. 您的籍贯所在地（应精确到城市）：_____

9. 您所读大学的所在地（应精确到城市）：_____

10. 目前工作所在地（应精确到城市）：_____

11. 上一份工作所在地（应精确到城市）：_____

12. 您是否愿意长期留在当前单位工作？

A. 非常愿意　B. 比较愿意　C. 一般　D. 比较不愿意　E. 非常不愿意

13. 假如你要离开当前所在单位，您会考虑的工作地点是什么地方：

A. 目前所在城市　B. 本省（直辖市）其他城市或区县　C. 本省（直辖市）以外城市

二、下表包括 26 个条目内容，请您评价每个条目的现状符合情况。请逐条进行评价，评分分为"5 = 非常符合，4 = 比较符合，3 = 一般，2 = 较不符合，1 = 非常不符合"，请在相应得分处打"√"。

题项	非常符合←→非常不符合 （5 分）←→（1 分）				
薪酬待遇高	5	4	3	2	1
住房条件好	5	4	3	2	1
工作福利好	5	4	3	2	1
工作稳定	5	4	3	2	1
工作地点离家近	5	4	3	2	1
人际关系良好	5	4	3	2	1
上级赏识或重用	5	4	3	2	1
能发挥自己才能	5	4	3	2	1
能获得工作成就感	5	4	3	2	1
家庭美满幸福	5	4	3	2	1
所在单位发展前景广阔	5	4	3	2	1
所在单位工作环境和条件良好	5	4	3	2	1
所在单位重视创新研发	5	4	3	2	1
所在单位知名度和美誉度高	5	4	3	2	1
所在单位管理规范科学	5	4	3	2	1
工作所在区域人才政策吸引力强	5	4	3	2	1
工作所在区域经济发展水平高	5	4	3	2	1
工作所在区域未来发展潜力强	5	4	3	2	1
工作所在区域教育、医疗、交通等设施良好	5	4	3	2	1
工作所在区域环境质量和居住条件好	5	4	3	2	1

续表

题项	非常符合←——→非常不符合 (5分) ←——→ (1分)				
所从事产业规模大，实力比较雄厚	5	4	3	2	1
所从事产业从业人员普遍收入高	5	4	3	2	1
所从事产业聚集了很多优秀人才	5	4	3	2	1
所从事产业发展潜力大	5	4	3	2	1
所从事产业间工作合作、信息交流多	5	4	3	2	1
所从事产业内就业机会多	5	4	3	2	1

三、人才发展环境整体评价（请在相应选项的字母上打"√"，或填写相应内容）

就您而言，您对工作所在城市人才发展环境或服务的满意度如何？

环境/服务	满意度评价
经济就业环境	A. 非常满意　　B. 比较满意　　C. 还可以　　D. 不太满意　　E. 非常不满意
创新创业环境	A. 非常满意　　B. 比较满意　　C. 还可以　　D. 不太满意　　E. 非常不满意
公共政策环境	A. 非常满意　　B. 比较满意　　C. 还可以　　D. 不太满意　　E. 非常不满意
生活配套环境	A. 非常满意　　B. 比较满意　　C. 还可以　　D. 不太满意　　E. 非常不满意

参 考 文 献

1. 白南生，李靖．城市化与中国农村劳动力流动问题研究［J］．中国人口科学，2008 (4)：2-10，95.

2. 包惠，符钢战，祝影．西部地区人才环境综合评价——基于因子分析的结果［J］．北方经济，2007 (13)：44-46.

3. 边燕杰，孙宇．职业流动过程中的社会资本动员［J］．社会科学战线，2019 (1)：231-239，282.

4. 蔡宁，吴结兵．产业集群的网络式创新能力及其集体学习机制［J］．科研管理，2005，26 (4)：22-28.

5. 蔡永莲．实施优秀人才集聚战略［J］．教育发展研究，1999 (1)：28-32.

6. 曹威麟，王艺洁，刘志迎．人才环境与人才成长预期对集聚意愿的影响研究［J］．中国人力资源开发，2016 (19)：64-70.

7. 曹雁翎．新生代农民工中小城市长期居留意愿考察——基于新型城镇化背景［J］．贵州财经大学学报，2014 (3)：102-110.

8. 曾英芮．重庆市政府人才引进问题与对策研究［D］．重庆：重庆大学，2016.

9. 查奇芬，张珍花，王瑛．人才指数和人才环境指数相关性的实证研究——以江苏省为例［J］．软科学，2003，17 (5)：49-51.

10. 陈昌贵，高兰英．为什么回国与回国后怎么样——对 471 位回国人员的调查研究［J］．中国高等教育，2000 (13)：46-49.

11. 陈刚，刘景林，尹涛．城市群产业、人口、空间耦合协调发展研究——以珠三角城市群为例［J］．西北人口，2020，41 (2)：114-126.

12. 陈杰，刘佐菁，陈敏，等．人才环境感知对海外高层次人才流动意愿的影响实证——以广东省为例［J］．科技管理研究，2018，38 (1)：163-169.

13. 陈莎利，李铭禄．人才政策区域比较与政策结构偏好研究［J］．中国科技论坛，2009 (9)：107-111.

14. 陈诗一，陈登科．雾霾污染、政府治理与经济高质量发展［J］．经济研究，2018，53 (2)：20-34.

15. 陈裕．科技人才创新环境分析及对策［J］．经济研究导刊，2014 (10)：249-250.

16. 丛潇潇．辽宁省人才集聚环境建设研究［D］．沈阳：东北大学，2005.

17. 崔颖. 空气污染对人才跨区域流动的影响及对策分析 [J]. 生态经济, 2017, 33 (6): 178 – 183.

18. 邓美涛. 重庆市两江新区企业人才工作满意度与需求特征及其政府保障机制研究 [D]. 重庆: 重庆大学, 2016.

19. 董亚宁, 顾芸, 杨开忠, 范博凯. 公共服务、城市规模与人才区位——基于新空间经济学理论的分析 [J]. 科技进步与对策, 2021, 38 (1): 132 – 139.

20. 樊丹. 生活质量对人才集聚环境与区域人才集聚水平关系的调节作用研究 [D]. 南宁: 广西大学, 2015.

21. 樊燕萍, 张永安. 战略并购内涵、动因及类型解析 [J]. 中国流通经济, 2013, 27 (4): 44 – 48.

22. 高波, 陈健, 邹琳华. 区域房价差异、劳动力流动与产业升级 [J]. 经济研究, 2012, 47 (1): 66 – 79.

23. 高翔. 城市规模、人力资本与中国城市创新能力 [J]. 社会科学, 2015 (3): 49 – 58.

24. 高阵雨, 陈钟, 王长锐. 我国高层次科技人才流动情况探析: 以国家杰出青年科学基金获资助者为例 [J]. 中国科学基金, 2019, 33 (4): 363 – 366.

25. 古恒宇, 李琦婷, 沈体雁. 东北三省流动人口居留意愿的空间差异及影响因素 [J]. 地理科学, 2020, 40 (2): 261 – 269.

26. 古恒宇, 刘子亮, 沈体雁. 中国省际流动人口户籍迁移意愿的空间格局及影响机制分析 [J]. 地理科学, 2019, 39 (11): 1702 – 1710.

27. 郭慧敏. 基于 CAS 理论的人才流动意愿与空气污染影响机制研究 [J]. 环境科学与管理, 2020, 45 (7): 17 – 22.

28. 韩飞飞. 交通行业人才集聚的政府作用机制研究 ——以河北省为例 [D]. 天津: 河北工业大学, 2014.

29. 韩正, 孔艳丽. 社会融合视角下流动人口居留意愿研究——基于 2014 年中国劳动力动态调查数据 [J]. 北京城市学院学报, 2017 (1): 7 – 12.

30. 贺勇, 廖诺, 张紫君. 我国省际人才集聚对经济增长的贡献测算 [J]. 科研管理, 2019 (40): 247 – 256.

31. 侯慧丽. 城市公共服务的供给差异及其对人口流动的影响 [J]. 中国人口科学, 2016 (1): 118 – 125, 128.

32. 侯静茹, 杨倚奇. 人才环境对科技创新人才集聚的作用分析——江苏区域人才环境的实证分析 [J]. 企业改革与管理, 2016 (7): 44 – 46.

33. 侯倩. 基于需求的企业创新型人才激励研究 [D]. 新乡: 河南师范大学, 2017.

34. 胡蓓, 周均旭, 翁清雄. 高科技产业集群特性对人才吸引力的影响——基于武汉光谷、北京中关村等产业集群的实证 [J]. 研究与发展管理, 2009, 21 (1): 51 – 57, 78.

35. 胡斌红, 杨俊青. 乐业才能安居——就业质量对农民工城市定居意愿的影响 [J]. 北京理工大学学报 (社会科学版), 2020, 22 (5): 59 – 67.

36. 黄晨熹. 城市外来人口居留意愿的影响因素研究: 以苏州市为例 [J]. 西北人口,

2011，32（6）：23-30.

37. 黄海刚，曲越，连洁. 中国高端人才过度流动了吗——基于国家"杰出青年"获得者的实证分析 [J]. 中国高教研究，2018（6）：56-61.

38. 黄海刚，连洁，曲越. 高校"人才争夺"：谁是受益者？——基于"长江学者"获得者的实证分析 [J]. 北京师范大学学报（社会科学版），2019（5）：39-52.

39. 黄江松，鹿春江，徐唯燊. 基于马斯洛需求理论构建宜居城市指标体系及对北京的宜居评价 [J]. 城市发展研究，2018，25（5）：89-93.

40. 黄庆玲，张广胜. 不同层级城市新生代农民工城市定居意愿探析——基于辽宁五市的调研 [J]. 高等农业教育，2013（7）：100-104.

41. 纪建悦，朱彦滨. 基于面板数据的我国科技人才流动动因研究 [J]. 人口与经济，2008（5）：32-37.

42. 贾玲玲，刘筱敏. 科研机构高层次科技人才流动特征分析——以中科院重点支持的高层次科技人才为例 [J]. 科技促进发展，2020，16（5）：459-469.

43. 姜乾之. 构建全球人才流动与集聚的新范式 [J]. 探索与争鸣，2020（5）：142-148，160.

44. 李宝斌，许晓东. 基于需求因子分析的高校教师激励措施探究 [J]. 高等工程教育研究，2013（3）：137-142.

45. 李德福. 创建与西部发展相适应的人才环境 [J]. 中国人才，2007（23）：60-61.

46. 李光龙，江鑫. 绿色发展、人才集聚与城市创新力提升——基于长三角城市群的研究 [J]. 安徽大学学报（哲学社会科学版），2020，44（3）：122-130.

47. 李浩楠，齐春宇. 社会融合度对流动人口居留意愿的影响——基于 Mlogit 模型的实证分析 [J]. 北方经贸，2019（2）：54-55，62.

48. 李郇，殷江滨. 劳动力回流：小城镇发展的新动力 [J]. 城市规划学刊，2012（2）：47-53.

49. 李进兵. 创业期高新技术企业人才环境的优化 [J]. 经营与管理，2007（12）：20-21.

50. 李琳琳. 京津冀科技人才集聚影响因素差异研究 [D]. 石家庄：河北经贸大学，2020.

51. 李梅. 中国留美学术人才回国意向及其影响因素分析 [J]. 复旦教育论坛，2017（2）：79-86.

52. 李朋林. 人才环境及基于神经网络的陕西经济发展预测模型研究 [J]. 管理学报，2008，5（5）：733.

53. 李倩. 三四线城市高校毕业生留城意愿影响因素研究 [D]. 镇江：江苏大学，2019.

54. 李琴，谢治. 青年流动人才空间分布及居留意愿影响因素——基于2017年全国流动人口动态监测数据 [J]. 经济地理，2020，40（9）：27-35.

55. 李荣彬，喻贞. 禀赋特征、生活满意度与流动人口社会融合——基于不同地区、城市规模的比较分析 [J]. 城市规划，2018，42（8）：21-28.

56. 李神福. 实际工资水平与城市规模——基于江苏省地级市的空间计量分析 [J]. 兰州财经大学学报, 2018, 34 (1): 44-51.

57. 李士梅, 彭影. 区域制度环境对创新人才集聚的空间影响研究——基于人口老龄化的视角 [J]. 吉林大学社会科学学报, 2020, 60 (5): 82-91.

58. 李硕. 基于人才需求视角的重庆 M 区技术技能人才集聚研究 [D]. 重庆: 重庆大学, 2018.

59. 李琬, 孙斌栋. "十三五"期间中国新型城镇化道路的战略重点——基于农村居民城镇化意愿的实证分析与政策建议 [J]. 城市规划, 2015, 39 (2): 23-30.

60. 李锡元, 陈俊伟. 国家级高新区人才政策效能评估——以武汉光谷、北京中关村、苏州工业园为例 [J]. 科技和产业, 2014, 14 (7): 114-120, 156.

61. 李玉香, 刘军. 人才环境感知对研发人才工作绩效, 工作嵌入的影响研究——以深圳 227 家高新技术企业为例 [J]. 软科学, 2009, 23 (8): 110-114.

62. 李元元, 曾兴雯, 王林雪. 基于创意人才需求偏好的激励模型研究 [J]. 科技进步与对策, 2011, 28 (12): 150-155.

63. 李志, 陈旎, 李苑凌. 历史与现实: 新时代基层公务员需要特征及激励机制 [J]. 重庆社会科学, 2020 (4): 2, 96-108.

64. 林静霞, 何金廖, 黄贤金. 城市舒适性视角下科研人才流动的城市偏好研究 [J]. 地域研究与开发, 2020, 39 (1): 59-64.

65. 林李月, 朱宇, 柯文前, 王建顺. 基本公共服务对不同规模城市流动人口居留意愿的影响效应 [J]. 地理学报, 2019, 74 (4): 737-752.

66. 刘兵, 曾建丽, 梁林, 等. 京津冀经济发展的动力源泉: 科技人才集聚的关键影响 [J]. 科技管理研究, 2018, 38 (3): 120-126.

67. 刘晖, 李欣先, 李慧玲. 专业技术人才空间集聚与京津冀协同发展 [J]. 人口与发展, 2018, 24 (6): 108, 109-124.

68. 刘军, 赵朋, 苏方国. 基于扎根理论的深圳金融人才吸引力影响因素研究 [J]. 深圳大学学报 (人文社会科学版), 2015, 32 (3): 130-135.

69. 刘乃全, 宇畅, 赵海涛. 流动人口城市公共服务获取与居留意愿——基于长三角地区的实证分析 [J]. 经济与管理评论, 2017, 33 (6): 112-121.

70. 刘思峰. 灰色系统理论的产生与发展 [J]. 南京航空航天大学学报, 2004 (2): 267-272.

71. 刘涛, 陈思创, 曹广忠. 流动人口的居留和落户意愿及其影响因素 [J]. 中国人口科学, 2019 (3): 80-91, 127-128.

72. 刘轩. 科技人才政策与创新绩效关系的实证研究——一个被中介的调节模型 [J]. 技术经济, 2018, 37 (11): 65-71.

73. 刘玉成. 科技创新对科技人才聚集的影响及其空间溢出效应——基于空间面板 Durbin 模型的实证研究 [J]. 浙江工商大学学报, 2019 (5): 80-91.

74. 龙奋杰, 刘明. 城市吸引人口迁入的影响因素分析 [J]. 城市问题, 2006 (8): 44-46.

75. 娄成武，谭羚雁．西方公共治理理论研究综述［J］．甘肃理论学刊，2012（2）：1，114－119．

76. 陆铭，高虹，佐藤宏．城市规模与包容性就业［J］．中国社会科学，2012（10）：47－66，206．

77. 罗恩立．就业能力对农民工城市居留意愿的影响——以上海市为例［J］．城市问题，2012（7）：96－102．

78. 罗建玲，王青．资源、环境与经济的协调度测定［J］．西北农林科技大学学报，2011，11（5）：80－84．

79. 罗勇根，杨金玉，陈世强．空气污染、人力资本流动与创新活力——基于个体专利发明的经验证据［J］．中国工业经济，2019（10）：99－117．

80. 吕添贵，吴次芳，游和远．鄱阳湖生态经济区水土资源与经济发展耦合分析及优化路径［J］．中国土地科学，2013，27（9）：3－10．

81. 马晓钰，刘永旺，李志远．基于"人才安全屋"视角我国人才逆流研究［J］．科技管理研究，2019，39（18）：141－148．

82. 毛献峰，王修来．省属高校基础研究人才流动影响因素——基于定性比较分析法［J］．中国高校科技，2019（6）：14－18．

83. 孟华，刘娣，苏娇妮．我国省级政府高层次人才引进政策的吸引力评价［J］．中国人力资源开发，2017（1）：116－123．

84. 孟兆敏，吴瑞君．城市流动人口居留意愿研究——基于上海、苏州等地的调查分析［J］．人口与发展，2011，17（3）：11－18．

85. 倪鹏飞，李清彬．人才环境的国际比较：指标构建及应用［J］．南京社会科学，2010（2）：15－23．

86. 牛冲槐，高祖艳，王娟．科技型人才聚集环境评判及优化研究［J］．科学学与科学技术管理，2007（12）：127－133．

87. 牛冲槐，王聪，郭丽芳，等．科技型人才聚集下的知识溢出效应研究［J］．管理学报，2010，7（1）：24－27．

88. 牛冲槐，王聪，芮雪芹，等．2008．中国传统文化对科技型人才聚集效应的影响分析［J］．科学学与科学技术管理，29（1）：183－187．

89. 牛冲槐．区域人才聚集效应研究［M］．北京：知识产权出版社，2013．

90. 彭剑锋．WTO与中国人力资源生态环境的改善与优化［J］．中国人力资源开发，2002（1）：7－10．

91. 彭向，蒋传海．产业集聚，知识溢出与地区创新［J］．经济学（季刊），2011，10（3）：913－934．

92. 齐昕，曹新安，张萌．基于需求分析视角的科技人才创新创业激励机制研究［J］．科学管理研究，2013（2）：81－84．

93. 芮雪琴，李环耐，等．创新网络中科技人才集聚效应的测度及产生机理［J］．科技进步与对策，2011，28（18）：146－151．

94. 盛亦男．流动人口居留意愿的梯度变动与影响机制［J］．中国人口·资源与环境，2017，27（1）：128－136.

95. 石金楼．基于因子分析的江苏省人才环境评价研究［J］．南京社会科学，2007（5）：153－159.

96. 司江伟，陈晶晶．"五位一体"人才发展环境评价指标体系研究［J］．科技管理研究，2015，35（2）：27－30，57.

97. 宋本江．湖南人才发展与人才环境建设［M］．北京：中央编译出版社，2016.

98. 宋克勤．国外科技创新人才环境研究［J］．经济与管理研究，2006（1）：29－33.

99. 孙博，刘善仕，姜军辉．社会网络视角下组织间人才流动研究：相关概念、整合框架与未来展望［J］．科技进步与对策，2020，37（12）：154－160.

100. 孙健，王东．地方政府在人才集聚过程中的角色定位研究［J］．中国海洋大学学报（社会科学版），2008（4）：48－52.

101. 孙健，尤雯．人才集聚与产业集聚的互动关系研究［J］．管理世界，2008（3）：177－178.

102. 孙三百，黄薇，洪俊杰，王春华．城市规模、幸福感与移民空间优化［J］．经济研究，2014，49（1）：97－111.

103. 孙兆刚，徐雨森，刘则渊．知识溢出效应及其经济学解释［J］．科学学与科学技术管理，2005，26（1）：87－89.

104. 孙中伟，孙承琳．警惕空气污染诱发"逆城市化"：基于流动人口城市居留意愿的经验分析［J］．华南师范大学学报（社会科学版），2018（5）：134－141，192.

105. 孙中伟．农民工大城市定居偏好与新型城镇化的推进路径研究［J］．人口研究，2015，39（5）：72－86.

106. 唐宗力．农民进城务工的新趋势与落户意愿的新变化——来自安徽农村地区的调查［J］．中国人口科学，2015（5）：113－125，128.

107. 田代强．广西人才小高地创新环境满意度几何？——广西人才小高地人才环境和体制机制调查［J］．中国人才，2014（15）：30－32.

108. 田瑞强，姚长青，袁军鹏，等．基于科研履历的科技人才流动研究进展［J］．图书与情报，2013，157（5）：119－125.

109. 佟林杰．基于PLS路径模型的河北沿海区域人才政策满意度的实证研究［J］．发展研究，2015（7）：56－59.

110. 童星，马西恒．"敦睦他者"与"化整为零"——城市新移民的社区融合［J］．社会科学研究，2008（1）：77－83.

111. 童玉芬，王莹莹．中国流动人口的选择：为何北上广如此受青睐？——基于个体成本收益分析［J］．人口研究，2015，39（4）：49－56.

112. 汪志红，谌新民，周建波．企业视角下人才流动动因研究——来自珠三角854家企业数据［J］．科技进步与对策，2016，33（5）：149－155.

113. 王崇锋．人才聚集与区域经济协同发展研究［M］．北京：人民出版社，2015.

114. 王春兰，丁金宏．流动人口城市居留意愿的影响因素分析 [J]．南方人口，2007 (1)：22 – 29.

115. 王奋，杨波．科技人力资源区域集聚影响因素的实证研究——以北京地区为例 [J]．科学学研究，2006，24 (5)：722 – 726.

116. 王涵正．甘肃省人才引进问题研究 [J]．教育现代化，2019，6 (85)：43 – 44，68.

117. 王建华，朱青．对我国大学重点学科建设制度的反思 [J]．中国高教研究，2013 (12)：27 – 30.

118. 王娟．西部地区扩大对外开放的新机遇与对策 [J]．四川省情，2006 (9)：34 – 35.

119. 王砾，代昀昊，谢潇，孔东民．空气质量与企业员工流失 [J]．财经研究，2020，46 (7)：93 – 106.

120. 王楠．京津冀科技人才流动的政策驱动因素研究 [D]．天津：河北工业大学，2015.

121. 王荣科，段华洽，吴元其．安徽人才环境建设的调查与思考 [J]．安徽大学学报：哲学社会科学版，2003，27 (3)：142 – 147.

122. 王顺．我国城市人才环境综合评价指标体系研究 [J]．中国软科学，2004 (3)：148 – 151.

123. 王雅荣，易娜．基于综合指数法的呼包鄂三市人才环境比较 [J]．西北人口，2015，36 (1)：79 – 84.

124. 王毅杰，赵晓敏．影响流动人口社会融入的微观因素及其变化——基于 2010 年和 2017 年的比较 [J]．华东师范大学学报（哲学社会科学版），2020，52 (1)：117 – 126，199.

125. 王玉君．农民工城市定居意愿研究——基于十二个城市问卷调查的实证分析 [J]．人口研究，2013，37 (4)：19 – 32.

126. 王珍珍，穆怀中．城市规模、门槛效应与人力资本外部性 [J]．上海行政学院学报，2018，19 (2)：88 – 99.

127. 魏浩，王宸，毛日昇．国际间人才流动及其影响因素的实证分析 [J]．管理世界，2012 (1)：33 – 45.

128. 魏守华，杨阳，陈珑隆．城市等级、人口增长差异与城镇体系演变 [J]．中国工业经济，2020 (7)：5 – 23.

129. 温婷．中国城市舒适性评价与城市内部典型舒适区研究 [D]．北京．中国科学院研究生院，2015.

130. 翁清雄，杨书春，曹威麟．区域环境对人才承诺与根植意愿的影响 [J]．科研管理，2014，35 (6)：154 – 160.

131. 夏怡然，陆铭．跨越世纪的城市人力资本足迹——历史遗产、政策冲击和劳动力流动 [J]．经济研究，2019，54 (1)：132 – 149.

132. 夏怡然，陆铭．城市间的"孟母三迁"——公共服务影响劳动力流向的经验研究

[J]. 管理世界, 2015 (10): 78 - 90.

133. 邢洁. 天津滨海新区人才需求预测与人才竞争力评价研究 [D]. 天津: 天津大学, 2011.

134. 徐彬, 吴茜. 人才集聚, 创新驱动与经济增长 [J]. 软科学, 2019 (1): 19 - 23.

135. 徐茜, 张体勤. 基于城市环境的人才集聚研究 [J]. 中国人口·资源与环境, 2010, 20 (9): 171 - 174.

136. 徐茜. 开放式创新下科技人才流动的知识与社会路径 [J]. 科学学研究, 2020, 38 (8): 1397 - 1407.

137. 薛琪薪, 吴瑞君. 长三角人才集聚与流动的现状特征与人才协同政策建构 [J]. 上海城市管理, 2020, 29 (3): 44 - 51.

138. 杨东亮, 王晓璐. "90后"流动青年城市居留意愿研究 [J]. 青年研究, 2016 (3): 39 - 48, 95.

139. 杨凡, 林鹏东. 流动人口非正规就业对其居留意愿的影响 [J]. 人口学刊, 2018, 40 (6): 40 - 51.

140. 杨剩富, 胡守庚, 叶菁, 等. 中部地区新型城镇化发展协调度时空变化及形成机制 [J]. 经济地理, 2014, 34 (11): 23 - 29.

141. 杨岩, 姚长青, 张均胜, 张兆锋. 长江中游城市群科研人才空间集聚分析 [J]. 地理空间信息, 2018, 16 (9): 5 - 10.

142. 杨雨萱. 城市规模、挤出效应与流动人口子女随迁研究 [D]. 武汉: 中南财经政法大学, 2019.

143. 姚凯, 寸守栋. 区域辐射中心人才集聚指数与辐射力关系研究 [J]. 经济理论与经济管理, 2019 (6): 16 - 26.

144. 叶鹏飞. 农民工的城市定居意愿研究 基于七省 (区) 调查数据的实证分析 [J]. 社会, 2011, 31 (2): 153 - 169.

145. 尤济红, 陈喜强. 去人力资本更高的城市发展: 检验、机制与异质性——对中国城乡劳动力流向选择的实证分析 [J]. 经济问题探索, 2019 (5): 159 - 172.

146. 于潇, 徐英东. 流入城市对流动人口居留意愿的影响——基于家庭生命周期理论的分解 [J]. 人口研究, 2021, 45 (1): 50 - 67.

147. 喻汇. 技术型人力资本的价值计量研究 [J]. 科学管理研究, 2008, 26 (4): 86 - 89.

148. 詹晖. 吉林省科技人才流动影响因素及作用机制研究 [D]. 长春: 东北师范大学, 2017.

149. 张惠娜, 栾鸾, 王晋. 创新要素向企业集聚模式与机制分析: 以北京地区为例 [M]. 北京: 北京理工大学出版社, 2017.

150. 张瑾. 工业革命时期英国人才环境探究 [J]. 郑州大学学报: 哲学社会科学版, 2015, (1): 171 - 175.

151. 张珺, 张妍. 基于灰色系统理论的生态农业与生态旅游业耦合协调度测算分析——以湖南省为例 [J]. 生态经济, 2020, 36 (2): 122 - 126, 144.

152. 张可可. 就业状况、住房负担与高学历流动人口城市居留意愿 [D]. 武汉：中南财经政法大学，2019..

153. 张立伟，王珏. 我国海外科研人才的需求分析及人才引进对策 [J]. 科学学研究，2020，38（8）：1390 - 1396，1536.

154. 张莉，何晶，马润泓. 房价如何影响劳动力流动？[J]. 经济研究，2017，52（8）：155 - 170.

155. 张敏. 中小企业人才聚集效应研究 [M]. 北京：中国社会科学出版社，2014.

156. 张体勤，刘军，杨明海. 知识型组织的人才集聚效应与集聚战略 [J]. 理论学刊，2005（6）：70 - 72.

157. 张椐椐，刘秋霞，韩秀元. 劳动力流动问题研究热点分析 [J]. 经济学动态，2015（6）：125 - 136.

158. 张志强，孙斌栋. 城市规模与城市福利——基于集聚经济和集聚成本的视角 [J]. 上海经济，2019（5）：33 - 52.

159. 张智，魏忠庆. 城市人居环境评价体系的研究及应用 [J]. 生态环境，2006（1）：198 - 201.

160. 赵炳起. 江苏省城市人才环境竞争力的评价 [J]. 统计与决策，2009（6）：71 - 73.

161. 赵锋，樊正德. 就业促进、制度保障与少数民族流动人口居留意愿——基于西北5省区的实证分析 [J]. 兰州财经大学学报，2018，34（6）：65 - 74，98.

162. 赵吉芳. 灰色系统理论的哲学思想 [J]. 中国石油大学学报，2002（5）：80 - 82.

163. 赵文哲，边彩云，董丽霞. 城镇化、城市房价与农村流动人口户籍迁移 [J]. 财经问题研究，2018（6）：122 - 130.

164. 赵娓. 人力资本集聚：农业科技园区可持续发展的路径选择 [J]. 科技进步与对策，2010，27（6）：40 - 43.

165. 郑文力. 论势差效应与科技人才流动机制 [J]. 科学学与科学技术管理，2005，26（2）：112 - 116.

166. 钟祖荣. 人才学基本原理 [M]. 北京：蓝天出版社，2005.

167. 周海锋，娄佳. "双一流"建设背景下高校高层次人才流动原因与机制探索 [J]. 北京邮电大学学报（社科版），2019，22（1）：98 - 105.

168. 周亮，张亚. 中国顶尖学术型人才空间分布特征及其流动趋势——以中国科学院院士为例 [J]. 地理研究，2019，38（7）：1749 - 1763.

169. 周密，张广胜，等. 城市规模、人力资本积累与新生代农民工城市融入决定 [J]. 农业技术经济，2015（1）：54 - 63.

170. 周群英，陈光玖. 西部民族地区人力资源结构特点与少数民族人才培养研究 [J]. 贵州民族研究，2014，35（8）：58 - 61.

171. 周瑞超. 西部高校高层次人才引进现存问题及其对策 [J]. 广西社会科学，2012（5）：171 - 174.

172. 周颖刚，蒙莉娜，卢琪. 高房价挤出了谁？——基于中国流动人口的微观视角

［J］. 经济研究，2019，54（9）：106 – 122.

173. 周振江，苏瑞波，段艳红，石义寿. 粤港澳大湾区科技人才流动的现状及影响因素研究［J］. 城市观察，2020（3）：7 – 19.

174. 朱浩. "一线"还是"非一线"：新生代白领移民城市居留意愿及影响机制［J］. 深圳大学学报（人文社会科学版），2020，37（5）：38 – 47.

175. 朱军文，王林春. 海归青年教师引进政策供给与需求匹配研究［J］. 高等教育研究，2019（6）：4.

176. 朱鹏程，张宇，曹卫东，任亚文，江宇凡. 长三角企业经营管理人才空间分布及其地理流动网络——基于上市公司董监高团队数据分析［J］. 人文地理，2020，35（4）：121 – 129.

177. 朱杏珍. 人才聚集过程中的羊群行为分析［J］. 数量经济技术经济研究，2002（7）：55 – 56.

178. 朱杏珍. 浙江省科技人才集聚的困境及解决对策研究［J］. 绍兴文理学院学报，2011，31（7）：100 – 105.

179. 朱英明，张雷. 增强城市群整体竞争力：路径选择与学习策略——基于城市群集体学习的演化博弈视角［J］. 经济问题探索，2008（2）：51 – 55.

180. 朱宇. 户籍制度改革与流动人口在流入地的居留意愿及其制约机制［J］. 南方人口，2004（3）：21 – 28.

181. 朱云，俞明传. 人才流动影响因素研究——一项来自长三角城市的实证［J］. 上海商业，2019（2）：4 – 11.

182. 邹静，陈杰，王洪卫. 社会融合如何影响流动人口的居住选择——基于 2014 年全国流动人口监测数据的研究［J］. 上海财经大学学报，2017，19（5）：64 – 79.

183. Aylor L R，Taylor R A. Aggregation，migration and population mechanics［J］. Nature，1977，265（3）：21 – 26.

184. Banerjee D S，Gaston N. Labour market signalling and job turnover revisited［J］. Labour Economics，2004，11（5）：599 – 622.

185. Barro R J，Sala-i-Martin X，Blanchard O J，Hall R E. Convergence across States and regions［D］. Brookings Papers on Economic Activity，1991：107 – 182.

186. Battista Suzianne M. Talent attraction and retention for economic development in the city of Roanoke，Virginia［R］. Department of Urban Affairs and Planning，2007.

187. Bhattacharyya Dipak Kumar. Compensation and benefits program a mediating variable for talent retention：A study of two century-old Indian organizations［J］. Compensation & Benefits Review，2015，47（2）：75 – 80.

188. Borjas G J. Self-Selection and the earnings of immigrants［J］. The American Economic Review，1987，77（4）：531 – 553.

189. Bretz R D Jr，Judge T A. The role of human resource systems in job applicant decision processes［J］. Journal of Management，1994（20）：534 – 536.

190. Cao C. China's brain drain at the high end：why government policies have failed to attract

first-rate academics to return [J]. Asian Population Studies, 2008, 4 (3): 331 – 345.

191. Chambers E G, Foulon M, Handfield-Jones H, Hankin S M, Michaels E G. The war for talent [J]. McKinsey Quarterly, 1998: 44 – 57.

192. Bogue D J. Internal Migration [M] // Hauser Duncan (ed) . The Study of Population: Inventory Appraisal. Chicago University of Chicago Press, 1959.

193. Dirks Susanne, Constantin Gurdgiev, and Mary Keeling. Smarter cities for smarter growth: How cities can optimize their systems for the talent-based economy [R]. IBM Institute for Business Value, 2010.

194. Dunn K. The entrepreneurship ecosystem [J]. Technology Review, 2005 (9): 46 – 50.

195. Etzkowitz H, Leydesdorff L. The Triple Helix—University-industry-government relations: A laboratory for knowledge based economic development [J]. EASST Review, 1995, 14 (1): 14 – 19.

196. Ferreri C, Frijters P. How important is methodology for the estimates of determinants of happiness? [J]. Economic Journal, 2004, 114 (497): 641 – 659.

197. Franzoni C, Scellato G, Stephan P. International Mobility of Research Scientists: Lessons from GlobSci [M] // Global Mobility of Research Scientists . Academic Press, 2015: 35 – 65.

198. Fu Y, Gabriel S A. Labor migration, human capital agglomeration and regional development in China [J]. Regional Science and Urban Economics, 2012, 42 (3): 473 – 484.

199. Gaertner S. Towards an integrated theory of determinants and processes underlying employee turnover: review, critique, integration, and longitudinal empirical investigation of two streams of research [D]. Georgia State University, 2000.

200. Gaughan M. Using the curriculum vitae for policy research: An evaluation of National Institutes of Health center and training support on career trajectories [J]. Research Evaluation, 2009, 18 (2): 117 – 124.

201. Giannetti M. Skill complementarities and migration decisions [J]. Labour, 2001, 15 (1): 1 – 31.

202. Gibson J, McKenzie D. The economic consequences of 'brain drain' of the best and brightest: Microeconomic evidence from five countries [J]. The Economic Journal, 2012, 122 (560): 339 – 375.

203. Gill S. The homecoming: an investigation into the effect that studying overseas had on Chinese postgraduates' life and work on their return to China [J]. Compare, 2010, 40 (3): 359 – 376.

204. Harvey W S, Groutsis D. Reputation and talent mobility in the Asia Pacific [J]. Asia Pacific Journal of Human Resources, 2015, 53 (1): 22 – 40.

205. Herzberg F, Mathapo J, Wiener Y, et al. Motivation-hygiene correlates of mental health: An examination of motivational inversion in a clinical population [J]. Journal of Consulting and Clinical Psychology, 1974, 42 (3): 411.

206. Hiltrop J M. The quest for the best: human resource practices to attract and retain talent

[J]. European Management Journal, 1999, 17 (4): 422 – 430.

207. Hooijen, Inge, Christoph Meng, and Julia Reinold. Be prepared for the unexpected: The gap between (im) mobility intentions and subsequent behaviour of recent higher education graduates [J]. Population, Space and Place, 2020: e2313.

208. Kennedy D J, Fulford M D. On the move: management relocation in the hospitality industry [J]. Cornell Hotel and Restaurant Administration Quarterly, 1999, 40 (2): 60 – 68.

209. Leydesdorff L, Etzkowitz H. The triple helix as a model for innovation studies [J]. Science and Public Policy, 1998, 25 (3): 195 – 203.

210. Mabaso C, Moloi C. Talent attraction and its relationship to organizational productivity [J]. Canadian Social Science, 2016, 12 (10): 21 – 33.

211. Magbool M, et al. Corporate sustainable business practices and talent attraction [J]. Sustainability Accounting Management and Policy Journal, 2016, 7 (4).

212. Michael P Tovar. A model of labor migration and unemployment in less development countries [J]. American Economic Review, 1969 (59): 138 – 148.

213. Mincer J. Schooling, experience, and earnings [J]. Human Behavior & Social Institutions, 1974: 2.

214. Palivos T, Wang P. Spatial agglomeration and endogenous growth [J]. Regional Science and Urban Economics, 1996, 26 (6): 645 – 669.

215. Paul Krugman. History and industry location: the case of the manufacturing belt [J]. American Economic Review, 1991 (81): 80 – 83.

216. Rhodes Roderick Arthur William. The new governance: governing without government [J]. Political Studies 1996, 44 (4): 652 – 667.

217. Salamon L M. The new governance and the tools of public action: An introduction [J]. Fordham Urb. LJ, 2000 (28): 1611.

218. Shi J, Lai W. Incentive factors of talent agglomeration: A case of high-tech innovation in China [J]. International Journal of Innovation Science, 2019, 11 (4): 561 – 582.

219. Silvanto S, Ryan J. Relocation branding: A strategic framework for attracting talent from abroad [J]. Journal of Global Mobility, 2014: 102 – 120.

220. Simon C J. 1998. Human capital and metropolitan employment growth [J]. Journal of Urban Economics, 43 (2): 223 – 243.

221. Stigler G J. 1983. Nobel lecture: The process and progress of economics [J]. Journal of Political Economy, 91 (4): 529 – 545.

222. Thisse J F. Human capital and agglomeration economies in urban development [J]. The Developing Economies, 2018, 56 (2): 117 – 139.

223. Thite Mohan. Smart cities: implications of urban planning for human resource development [J]. Human Resource Development International, 2011, 14 (5): 623 – 631.

224. Tung R L. Brain circulation, diaspora, and international competitiveness [J]. European

Management Journal, 2008, 26 (5): 298 – 304.

225. Weng Q, McElroy J C. HR environment and regional attraction: An empirical study of industrial clusters in China. Australian Journal of Management, 2010, 35 (3): 245 – 263.

226. Ye J, Wu X, Tan J. Migrate to skilled cities: human capital agglomeration and urban-to-urban migration in China [J]. Emerging Markets Finance and Trade, 2016, 52 (8): 1762 – 1774.

227. Zhou Y, Guo Y, Liu Y. High-level talent flow and its influence on regional unbalanced development in China [J]. Applied Geography, 2018 (91): 89 – 98.